○ 信息化与经济社会发展研究文库
○ 浙江省哲学社会科学规划重点项目(16NDJC001Z)
○ 教育部哲学社科研究重大课题攻关项目(11JZD019)
○ 杭州电子科技大学博士科研启动项目(KYS155614040)
○ 浙江省软科学研究计划项目(2016C35G2040003)

CPI中自有住房核算理论及实践研究

付 荣 著

ZHEJIANG UNIVERSITY PRESS
浙江大学出版社

图书在版编目(CIP)数据

CPI 中自有住房核算理论及实践研究 / 付荣著. —
杭州：浙江大学出版社，2017.6
ISBN 978-7-308-17064-2

Ⅰ.①C… Ⅱ.①付… Ⅲ.①城市—房价—研究—中
国 Ⅳ.①F299.233.5

中国版本图书馆 CIP 数据核字(2017)第 137020 号

CPI 中自有住房核算理论及实践研究
付 荣 著

责任编辑 石国华
责任校对 许丹丹 丁佳雯
封面设计 刘依群
出版发行 浙江大学出版社
(杭州市天目山路 148 号 邮政编码 310007)
(网址：http://www.zjupress.com)
排 版 杭州星云光电图文制作有限公司
印 刷 杭州日报报业集团盛元印务有限公司
开 本 710mm×1000mm 1/16
印 张 12.50
字 数 230 千
版 印 次 2017 年 6 月第 1 版 2017 年 6 月第 1 次印刷
书 号 ISBN 978-7-308-17064-2
定 价 38.00 元

浙江大学出版社发行中心联系方式：0571—88925591；http://zjdxcbs.tmall.com

前　言

消费者价格指数(CPI)是国际上普遍认可的重要经济指标,一直受到各国统计机构和学术界的高度关注。随着CPI的重要性越来越突出,CPI编制技术的复杂性和实际经济状况的多变性,CPI的理论分析和实际编制都存在许多亟待解决的问题,而自有住房的核算处理是其中非常重要且棘手的难题之一。

本书定位为应用统计方法研究。研究思路是:从指数理论入手,系统地分析自有住房服务价格指数编制的机理,重点研究与自有住房相关且实践中迫切需要解决的理论与现实问题,为中国CPI中自有住房测度的改进提供参考。内容具体分为四个部分:第一部分为理论基础研究,对CPI中的编制目的和对应的编制方法进行梳理,探讨与之相对应的自有住房服务的测度方法,以及分析各种测度方法的优缺点,并讨论与自有住房相关的金融服务等虚拟消费计入CPI的方法(第二章)。第二部分为归纳、评价和探讨CPI中自有住房服务的多种测度方法,其中包含获取法(第三章)、用户成本法(第四章)以及租金等价法(第五章)。第三部分为大数据背景下CPI中自有住房的质量调整问题,包含传统质量调整法以及利用特征回归编制特征价格指数在自有住房服务测度中的应用(第六章)。第四部分是对我国CPI中自有住房问题的研究(第七章),结合前文的理论与方法研究,通过整合多源头数据,对我国现有的自有住房服务测度方法进行实证研究,并为我国CPI中自有住房服务的测度提出相应的改进措施。

本书所做的主要工作可以概括为:

1. 在搜寻和消化大量中外相关文献的基础上,对自有住房服务测度的研究成果和相关实践进行了系统梳理与比较,针对中国国情,有选择性地借鉴、设计出本书的基本框架，力求做到不仅研究框架新，其方法更具有合理性、可行性和科学性，与此同时，用一定的篇幅对各个国家相关统计实践的新变化进行了综述与分析，勾画出 CPI 中自有住房服务测度的未来发展方向。

2. 探讨目前国际上通用的几种自有住房服务测度的理论方法，并结合各国统计的实践与发展历程，从自有住房服务的分类体系、调查抽样、权重测算、分类价格指数编制、质量调整等方面进行了系统全面的整理和比较，对其中的主要问题提出思考。

3. 对自有住房服务质量调整的问题研究。对传统的质量调整方法的应用和调整偏差进行比较，探讨了各种方法对自有住房服务质量调整的适用性。同时，根据不同的特征回归方法，讨论自有住房特征价格指数的编制问题，并结合国际上统计机构的实践经验，探讨在大数据背景下 CPI 中对自有住房进行质量调整时需要注意的问题。

4. 通过实践调研，结合前文梳理的统计理论方法和各国相关的统计实践经验，对我国现有的自有住房服务测度方法进行深入探讨，发现问题，提出问题，并且试图解决问题。利用整合后的多源头实际数据，分析不同的测度方法在我国实施的可行性，并提出我国 CPI 中自有住房服务测度的改革设想。

付　荣

2017 年 3 月 15 日

目 录

第1章 导 论

1.1 研究背景

消费者价格指数(CPI)是影响经济发展的重要统计指标。一个国家的CPI编制是否正确,将影响该国的货币政策、财政政策的制定,影响国民经济发展的重要举措。同时,编制CPI是一个复杂的统计过程,牵涉到许许多多的统计理论,其内部有很多需要解决的课题。而关于自有住房服务的测度和处理是最重要的悬而未决的问题之一。

目前,世界基本上所有的国家都编制CPI,为了与国际接轨和更好地与国际对比,各国编制CPI时,在满足本国实际经济统计需求、符合实际统计条件的前提下,其编制方法和编制原则尽可能地保持一致。但是由于对自有住房究竟具有投资属性抑或消费属性存在不同的理解或争议,各个国家在CPI编制中对待自有住房的方式大相径庭。有些国家甚至在CPI中直接排除自有住房项目,而大多数国家则采用不同的方法将自有住房服务计入CPI。

ILO的《CPI手册》(2004)对自有住房的处理方法总结为三大类:获取法、使用法和支付法。不同国家采用不同方法处理自有住房的原因有三个:第一,对自有住房服务的消费属性认识不同,有些国家将住户购买自有住房的行为视为投资,因此在CPI中排除有关自有住房服务的支出。第二,编制CPI的主要目的不同,如美国CPI是生活费用指数,编制目的是为了反映居民保持一定生活水平所需要支付的费用的价格变动水平,因此,自1983年美国采用租金等价法在CPIU(Consumer Price Index for All Urban Cosumers,城市居民消费价格指数)中计入自有住房,将住户消费的自有住房视为住户为自身提供的房屋租赁服务。而欧盟在测度通货膨胀的HICP中以获取法直接计入自有住房的房价。第三,自有住房价格指数的编制尚未形成一个成熟的、国际的统计理论体系,各国编制 CPI 中的自有住房部分时缺乏标准的理论指导。

我国 CPI 是根据全国城乡居民家庭消费支出调查资料编制而成的，其中调查的货物和服务项目按照用途划分为 8 个大类、262 个基本分类①，而“自有住房”为“居住”大类下的一个种类。随着我国房地产市场的快速发展，居民自有住房比重不断扩大，2010 年我国自有住房比重达到 89.4%。同时住房价格从 2008 年起快速上涨，而与国家官方发布的 CPI 平稳增加的态势形成了鲜明的对比。由于购买住房的费用占用了居民的大部分货币支出，因此平稳上升趋势的 CPI 受到公众的质疑。这种质疑一方面来自公众对 CPI 指标的误读，另一方面来自我国 CPI 中是否正确计入了自有住房服务，是否能够准确地测度消费者所面对的通货膨胀。因此我国 CPI 中如何计入自有住房成为一个公众与经济学界都一致关注的问题。

1.2 研究意义和目标

1.2.1 研究意义

从指数理论发展来看，对 CPI 中自有住房的计入方式的研究丰富了指数理论。自有住房不同于普通的商品，住户购买住宅属于固定资本形成而非消费，但同时自有房主为自身提供的自有住房服务属于居民最终消费。由于自有住房的这种特殊性，在指数理论中增加了消费者价格指数中对虚拟消费、耐用品和投资品的处理方法；第一，与虚拟消费相关的指数理论，自有住房的消费性体现在自有住房提供的住房服务，不过这种住房服务是不存在市场价格的，因此属于虚拟消费；第二，与耐用品相关的指数理论，在自有住房的用户成本法中，将自有住房视为耐用品，需要对其进行合理的折旧；第三，与投资品相关的指数理论，虽然在国民核算中，自有住房的购买属于投资，房价不可以直接计入消费中，但是在编制 CPI 时，为了充分达到测度通货膨胀的目标，在获取法中将房价直接计入 CPI 中，增加了在指数理论中投资品的处理方法。对自有住房的特殊处理方法丰富了指数理论，因此 CPI 中自有住房的测度研究有着重大的学术意义。

从消费者价格指数的编制实践看，测度自有住房时，有关方法的确定仅仅是一个切入点，必须根据已有的实践经验，对其具体的权重和价格变动的计量做深

① 流通和消费价格统计报表制度(2010)[R]. 中华人民共和国国家统计局，2010.

入的探讨。同时应用户要求，数据的可用性以及统计资源的实际情况是需要考虑的重要因素，所以选择适当的方法时，需要将这些因素考虑进来。因此，对CPI中自有住房的测度理论与实践的研究，为各国统计机构的CPI的编制提供了具体计入自有住房的方法，增加了一国CPI的精准性，提高了CPI的公信度，使之更好地指导国家经济发展和政策制定。因此，联系实际情况，对CPI中自有住房服务的测度方法的研究有着重要的现实意义。

本书的研究对于我国CPI实践的意义体现在：第一，为我国CPI中自有住房服务的编制方法的改进提供思路和方法支撑，更好地反映我国自有住房服务价格变动对消费者生活水平的影响；第二，从我国指数编制的实践来看，从改革开放至今的CPI编制和实践是一个不断借鉴国际经验，并且结合我国实际情况加以改进和完善的过程，所以将国际上自有住房研究的最新进展引入我国，有利于我国CPI中自有住房服务研究尽快与国际接轨，而且整体CPI的编制过程更加完善。

1.2.2 研究目标

本书对当前CPI编制中与自有住房相关的理论和应用问题进行研究，梳理、归纳和总结自有住房服务的处理方法，形成完整的关于自有住房测度的理论体系，为我国CPI编制实践中测度自有住房服务寻求合理的解决方案。

(1)梳理自有住房服务处理方法的基本原理，其中包含自有住房服务价格指数的编制和自有住房服务虚拟支出权重的确定，不同的数据支撑，以及不同测度方法中所存在的问题；

(2)根据自有住房(服务)的独特性，探讨适合于编制自有住房的恒质量分类价格指数的质量调整方法，并依据特征回归法讨论自有住房特征价格指数的编制；

(3)深度剖析我国自有住房的实际情况，梳理有关CPI中自有住房服务测度的规章制度，结合目前我国CPI的测度目标和我国的实际统计现状，对自有住房的处理方法进行讨论而后修正。

1.3 国内外相关研究

自有住房是编制消费者价格指数中的重要问题，国内外有关自有住房的研究文献汗牛充栋，我们很难将其一一罗列，但是可将其研究的基本状况加以概括，以下分别对国外和国内学者研究成果进行综述。

1.3.1 国外研究综述

有足够的证据表明，在编制CPI时，房主自住房的处理是编制人员所面临的最大问题(ILO et al.，2004)。自有住房的合理处理是政府经济统计的一个复杂的问题。对于自有住房是否计入CPI以及如何计入CPI，一直都存在着相当大的分歧(Goodhart，2001)。

自有住房的处理方法不同，对CPI总体影响很大。Ceccheti(2007)对此解释说：由于自有住房(服务)在总支出中占有很大的比例，因此自有住房的计入方法的不同会使得总体指数有很大的变化。而且Woolford(2006)通过实证，分别利用1998—1999年和2003—2004年两个时期的数据，采用五种不同方法对澳大利亚自有住房服务进行测度，建立了不同自有住房处理方法下的CPI序列，结果显示自有住房服务测度方法的不同对CPI的影响很大。对于处理自有住房方法的选择，可以参考文献Diewert(2003b)、ILO et al.(2004，chapter 10 & chapter 23)、Diewert and Nakamura(2009)。通过文献的研究比较，最常被研究和在实践中运用的自有住房处理方法有四种：获取法、租金等价法、用户成本法和支付法。Diewert and Nakamura(2009)指出在这四种方法中，租金等价法和用户成本法最受经济学家的认可，而且二者均源自资产定价理论。

1.基于资产价值的获取法

在自有住房的处理方法中，传统的获取法是一种饱受争议的处理方法。

获取法在CPI中直接计入房产价值的做法与传统的国民核算有关住房属于投资的概念相矛盾，在SNA(2008)中9.57段指出“最终消费支出不包括住宅等固定资产或贵重物品支出。住宅是为所有者提供住房服务的货物，因此，住户在住宅上的支出属于固定资本总形成”。因此住宅购置不在住户消费之列。尽管如此，当CPI的编制目的如欧盟的HICP(调整消费者价格指数，Harmonized Indices of Consumer Prices)一样，是为了严格地衡量通货膨胀，可以考虑采用获取法。而且如果一个国家的租赁市场有限，购买住宅的主要目的是获取自有住房服务，那么购买自住房既是一种投资又是一种消费，而且消费因素占主导作用时，可以考虑采用获取法处理自有住房问题。

由于获取法是基于资产价格的处理方法，Goodhart(2001)认为该方法是衡量货币价值变化反映通货膨胀的最佳方法，同时在获取法下的自有住房与CPI中的其他耐用品的处理方式是一致的。作为目前最权威的CPI手册，ILO et al.(2004)对获取法给予肯定，指出如果CPI的目标在于反映住户当期货币(或非推算)支出，那么净获取法就是最优的方法。

获取法中存在自有住房的基期权重受当时经济状况影响较大的问题。如果基期是经济繁荣(或萧条)年,当年自有住房的价格大幅度上升(或下降),导致基期权重波动性大,则不具有代表性。Eurostat(2012)指出可以采用多年价格的平均值代替基期价格进行加权使得这种误差最小化,另外,可以采用系统移动权重参考期的链指数来减少这种不良影响。

从净获取法中去除房产价值中的投资因素是一个难题,其中包含"什么是房产价值中的投资因素"和"如何去除投资因素"两个问题。

第一,由于自有住房的获取法中是直接计入房屋价格的,住户对房屋的购买属于固定资产投资,言下之意自有住房的价值中除了消费因素,还包含着投资因素,对此 Diewert(2003a)提出有关住宅所占用的土地即自有住房价值中的投资因素的说法,得到了学术界的一致认可。所以,在 CPI 中(或者 HICP 中)对自有住房采用获取法时,必须去除房屋价值中的投资因素,即采用去除土地价值后的净获取法。

第二,去除房产价值中的土地价格,是一个需要继续研究的问题。由于土地的价格是无形的,很多学者试图利用经济计量方法将房屋价值中的土地价格分离出来。Diewert(2007)首次采用特征回归法,建立住房价值、住房所占用的土地面积和建筑面积之间的计量模型,将住房价值中土地价格和建筑价格分离开来,并在随后的研究中(Diewert,2010;Diewert et al.,2010; Diewert et al.,2011)将最初的模型逐渐深化,使得分离土地价格的特征回归模型更加贴近实际。但是纵观与此相关的文献研究发现,这种土地与建筑价格分离的特征回归模型对住宅类型有着较高的要求,多适用于独栋别墅。而对于其他的住宅类型如我国常见的公寓房屋而言,建筑面积和所占用的土地面积之间会产生严重的多重共线性。同时,世界银行(2009)为了在 HICP 中对自有住房采用净获取法,即仅计入房屋的建筑价格,便对 Diewert(2007)的模型适用性进行了验证,通过对独栋别墅和多层公寓两种户型的样本数据分别建立特征回归模型,得出结论:利用经济模型从房屋价值中分离出土地和建筑的价格,目前在现实中尚不可行。因此,如何合理地将房屋价值中的投资因素——土地价格分离出来还是个值得进一步考虑的问题。

另外,净获取法在国际对比上受到质疑。Diewert(2003a)指出各国自有住房率差异显著,而净获取法下将购买房产所占用资金的机会成本排除在外,因此,CPI 中自有住房的国际对比将出现误差。而在租金等价法和用户成本法中房产占用的机会成本都被包含在自有住房服务的价值中,更适合自有住房的国际对比。

目前澳大利亚(2010)和新西兰(2013)采用获取法处理 CPI 中的自有住房。Eurostat 从 2001 年开始在一些试点国家采用获取法在 HICP 中加入与自有住房有关的支出及价格变动，已在2016年正式发布编制含有自有住房的HICP，使之更充分地反映通货膨胀水平。

2. 从生活成本指数框架下耐用品的使用法到CPI中的用户成本法

在生活成本指数框架下，Stigler et al.(1961)指出消费者从消费中获取的福利(效用)依赖于耐用品提供的服务流量，而并非取自获取耐用品时的价值。因此在对待生活成本指数框架中的自有住房问题时，Stigler委员会建议采用即时贷款利率代替平均贷款利率，计算自有住房的使用成本。美国劳工统计局(下称BLS)采用Stigler委员会的大多数建议，但是这些建议并未被美国政府完全采用，在经过长时间的公众讨论后，1983年BLS最终决定采用衡量自有住房服务流量的另一种使用法——租金等价法测度CPI中的自有住房服务。

在生活成本指数框架下，衡量住房服务的使用法是最适合CPI的，但是对于很多没有采用生活成本指数的国家而言，为了解决自有住房问题，便涌现出大量的自有住房的处理方法，很多国家都试图提供非生活成本指数框架下的处理方法，如获取法、支付法等。同时，Melser and Hill(2005)指出在非生活成本指数框架下的CPI中使用法也是适用的。

使用法中的用户成本法取自资产定价理论模型。根据耐用品的用户成本法以及自有住房的独特性，Diewert(2003a)提出自有住房的简化用户成本法，冰岛统计局就一直沿用这种方法处理CPI中的自有住房。Katz(2009)总结了用户成本法的基本原理，即在整个使用年限分摊使用成本的方法计入自有住房。而这种按期分配用户成本的方法隐含着跨期分配的复杂问题。同时可以采用房屋租赁市场的租金来替代近似自有房主的机会成本。用户成本分为事前用户成本和事后用户成本。Gillingham(1983)指出事后用户成本多变，这种反复无常的特性，加上自有住房在CPI中的比重偏大，使得用户成本的变动带来总体价格指数大幅度的变动。同时，由于事后用户成本常为负值，且有时效性，政府决策常用事前用户成本下的CPI，而且理论上事前用户成本更贴近估算租金，因此，Diewert(2003a)建议在统计机构的实际应用中，事前用户成本优于事后用户成本。

Gillingham(1980、1983)，Verbrugge(2008)均指出完整的用户成本法得到的结果十分不稳定，名义利率、未调整的利息率和资本损益的计算增加了用户成本的短期波动。Poole et al.(2005)和Beatty et al.(2010)指出在房地产市场价格高涨的情形下，加入房价上涨的部分，会出现自有住房的用户成本为负值的情况。尤其是房价通胀率超过长期利率时，房产的资本收益大于自有住房的利息成本和折旧成本，则自有住房的用户成本一定为负值。Woolford(2006)指出自有住房服务的用户成本为负值时是无法进入CPI计算的。Diewert et al.(2009)

在理论和应用上对用户成本法进行总结，认为房产资本损益部分在实际操作中一般不被考虑在内。

为了克服这个问题，很多研究试图改善用户成本法，具体对应方法有两种：一种是基于事前用户成本法构建长期自有住房分类价格指数，第二是采用外生实际利率，替代利用资产收益率与通货膨胀率之差得到的实际利率。Diewert(2003)提出自有住房的简化用户成本法，即采用实际利率计算用户成本，而Woolford et al.(2005)建议忽略折旧和资本损益，在总的用户成本中仅仅计算利息成本。

同时，为了弥补用户成本法和租金等价法各自的缺陷，Diewert et al.(2009)建议另一种处理自有住房的方法——机会成本法，即自有住房价值为租金等价法下和用户成本法下使用成本的最大值。Diewert and Nakamura(2009)进一步说明如何利用机会成本法将自有住房计入 CPI 中。Beatty et al.(2010)根据实际需要，对用户成本法再次进行修正，并将修正后的方法称之为消费成本法。

Eurostat(2012)指出用户成本法太基于主观判断，有关折旧和机会成本需要理论假定和推算而得，而且大量的推算使得估算机会成本的基期权数的过程十分复杂。ILO et al.(2004)总结：由于计量概念和方法的主观性和复杂性，还没有任何一个国家的统计机构完全采用用户成本法。加拿大统计局所采用的用户成本法中，避免使用估算价格，忽略了为购买住房的资金所放弃的投资收益、资本增值和折旧。

3.租金等价法的适用性与虚拟租金的调整

租金等价法是处理自有住房最常用的方法。除了在 CPI 中的使用，租金等价法同样是国内生产总值中有关自有住房消费支出的重要核算方法，Mayerhauser and Reinsdorf(2007)指出在 GDP 核算中，采用租金等价法将住户对自有住房的消费视为租住自己房屋的租金支出，有利于 GDP 核算的稳定性，使之不会随着租赁住房和自有住房比例的改变而发生变动。因此，在 CPI 中使用租金等价法计入自有住房的话，可以保证与国民经济核算中数据的衔接性和一致性。目前，BLS 对国民生产账户中和 CPI 中的自有住房均采用租金等价法。Garner and Short(2008)详细论述了国民生产账户中自有住房虚拟价值的核算方法，并与 CPI 中的租金等价法的应用进行比较。

对于租金等价法在 CPI 中的应用，Poole et al.(2005)指出 BLS 的指数方法手册的租金等价法中包含着一个假定，即 CPI 中住房服务的价格指数中自有住房的住房成本的变动水平等于市场租金的变动水平。但自有住房的虚拟租金和市场租金之间的差异，使得租金等价法在理论上引起了争议。

对于租赁房屋与自有住房的差异，Eurostat(2012)指出租金等价法的不合理之处：由于租赁市场本身的特殊用途，租赁房屋与自有住房的特征(如所在区位、住房面积、户型、交通等)出现很大的差异，使得二者之间缺乏可比性。而且租赁市场的房屋质量大都比自有住房的质量差，因此Blinder(1980)、Blackley and Follain(1995)、Gillingham(1983)指出采用真实的租金价格虚拟自有住房的价格时，必须保证用于采集租金的住房与自有住房的特征达到高度一致，除了住宅结构、地理位置，还要关注使用年限给同质可比带来的难题。因此，在实践中，自有住房的规模、质量、地理位置等要与虚拟房租参考的房屋同质，如果有质量上的变化，应对其进行质量调整。

另外，有学者提出不同质量住房的租金变动水平是否不相同的质疑。不过，Verbrugge(2008)和Garner and Verbrugge(2009)均通过研究证实在BLS的住房样本中不同房屋类型的租金变动水平是基本一致的。BLS以及大量统计机构的研究得到：租金价格的变动水平仅与地理位置相关，除此之外很难找到其他令人信服的因素会直接影响租金价格的变动水平。

对于估算租金所带来的偏差，Ayuso and Restoy(2003)指出通过市场租金可以得到大量的自有住房的服务价格，为了避免估算租金所产生的偏差，应采用动态的租金价格使得自有住房服务的价格更加平滑。

租金等价法的使用是有前提条件的。Guenason(2003a)提出在CPI中采用租金等价法计入自有住房时，本国的租赁市场必须满足两个条件：充足性和不受政府的干预。市场的充足性保证租赁房屋的多样性，即通过比较同质的住房租金得到各种类型自有住房的虚拟租金。相反，如Guenason(2003a)所指出的冰岛私人租赁市场总体规模很小，且出租房屋的总体质量、年限、面积和地理位置与房主自住房不同，因此不适合采用租金等价法。另外租赁市场必须是不受政府干预的，不会被税收系统扭曲，这样租赁价格才能充分体现市场的供需。Darrough(1983)称当房屋的租赁价格受到税收的影响，用户成本法和租金等价法将出现本质上的区别，租金等价法不能如实地反映自有住房的使用成本。

理论上，租赁市场和住宅市场的价格变动应是基本一致的，但是实际情况并非如此，租金价格的变动水平往往低于房价的变动水平，租金等价法的运用遭到了公众的质疑，他们怀疑采用租金等价法将低估CPI。Schulz and Werwatz(2004)发现德国柏林的房租变动速度较慢于房地产市场价格的变化速度。Guenason(2005)对比冰岛2000—2005年租金市场价格、用户成本法的虚拟租金以及房价，发现租赁市场的价格变动与住房市场的价格变动大相径庭。究其原因，发现其在租赁市场中的一些成本在自有住房中是不存在的，因此不包含在自有住房的用户成本中(Diewert，2003a)。

因此，大量学者对租金等价法处理自有住房持反对意见并提出问题：房屋租赁价格变化水平能否准确反映自有住房的服务价格变化水平。Goodhart(2001)指出租金等价法忽略了为购买未来租赁住房服务而由现在支付的成本，不能完全衡量自有住房服务的使用成本。Bauer et al.(2004)指出，自2000年后出租房空置率的提升来源于自有住房购买的增加，由于住房价格快速地提升，很多住户为了避免未来更高的房价而选择现在购买自有住房，这种消费行为使得房价继续攀升而同时房屋租赁市场疲软，即房价上涨和房租下降同时存在。Robb(2006)持同样的观点，认为租金等价法扭曲了CPI，房地产价格和CPI衡量的通货膨胀背道而驰。住房价格上涨时CPI却是平稳的，而当房价平稳时CPI却高涨，所有的这一切问题都来源于政府仅采用自有房主租住自身房屋的租金来衡量自有住房成本，而不是采用住户为了拥有自有住房所付出的成本。Cecchetti(2007)指出以上的批评全指向不应采用租金等价法，而应该采用更直接的方法为自有住房服务定价并计入CPI中，如将房价直接作为自有住房的服务价格。但是这种想法并没有被BLS采纳，因为美国CPI衡量的是自有住房所提供的服务价格，而不是投资价格。同时，Diewert and Nakamura(2009)提出租住房屋和自有住房是两个完全不同的概念，如果不直接计算自有住房的使用成本，就无法充分地反映住户所面临的通货膨胀水平。

4. 用户成本与租金等价的差异之谜

对于用户成本法和租金等价法之间的关系，在标准的乔根森资本理论(Jorgensonian capital theory)中，耐用品的租金成本与事前用户成本是相等的。最初，Gillingham(1983)指出事后用户成本比对应的租金更多变，而事后用户成本的反复无常加上自有住房在CPI中的比重偏大，使得用户成本的变动带来总体价格指数的大幅度变动，因此，Verbrugge(2008)运用1980—2004年的数据估算美国自有住房数据的事前用户成本，并将其与对应的市场租金做比较，得到结论：变化速率上，平滑后的事前用户成本仍比市场租金更多变。而用户成本法的不稳定性使之被排除在CPI中自有住房的处理方法之外；其次，在费用水平上，租金与用户成本之间存在差异，而且这种差异将长期存在，与理论上二者之间的对等关系相矛盾。这个发现带来了标准资产理论之谜，使得用户成本衡量通货膨胀的做法被质疑。

此后，Garner and Verbrugge(2009)在Verbrugge(2008)的基础上对租金与用户成本之间的比较进行了扩展，通过比较1982—2002年美国最大的五个城市中同样建筑结构同等级别的住房的用户成本和租金价格，再次验证了Verbrugge(2008)的结论：同一套住宅的自住用户成本与租金之间出现差异，估算的用户成本时而会高于市场租金。

5. 支付法的名义利率之争

除了上述三种方法外，还有使用支付的现金流量的方法在 CPI 中计入自有住房。Turvey(2000)在 CPI 中自有住房问题的讨论中引入了债务剖面法，自有住房支出中加入贷款利息。其后，Goodhart(2001)将此称之为支付法。

支付法衡量住户部门为消费所支付的现金流量，当 CPI 的目的是调整收入以保持收入的购买能力时，与之对应的编制框架为支付法。英国为了衡量住户收入购买能力的变化水平，从 1975 年开始采用支付法编制零售物价指数，一直沿用至今。ONS(2012)称利息的现金流最能体现自有住房的用户成本，应计入消费者价格指数中。爱尔兰统计局(2003)对 CPI 中的自有住房使用支付法，其中除贷款利息之外，还包含维修与装潢等家庭住房维护、房屋保险、政府服务等费用，而贷款利息支付采用二十年期间的一篮子贷款利率计算。

对于支付法，新西兰中央银行(1997)提出质疑，指出消费者消费的不是债务，无论商品或者服务是通过何种融资手段购买的，消费者消费的均是购得的商品或耐用品提供的服务。因此新西兰中央银行认为：欧洲各国应将利息支付排除在 CPI 的计价范围之外，而 CPI 仅衡量当前的消费价格，而非消费的融资手段。

同时，针对支付法中的名义利率的使用，Guenason(2003a)认为名义利率中已包含了要衡量的通货膨胀因素，导致 CPI 内生性。Diewert(2009)进一步指出：支付法将名义贷款利率记为自有住房的成本时，未考虑住户对房产收益的预期，而预期收益在高通胀或温和的通货膨胀下是至关重要的因素。因为在温和或高通胀的情况下，贷款利率快速上升，支付法将使自有住房的支付成本上升。住户在自有住房方面花费的成本实际上并不与贷款利率成比例上升，贷款利率支付的增加被房屋价值的增加所抵销。而这个问题可以通过用实际利率取代名义利率的做法来解决。ILO et al.(2004)指出若统计机构使用支付法时，需要对通胀成分加以调整。同时，如果在支付法中计入实际利率与折旧，支付法就成为一种复杂的用户成本法。

6. 自有住房(服务)价格指数的质量调整

在 CPI 的编制中为了保证商品的同质可比，必须对其进行质量调整，Turvey(1981)、Armknecht(1999)、Moulton and Moses(1997)以及 Triplett(2004)对指数编制中的质量调整方法做了详细的介绍。

对于自有住房服务的质量调整，可以采用 CPI 中传统的质量调整方法，同时也可参考房地产价格指数中的质量调整法。如可以采用由 Bailey、Muth and Nourse(1963)提出的重复销售法。在众多质量调整的方法中，Hoffman and

Andreas(2006)称质量调整的未来属于特征回归法，而Diewert(2007a)指出在数据来源充分的前提下，特征回归方法是编制任何种类资产的恒质量价格指数的最佳方法。

特征回归法广泛应用于房地产市场中房价的质量调整问题，Sheppard(1999)对相关文献进行了综述。同时Crone et al.(2009)提出住宅特征价格指数不能等同于自有住房服务流量价格的变动水平，因为在住宅特征价格指数中并未区分其中房产资本损益的变动和住房服务价格的变动水平。

在自有住房的特征回归模型中，大多数影响自有住房价格的变量采用线性的方式或者对数的方式作为回归模型的自变量。同时，有些特殊的变量对于住房价格的影响不是常数，特别是住房的年限和住房面积，如Grether and Mieszkowski(1974)和Malpezzi, Ozanne and Thibodeau(1987)通过研究发现，新房子比老房子的折旧速度更快；而Fletcher、Gallimore and Mangan(2000)报告称房价随着住房面积的增大而提高，且增速递减。另外，Eurostat(2012)指出很多房屋的特征属于定性变量，因此有必要在回归模型中加入虚拟变量。

住房服务中的房屋租赁价格指数的质量调整。一般情况下认为：基于住房条件的改善，如果忽略房屋质量变化，则租赁房屋的价格指数会存在向上的偏差，但是Randolph(1988b)研究显示BLS的连接程序将条件有所改善的住房加入样本中反而带来价格指数向下的偏差，另外，Crone et al.(2004)指出租赁市场房屋的空置率会使房屋租金价格指数向下偏。Gordon and Goethem(2003)再次提起Randolph的结论，并通过对美国住房调查的面板数据的实证研究，得到从1914年到2003年美国的租住房的价格指数被低估的结论。而Gordon and Goethem(2005)根据Gordon and Goethem(2003)的结论对Boskin(1996)报告中CPI的质量调整偏差进行了调整，原来估计的房屋租赁价格指数每年上偏0.25%，调整后变为下偏0.46%。

但是，即使采用租金等价法在CPI中计入自有住房，也不可以将租赁房屋与自有住房的质量调整问题等同。如Crone et al.(2009)指出一般情况下租赁房屋比自有住房的折旧更快速，如果采用房屋租金关于折旧的质量调整方法对自有住房进行调整的话，将会产生过度的质量调整。介于住宅价格的特征回归与房屋租金的特征回归都不能完全替代对自有住房的质量调整，因此应根据自有住房的独特性，利用特征回归对其进行专门的质量调整，而Crone et al.(2009)称有关自有住房质量调整的研究却十分少见。

因此，Crone et al.(2009)采用特征回归技术，利用1985—1999年美国住房调查(American Housing Survey, AHS)数据，在Linneman(1980)、Linneman and Voith(1991)、Crone, Nakamura and Voith(2004)的特征回归模型的基础

上，分别对租住房与自有住房的房屋特征进行估值，并联合这两个特征方程计算自有住房的资本率（也常被称为租金价值比）、租住房与自有住房的住房服务成本，进而利用 Fisher 指数公式计算租住房与自有住房恒质量的价格指数，最终得出 CPI 中低估了租金变动水平而自有住房的变动水平被高估的结论，并建议 BLS 采用特征回归法衡量质量调整后住房价格（租住房与自有住房）的变动水平。

另外，德国采用租金等价法处理 CPI 中自有住房，因此德国学者 Kurz and Hoffmann（2009）对德国的租金和租金等价法下的自有住房分别建立特征回归方程进行估算，具体的估算方法参照 Hoffmann and Kurz（2002）对房屋租金的质量调整，其研究结果为：对于德国的租赁房屋和自有住房的特征回归的估计系数的差异不显著。

1.3.2　国内研究综述

国内的研究者也对自有住房问题进行了研究，发表了相关的学术论文。

侧重于方法的介绍和国际比较的研究。莫万贵（2007）概述了三大类自有住房的处理方法，并对自有住房的处理方法进行了国际比较。对于净获取法，孙文凯、罗圣杰（2011）认为净获取法中土地并不完全代表自有住房的投资性，住房本身也是具有投资性的，而且在净获取法中没有考虑住房的耐用品性质。关于用户成本法，徐向东（2009）介绍了使用者成本法（即用户成本法）的基本公式及折旧模型，在此基础上总结了用户成本法和获取法之间的关系，并将自有住房作为房屋和土地的复合品进行处理；还介绍了用户成本法下如何处理与自有住房相关的费用成本。关于租金等价法，杜琼（2008）论述美国 CPI 对自有住房支出处理方法的历史发展，并简要介绍了当前美国 CPI 中的租金等价法。周清杰（2010）研究了 20 世纪 80 年代的 CPI 中自有住房的统计方法的发展历程，揭示了美国劳工统计局放弃资产价格法而采用租金等价法的原因。

由于国家统计局发布的自有住房权重远远低于世界水平，与我国高达 89% 的自有住房率形成了很大的反差，因此我国 CPI 中自有住房权重是有关 CPI 之争的核心。王军平（2006a、2006b、2008）首次提出我国 CPI 中住房权重偏低的观点，认为国家统计局编制 CPI 的自有住房虚拟房租公式中所采用的城镇及工矿区私人建房单位面积工程造价不合理，分别使用房地产开发企业竣工房屋造价和商品住宅销售平均价格将其替代，重新估算了 CPI 中的自有住房权重，得出我国 CPI 中住房权重偏低并致使 CPI 总体被低估的结论。孙文凯、罗圣杰（2011）利用不同的折旧率对王军平（2006a）的方法、简化的用户成本法和消费成本法以及不同的变量取值，得到 10 种住房权重以及修正后的 CPI，各种修正 CPI 之间逐渐趋同，但是都与统计机构公布的官方结果有很大的相对差距，而绝对差异较小。房雯雯(2013)对虚拟租金法做了多种修正,并利用这些修正后的方法重新测算了我国CPI中自有住房的权重。具体采用“房地产开发企业竣工房屋造价”和“商品住宅平均销售价格”替代原虚拟租金法中的“城镇及工矿区私人建房单位面积工程造价”项计算两种虚拟租金,计算了有贷款和无贷款下的用户成本,以及两种消费成本法下的消费成本,重新估算我国自有住房的权重,发现明显高于国家统计局公布的居住类权重。

对于我国CPI中是否应该计入住房价格,王东(2008)指出了我国CPI制度不合理表现,并综述了将房价计入CPI中的争议。侯成琪、龚六堂(2012)从执行货币政策的角度出发,研究住房价格对估算的核心通货膨胀的影响,发现住房价格对我国核心通货膨胀的影响很小,即在度量核心通货膨胀时无须考虑住房价格,建议编制删除自有住房的CPI作为核心CPI。但是居民自有住房的支出占其总支出的很大比重,对于我国CPI衡量住户生活成本变动的目的,标题CPI中还是要计入自有住房的。

我国目前尚未出现有关自有住房价格指数的质量调整文献,但对于总体CPI的质量调整问题,雷怀英、金勇进(2008)、许涤龙等(2009)对传统质量调整方法在CPI中的运用做了评述。高艳云(2009)对质量调整方法在国外CPI中的实际运用进行了比较分析。

对于住房价格指数的质量调整,温海珍、贾生华(2004)通过地方城市住宅数据,构建特征价格模型,对当地住宅价格进行了分析;程亚鹏(2010)对混合时间虚拟变量法、邻期时间虚拟变量法和特征价格指数法进行了讨论,并分别采用这些特征回归方法编制质量调整的住房价格指数。罗晓娟、孙红缨(2012)对目前国际上编制住宅价格指数的三种主流方法进行了比较分析。祁神军等(2012)采用特征价格模型,构建了厦门市二手房市场的特征价格指数。罗晓娟(2012)归纳总结了特征价格模型的发展应用及特征价格指数编制的研究现状。

从总体上看,国内研究的关键点及对应缺失点可以总结如下:

(1)侧重于理论方法的介绍和简单的国际对比,缺乏对不同方法在具体应用过程中的难点与重点的研究;

(2)侧重重新估算我国自有住房的权重,缺乏对自有住房价格变动水平——自有住房价格指数的研究;

(3)侧重对住宅特征价格指数编制方法介绍与编制,缺乏针对自有住房质量调整的研究。

国内对于自有住房的理论和应用的研究还比较薄弱,缺乏对处理CPI中自有住房的理论方法的系统性研究,与国际学术水平的差距较大,研究成果的影响力微弱。另外,我国官方统计中对自有住房价格指数的编制方法还存在许多问题，缺少指数理论的支撑；处理方法比较模糊，缺乏客观性。为了改善这种状况，需要加大对 CPI 中的自有住房问题的进一步探讨。

1.4 研究内容与框架

本书的研究思路是：从 CPI 的基本理论入手，分析 CPI 的编制目的与编制框架，在此基础上开展与自有住房相关的问题研究。重点研究自有住房的编制方法，以及自有住房估算租金价格指数的质量调整问题。在理论基础上，对比国际统计实践情况，对我国目前自有住房计入 CPI 方法的合理性进行了探讨，并为我国 CPI 的改进提供参考。

本书共分七章：第一章为导论，第二章为与虚拟消费对应的消费者价格指数理论，第三、四、五章对应自有住房处理方法部分，第六章研究质量调整问题，第七章研究中国 CPI 中自有住房的测度问题。各部分之间的关系是：与虚拟消费对应的消费者价格指数理论是全文研究的基础，起着理论支撑的作用；对自有住房的处理方法系统地梳理、归纳和总结，形成完整的关于自有住房测度的理论体系；而质量调整问题是在 CPI 中所有商品和服务编制价格指数时必须考虑的问题，对自有住房尤为需要。最后，运用具体的自有住房的处理方法对我国 CPI 中的自有住房问题进行理论与实证的研究。

各章的主要内容如下：

第一章为导论。本章对自有住房问题研究的重要性进行说明，并概括国内外目前已取得的相关研究成果，交代本书的选题背景、结构安排。

第二章为与虚拟消费相关的 CPI 基本理论。由于消费者价格指数的理论涵盖内容极为丰富，为了为自有住房研究做铺垫，本书主要针对 CPI 中的编制目的以及对应的编制方法进行梳理。在此基础上，对自有住房的特殊属性进行了讨论，简要地介绍了所有有关自有住房编制的方法，并简要谈论各种方法的优缺点和对应 CPI 的编制目的与框架；同时，由于金融服务与自有住房服务一样都需要虚拟消费支出，而且自有住房的购买与金融服务紧密相关，在 CPI 中计入金融服务的方法和核算口径与自有住房的处理方法要同时考虑。

第三章对净获取法在 CPI 中计入自有住房进行系统的分析。净获取法是将房屋价格（去除土地价格）以及与房屋购买使用相关的所有费用计为自有住房消费支出的处理方法。因此自有住房的涵盖范围以及自有住房的项目分类问题是净获取法中首要讨论的内容。其次，探讨净获取法中自有住房的分类价格指数的编制问题，并联系房地产市场的住宅价格指数（HPI），研究两者之间的异同，在编制过程中做到相互对比与合理借鉴。最后，净获取法下编制自有住房价格指数时需分离房价中的投资和消费的因素——土地价格和建筑价格，对此笔者通过分析 Diewert 近年来的相关研究，总结在特征回归法下分离住房土地价格的模型，并针对中国的实际情况对此方法提出了适用性的质疑。

第四章研究了用户成本法下自有住房的处理方法。用户成本法的概念来自金融资产定价原理，本章首先系统地归纳了耐用品用户成本法的一般形式以及折旧率的计算方法；并在此理论基础上，根据住宅的独特性，计算自有住房的用户成本并进一步简化。其次，在简化的用户成本法下，分别探讨了自有住房估算租金的价格变动水平和消费支出权重：推导出自有住房的估算租金的价格变动水平可以使用恒质量的住宅价格指数来衡量；而自有住房的权重在实际利率大于零的假设下通常相当于获取法的两倍。但是这仅仅是在合理的假设下的理论结论，不适合我国的实际情况，因为我国近年来房地产市场的供求失衡，房价上涨过快，自有住房的用户成本常为负值。目前国际上，由于用户成本法十分不稳定，故没有任何国家完全采用用户成本法，唯有冰岛对自有住房的统计方法与之较贴切。本书根据冰岛的统计资料，对该国的自有住房的用户成本法进行了讨论。同时，加拿大统计局采用“用户成本法”在 CPI 中计入自有住房，但是与 2004 年由联合国发布的国际 CPI 手册中的用户成本法有很大差别，其中忽略了自有住房占用资金的机会成本和房产本身的价值变动。而且加拿大编制的有关自有住房的 CPI 分析性序列方便了国际对比和满足了不同用户的需求，值得借鉴。

第五章为基于美国实践的租金等价法的应用研究。由于国民核算体系中采用租金等价法将自有住房服务计入 GDP，为了保持统计资料的一致性，租金等价法成为目前国际上编制 CPI 中自有住房部分使用最广泛的方法。在租金等价法下，自有住房在 CPI 中权重是住户支出调查中自住房主的虚拟租金占总消费支出的比重，但是在计算自有住房的等价租金价格指数时，由于要求数据的精确性，一般不采用住户支出调查中住户估计的虚拟租金，而是通过住房调查，收集房屋租赁市场的契约租金，并在契约租金的基础上进行相应的调整（去除家用设施、质量调整）得到自有住房的虚拟租金，并计算等价租金价格指数。本章以美国劳工统计局为例，研究采用租金等价法下存在的相关统计问题：住房样本抽样、样本的更新和扩展、样本轮换、样本采价、样本区权重、虚拟租金价格（纯租金）的计算以及不同的抽样设计下的自有住房价格指数的计算等。当然，租金等价法也存在缺陷和问题，因此在采用租金等价法之前，需要对国内的房屋租赁市场的实际情况、租金与房价之间的关系加以讨论，考察租金等价法在本国的适用性。

第六章为自有住房价格指数编制中的质量调整问题研究。自有住房在CPI中权重大以及住宅特征的异质性，使质量调整成为处理CPI中自有住房问题中的难点和重点。从传统质量调整方法出发，讨论隐性和显性质量调整法在自有住房方面的适用性以及调整后可能存在的偏差问题；并在特征回归的基础上，研究不同特征方法下自有住房恒质量价格指数的编制问题；最后，结合美国劳工统计局对自有住房质量调整的实践经验，分析租金等价法下自有住房的估算租金的质量调整所涉及的因素以及对应的调整方法，并对实际中自有住房质量调整时需要注意的问题进行讨论。

第七章研究了我国CPI中的自有住房问题。本章首先讨论了我国自有住房的现状：目前我国自有住房率位居世界前列，高达89.3%；其次为了保证政府统计的一致性，对我国国民经济核算中的自有住房服务进行讨论，我国从2004年开始一直沿用成本法在GDP中计入城镇居民自有住房服务价值；再次，根据调研资料，梳理我国CPI的编制目的与编制框架以及我国目前CPI中自有住房的处理方法，并分析目前处理方法中所存在的问题；而后，笔者利用实际数据运用多种测度方法对自有住房服务的权重和价格的变动水平进行测算，并在此基础上对总体CPI进行修正。通过各种修正结果的比较，为我国CPI中自有住房的处理方法提出相关的建议。

第2章 CPI中虚拟消费的计价问题

我国是以自有住房为主要居住形式的国家，自有住房的购买在总支出上占很大的比重。住户购买的住宅属于固定资本形成，而自有房主为自身提供的住房服务是住户的最终消费。在CPI中，应计入住户消费的自有住房服务流量的价格，构造自有住房服务价格指数，且这部分支出在住户总支出中占有很大比重，如不能正确计入CPI中，则会带来CPI的偏差，进而影响CPI的公信度。因此，处理CPI中的自有住房服务价格指数是必须认真讨论和迫在眉睫的问题，它关系到我国CPI的科学性和准确性，并进一步影响我国经济发展和宏观政策的制定。

由于自有住房的服务价格不能直接获取，在讨论具体指数构造前，应先要选择相应的编制框架，并进一步确定计价范围(Define the coverage)。而每个有关指数问题的解决都要建立在构造CPI的目的及指数的用途上。因此，本章在讨论关于CPI中自有住房的处理前，首先讨论CPI的编制目的以及对应框架；而后对自有住房的处理方法进行概括性的介绍和比较，为后续研究奠定基础；最后讨论与自有住房相关的金融服务计入CPI的方法以及为中国CPI中计入金融服务提出的建议。

2.1 CPI的编制目的、框架及方法

2.1.1 CPI的编制目的

2003年第十七届国际劳工统计学家会议通过的《关于消费者价格指数的决议》指出消费者价格指数有两个主要目的：第一，消费者价格指数作为通货膨胀指数，对整个住户部门的平均价格膨胀情况进行衡量，以便提供一个宏观经济指标，既可以衡量住户部门，也可以衡量更广阔经济范围的通货膨胀；第二，消费者价格指数作为补偿指数，调整工资、社会保障和其他津贴，以部分或全部地补偿生活费用或消费品价格方面的变动。

而在 CPI 作为补偿指数时又可以分别作用于两个不同的目的：一方面，CPI 可衡量生活成本的变化程度，用于调整政府的转移支付和所得税起征点以补偿消费者生活成本的上升部分；另一方面，CPI 用于调整收入以保持收入的购买能力，为雇主、雇员、货物和服务的供应商提供价格调整信息，面对上升的成本时利用消费者价格指数调整价格、工资以及收益进而保持收入水平。

因此，各国编制 CPI 的主要目的可以分为以下三种：

(1)衡量住户部门的通货膨胀率，指导政府和央行制定货币政策和通货膨胀目标；

(2)衡量住户部门的生活成本的变化水平，多适用于对养老金和社会保障福利进行相应的调整；

(3)衡量住户部门的收入水平的变化程度，以调整货币收入，抵消通货膨胀对收入的影响。

不同的目的可能对应不同的范围和编制方法，因此这些目的之间可能会产生矛盾，如将其作为广义通货膨胀的衡量指标，会扩大其涵盖的价格范围，包括消费者消费的消费品和服务以外的住宅等实物资产的价格，其编制范围会超越一般消费者价格指数。因此统计机构部门公布的标题 CPI 只能根据其主要用途确定编制指数的类别、编制框架以及所包含货物与服务的范围。这在以下消费者价格指数编制框架下会进一步说明。

2.1.2 CPI 的编制框架

编制消费者价格指数的主要目的是决定指数的计价范围。如衡量住户部门的通货膨胀的消费者价格指数，其计量的价格范围是住户以货币方式购置的消费性货物和服务的成交价格，不应包括消费信贷的利息支付和政府的补贴；衡量生活成本变化水平的消费者价格指数的计价范围应将政府给予的补贴进行虚拟计价；以衡量收入水平变化为目的的消费者价格指数的计价范围理应包含消费信贷的利息支付。

1. 三种理论框架

ILO et al.(2004)为了有效地满足指数的目的，在确定指数范围、记录时间和确定消费价值的过程中，重点考虑从“获得”、“使用”或“支出”的角度界定消费。因此，消费者价格指数的编制中有三种框架，分别为获取法(The Acquisitions Approach)、支付法(The Payments Approach)①与使用法(The User-cost

① The Acquisitions Approach 本书译为“获取法”，其他文献中又译作“获得法”或“购置法”；The Payments Approach 本书译为“支付法”，亦有文献译为“支出法”。

Approach)。编制 CPI 时首先根据其主要目的选择对应的框架方法，确定住户最终货币消费支出的覆盖范围，而覆盖范围不同将会影响计量价格和设定权重。

(1)获取法。获取法从消费者购买消费品的角度，直接计入当期购买消费品和服务的交易价格，反映的是新购货品和服务价格的变化。记录的交易价格与具体支付形式无关，无论是一次付清还是通过抵押贷款分期付款，都按交易双方议定的价格计算支出和 CPI 权重。这类似于国民核算中的"权责发生制"。另外，获取法关注不论消费者在该期是否一次付清这些消费品的价格或者在该期内一次性消费完这些消费品和服务，不论支付或消费了多大比例，只要在该期购买了就将其价格全部计入 CPI 中。在获取法框架内编制的 CPI 主要是测量住户获取的货物和服务的价格的变化，这里排除了在购买消费品时所付的利息和相关费用。使用获取法编制的 CPI 更适合反映通货膨胀的程度。

(2)支付法。支付法是 Goodhart(2001)所用的一个术语，Eurostat(2012)指出这方法测算的是住户为消费性的货物和服务支付的现金变化水平，即当期消费的货物和服务所支付的全部金额，而不论获取和使用时间。计量消费者对有关货物和服务实际支出的现金流量，其中包括首付、抵押贷款的偿还和贷款利息以及一些关联支付，并使用基期的实际支出计算当期的价格和权重，而不论货物和服务的获取时间以及所有权是否发生转移。这类似于国民核算中的"现金收付制"。

(3)使用法。从微观经济理论和生活成本理论框架出发(Eurostat，2012)，将消费的货物和服务转化为消费品在各个使用期内提供的服务流量进行计量，支出权重利用基期消费者使用的价值量来计算。记录的重点不是为货物支付的价值，而是已消费(使用)部分的价值。对于大多数商品，尤其是非耐用品，使用法和获取法的计算结果是一致的。但是，对于耐用品和用于提供长期服务的资本品，两者差别很大。

使用法包含两种方法：用户成本法和租金等价法。租金等价法是按同期同一耐用品的相应市场出租价格对耐用品在某一时期里所产生的服务进行估价。用户成本法主要是对用户使用消费品的成本变化进行计量，在加权基期内，住户消费的货物或服务的成本包括经常性实际成本和机会成本。经常性实际成本为使用期内，用户使用该商品时实际支付的成本；机会成本是将资金用于该商品而非其他投资目的时所引起的成本，属于推算成本。另外，在耐用品较长的役龄中，要计入折旧。这两种方法适用于耐用品(或资本品)和提供长期效用的服务中。使用法框架下计算的 CPI 更接近于生活成本指数的概念，目前仅用于自有住房服务价格指数的编制。

2. 三种框架概念上的区别

(1)获取法与支付法的异同

获取法和支付法两者都基于消费者的实际货币支出,均可以衡量两个时段住户购买的消费品和服务价格的平均变化。但二者分别对应交易的不同方面。国民经济核算中提到:一笔交易存在两个方面,作为货物支付的对应部分,购买者发生了一笔负债,出售者获得了一笔债权,然后债务和债权随着付款而消失。必须仔细区分每一项交易以及与其对应的现金流量发生的时点,若实际交易与相应收付之间存在时滞,可分别利用"权责发生制"和"现金收付制"两种方式记录交易。获取法采用的是记录所有权转移时双方议定的价格,即权责发生制;而支付法记录了与其对应的现金流量,即现金收付制。

从实际支付的金额比较,两者的区别是:是否涵盖利息的支付。大多数货物和服务都在获取时采用全额支付的,但也可以采用信用的方式进行分期付款。在获取法的概念下,不论是否在获取时采取全额支付,均采用货物和服务的基期全价来计算它们的支出权重,将获取消费性货物和服务相关的额外成本(如利息费用)排除在外。在支付法中,采用基期发生的实际支付额进行计价和计算权重。如果采用一次付清的方式购买消费品和服务,则计入实际购买消费品的全价,与获取法一致。但如果采用的是分期付款的形式,计价范围包括基期支付首付款和相关的利息支出的现金流量并计算权重,获取法所得到的价格数量要远远小于支付法。

(2)使用法与获取、支付法的区别

使用法衡量住户为了满足自身需要而使用的消费品和服务价格的平均变化,这是与获得法和支付法最大的区别。获取法和支付法框架下的CPI可以衡量两个时段住户购买的消费品和服务价格的平均变化;而使用法下的CPI衡量住户为了满足自身需要而使用的消费品和服务价格的平均变化,使用虚拟租金法或用户成本法来衡量自有住房的使用成本,而不是直接计入实际支出。

对于耐用品和服务而言,三种方法对应的计价范围和权重会有显著差异。但是对于大多数消费品而言,三种方法得到结果是相同的,这主要与消费品的购买时间和使用时间是否一致有关。如果使用和购买的时间基本一致,三种方法计算的价格指数就是一致的,但对于耐用品和服务而言,可能购买很久后才会使用,或者可以长期重复使用,因此不同的计价方法得到的价格指数是有差别的。然而,要估算住户自用的耐用消费品存量所提供的服务流量和价格是一件困难的事,而耐用消费品的支出及购买价格较容易记录。所以目前为止,计算消费者价格指数大体上采取获取法。

2.1.3 CPI的编制目的与框架相对应

(1)如果CPI适用于测算与住户部门消费所对应的通货膨胀率,则采用获取法。一篮子商品和服务的价格定义为住户部门在基期所获取的消费性的货物和服务的市场交易价格。其中包含税收,但不包含补贴、非货币性交易和利息费用支付。

(2)当CPI的目的是为了调整收入以保持收入的购买能力,需要衡量住户部门为消费付出的现金流量(如现金付款的生活费用),则采用支付法。篮子定义为住户为了消费货物和服务所实际支付的金额,包含利息支付,这是支付法与另外两种方法的最大的区别。

(3)如果CPI是为了衡量生活成本的变化,则采用使用法。为了计算家庭福利,一篮子商品中应包括消费者在基期所消费(使用)的货物和服务,而不论这些货物和服务是何时支付和购买的。虚拟支出将包含在以使用法为基础的CPI范围内,因为一些通过非货币交易而得到的货物和服务也会影响到住户部门的生活水平。另外采用虚拟支出记录从耐用项目中获得的服务流量,如住户将部分或完全从自有住房中得到的住房服务计入篮子。

因此,国际劳工组织第十七届统计学家会议(2003)指出:有关篮子组成和权数的决定直接取决于范围以及对获取法、使用法或支付法的选择,而框架的选择直接取决于指数的编制目的。表2-1为澳大利亚统计局(2010)对消费者价格指数的三种目的、框架以及对应篮子组成的界定。

但是,遇到具体情况要具体分析,不能生搬硬套。如澳大利亚从2009年起采用支付法编制的养老金受益人的生活成本指数衡量特殊人群的生活成本,作为标题CPI的有效补充。衡量生活成本本应采用使用法,但是介于实际情况的限制,为了避免使用法下虚拟价格带来问题,选择支付法来替代使用法编制衡量特殊人群生活成本的CPI。

另外,国际劳工组织第十七届统计学家会议(2003)决议指出:由于实际中,难以统一界定消费和从使用角度来估算其他耐用品提供的服务流量,可能需要采用混合方法,如对自有住房采用使用法,而对其他耐用消费品采用获取法或支付法。因此,世界上很多国家在采用获取法或者支付法的基本框架上,对自有住房这种特殊耐用品采用使用法中的租金等价法或用户成本法。如加拿大CPI的基本框架采用支付法计价和获取权重,对自有住房采用使用法中的用户成本法。因此,有必要单独对自有住房或自有住房服务的计价范围进行讨论。

表 2-1　CPI 编制目的、对应框架以及计价范围

编制目的	通货膨胀	收入水平	生活成本
对应框架	获取法	支付法	使用法
计价范围	服务支出、金融服务直接费用(包括与投资有关的金融服务)、非耐用和耐用消费品的支出	用于服务(不包括金融服务)、非耐用品和大部分耐用品的支出	用于服务的支出、金融服务直接费用(包括与投资相关的金融服务)、非耐用品和大多数耐用品
	间接测算的金融服务费用,例如间接测算的金融中介服务(FISIM)(包括与投资有关的金融服务)	保险总费用	间接测算的金融服务费用(FISIM)(包括与投资相关的金融服务)
	排除非货币性交易,抵押贷款利息和消费者信用贷款利息	用于购买耐用品和自有住房的抵押贷款费用	不包含抵押贷款利息和消费者信贷利息

资料来源:Outcome of the 16th Series Australian Consumer Price Index Review(2010)。

2.2　国民核算体系和 CPI 体系中的自有住房

2.2.1　国民核算体系中的自有住房服务

在国民核算体系中,住宅属于固定资产,因此,住户购买的住宅,不论自住还是用于生产(租赁),均属于住户总固定资本形成,而不属于住户消费。

住户为自身提供的自有住房服务属于住户最终消费。居住在自有住宅的房主被视为非法人企业,生产住房服务并为自身所消费。住户消费的自有住房的服务价值等于市场上租用同样大小、质量和类型的房屋所要支付的租金价格,且自有住房服务的虚拟价值记为自有房主的最终消费支出(SNA,1993)。自有住房服务是居民消费支出中金额较大的虚拟消费支出。

如果与国民经济核算体系中的概念一致,在 CPI 中严格界定住户消费的范围的话,则纳入的关于自有住房的消费支出是估算自有住房服务的价值,而住户购房的货币支出属于固定资本形成,是不能直接计入 CPI 中的。

2.2.2　不同主题 CPI 中的自有住房

正如 2.1 节所述,在各个国家中,CPI 的用途很多,ILO 的《CPI 手册》根据两大主题对 CPI 进行分类:以消费为主题的 CPI(又称为生活费用)、以交易为主题的CPI(通常称为通货膨胀)(ILO,2004)。

不同主题的CPI的侧重点及所对应的消费范围。ILO的《CPI手册》将CPI按主题分为两大类,且不同主题的CPI侧重点不同。第一,以消费为主题的CPI(下称"消费法"CPI),侧重于住户最终消费支出的项目价格,其中包括货币消费支出和推算消费支出(如对自有住房服务的估算租金),但不包括住户的资本形成支出(如购买自有住房的支出);第二,以交易为主题的CPI又称"交易法"CPI,对应前述的获取法框架,侧重点在于住户最终消费和资本形成货币最终支出的项目价格,因此可能包括住户资本形成支出,如住宅的净获得支出,而一般不包括住户对产品和服务的有效消费的推算支出。

"消费法"CPI与"交易法"CPI对住户的消费范围界定上的差异,将影响二者所对应的支出总量和权数。"消费法"CPI对应的支出总量是住户为个体消费而直接或间接购买所有各类产品和服务的消费支出金额,其中不仅包含住户用于消费的现金支出,还包括虚拟消费支出,如自有住房服务的估算租金,这类支出在《CPI手册》中记为CPI参考支出总量#1;而"交易法"CPI对应的为参考支出总量#2,界定为:住户的个体消费货币支出和住户部门有关住宅的固定资本形成的支出,其中住户消费货币支出仅为住户为消费直接购买的所有产品和服务的支出,不含有推算的虚拟支出,再加上住户通过购买和翻新自有住宅的资本形成。

由此可知,CPI中的参考支出总量#1与国民核算中居民最终消费支出总量一致。而总量#2虽然与国民核算中居民消费有差异,但是两者之间也是有联系的,可根据国民核算中的构成获取总量#2的价值总量,见表2-2。

表2-2 不同主题的CPI的参考支出总量构成

参考支出总量#1	参考支出总量#2
P.311 货币消费支出	P.311 货币消费支出
P.313 间接衡量的金融中介服务	P.313 间接衡量的金融中介服务
P.312 房主自用住房服务的推算支出	P.511a 自用住宅的固定资产形成总额

资料来源:《CPI手册》的14.59段。

两种主题的CPI中的自有住房以及价格的确定。"消费法"CPI对应的是住户对自有住房服务的消费,要对住宅自用房主所消费的住宅服务流量的价值进行计量,可以采用使用法中的"用户成本法"计算自有房主使用住宅的成本变化,或者采用使用法中的"租金等价法"估算自有房主所用住房服务的市场价值;而"交易法"CPI中则对应住户部门购买住宅的固定资本形成,须对住户获得住宅的固定资本形成价值进行计量,采用获取法计算住宅自用房主为获得住宅(固定资本形成)时的货币支出。

目前,大多数国家使用“消费法”CPI,对自有住房服务推算消费支出,同时也有少量的统计机构采用“交易法”CPI,将住户对住宅的净获得和重大翻修计入CPI中。

在CPI中计入住户购房的货币支出,并没有违背国民核算中住户购买住宅的投资属性,并不是将自有住房视为消费,而是相应地将CPI中住户的支出总量范围进行了扩展,从住户消费支出总量扩大至住户的货币支出总量。

从上述分析来看,在自有住房问题的处理上,国民核算体系与CPI体系存在着一定差别,而造成这种差别的原因是:二者在最初的发展阶段是相互独立的体系。但是随着统计理论的深化,为了验证这种差异的合理性,以及促进CPI体系与国民核算体系未来的相互融合,需要对自有住房(服务)的处理方法做进一步的讨论。

2.3 CPI中的自有住房

CPI在衡量非耐用品的价格变化时是十分精确的,但是对于耐用品而言,由于计价问题的复杂性,衡量其在CPI中的价格波动是一个较为棘手的问题。对于CPI中自有住房的研究尤为重要,特别对于房价快速上涨阶段,会影响到宏观经济政策的制定和管理。住房对于住户而言有着双重的经济作用,它既可以为住户提供服务流量的消费,又是提供资产收益获得的投资品。因此是否将资产价格计入是一个备受争议的问题(Goodhart,2001)。

2.3.1 自有住房(服务)的核算方法

1.获取法

Goodhart(2001)对自有住房获取法的描述如下:获取法反映的是新购自住房价格的变化,并根据参照人口的购置住房的净额[1]进行加权,是一种以资产为依据的指标,因此,更合理地反映货币值变化的通胀指标。支出权重为基期新购住房的交易价格。

新购住房的价格包括两个方面:建筑物价格和土地价格。采用获取法的国

① 参考总体的购置额减去销售额。

家大多数用净获取法的概念计量自有住房，即去除土地的价格而只计算建筑物的价格。

自有住房采用获取法纳入消费者价格指数的优点是：第一，ILO(2004)指出与消费者价格中其他大多数货物和服务的处理方式保持一致[①]，均采用市场交易价格计入价格指数，不需要统计机构专门为其设立特殊的方法和程序进行处理；第二，由于直接采用购置住房的价格，更能反映消费者有关物价上涨的真实感受，较为容易被公众理解和认可；第三，当消费者价格指数的目的为衡量通货膨胀而整体采用获取法框架时，自有住房的分类价格指数采用获取法可与消费者价格指数总体目标和框架保持一致。

而在自有住房中采用获取法的缺点有以下几点：第一，与传统的国民核算有关住房属于投资的概念相矛盾。在SNA(2008)中9.57段指出"最终消费支出不包括住宅等固定资产或贵重物品支出。住宅是为所有者提供住房服务的货物，因此，住户在住宅上的支出属于固定资本总形成"。第二，受基期经济状况的影响较大。如果基期是经济繁荣(或萧条)年，当年自有住房的价格大幅度上升(或下降)，则会导致基期权重波动性大，不具有代表性。Eurostat(2012)指出可以采用多年的平均价格代替基期价格，进行加权使得这种误差最小化，另外，可以采用系统移动权重参考期的链式加权指数来减少这种不良影响。

ILO et al.(2004)针对获取法是否适当取决于指数的总体目标的问题指出：如果总体目标是反映当期消费服务的价格，那么，就可以认为获取法近似于其他更为适当的方法(如租金等价法或用户成本法)。如果指数的目标在于反映住户当期货币(或非推算)支出，那么，获取法就是最优的方法。

从发现和测度通货膨胀的角度来看，使用实际可观测的住房交易价格的获取法应该是最合适的。因为中央银行在制定货币政策时关注的焦点在于，发生商品和服务实际交易时的价格高低以及变动趋势，至于货币是否支付、商品是否交付或者何时使用则不是其关心的问题[②]。

目前采用获取法的国家有新西兰和澳大利亚。新西兰(2013)采用获取法处理自有住房，其CPI衡量通货膨胀的编制目的和获取法的大框架相一致。美国在1980年以前采用类似获取法的资产价格法在CPI中计入自有住房。而欧盟的HICP从2007年起计划采用净获取法计入自有住房，在2016年开始正式编

① 对于非耐用品和大部分耐用品而言，采用"获取"、"使用"和"支付"法的结果通常是不会有很大差异的，计价范围均是住户与其他部门交易时议定的价格。

② 房雯雯.居民消费价格指数(CPI)之自有住房问题探析[D].厦门大学硕士论文，2012.

制与发布自有住房价格指数(OOH)。

2. 支付法

Turvey(2000)在 CPI 自有住房问题的讨论中引入了债务剖面法(“debt profile”method),即采用加入贷款利息的计价方法。其后,Goodhart(2001)进一步界定该方法为支付法,是对首付、抵押贷款的偿还和抵押贷款利息以及上述一些关联支付的现金流出进行统计。在支付框架下,权重取决于为住房支付的包括利息在内的实际支出。

但是,目前统计学界和统计机构认为首付和抵押贷款的偿还不应计入 CPI 的自有住房部分。ILO et al.(2004)指出不应将那些不会使住户资产负债表发生净变化的交易纳入消费者价格指数中,故支付法的篮子中不应包括预付定金和抵押贷款本金的偿还。同时,Eurostat(2012)也将预付定金和抵押贷款本金的偿还排除在消费者价格指数的支付法框架外,因为预付房款和偿还贷款本金同时也为住户创建了房产,不属于消费。

支付法最大特点是包括抵押贷款利息的支付。但是针对利息能否计入和计入方式,Goodhart 等学者提出此法的不完善之处:第一,购买程序不统一,但一般在处理信用基础上购买的商品并没有将其作为更贵的商品处理,购买价格问题是否应与如何解决购买资金问题区分;第二,每个消费者购买消费品时支付的贷款利息流是不一致的。如果一个贷款人的信用较差,所支付的利息就越高,如何选取代表利率是个问题;第三,支付法忽视了自有住房持有股权的机会成本——折旧和资本损益,而这些会影响到利息现金流的变化。另外,Guenason(2003)认为支付法中最大的问题是在计算贷款利息时使用了名义利率,而名义利率中已包含了要衡量的通货膨胀因素,导致 CPI 内生性。尤其在高通胀时期,采用支付法的统计机构可能需要对名义抵押贷款利率的通胀成分加以调整(ILO,2004)。

针对这些问题,学术界在理论与应用上进行了一系列的探讨和研究。首先,对于一般消费性货物和服务,不会将信贷支付计入商品价格,而是采用交易双方议定价格。支付法目前仅用于自有住房这种特殊的商品上,因为对于大多数自住房主而言,利息现金流最能体现享有自住房的用户成本,应计入在消费者价格指数中(ONS,2012);其次,针对代表利率问题,ILO et al.(2004)提出通过定期收集一定数量具有代表性的抵押贷款利率来推算一个平均利率,用于适当的债务金额中;另外,在支付法中计入折旧、实际利率等推算成本,成为一种复杂用户成本法(ILO,2004)。

英国自 1975 年在零售物价指数(Rental Price Index, RPI)中自有住房部分采用支付法代替原有的租金等价法(ONS,2012),计价范围包括家庭税[①]、贷款利息支付、房屋折旧、房屋保险、地租和其他相关的费用,如房地产经纪和产权转让费用。

采用支付法将贷款利率计入CPI中的自有住房,因为CPI是制定货币政策的目标指数。用户成本法中计入贷款利率也是如此(Eurostat,2012)。但是Woolford(2006)从另一个角度说明支付法并不适合测度通货膨胀,因为出于降低通胀的目的,制定提高利率的货币政策,但此时用支付法计算自有住房服务支出时,将导致计算出来的CPI更高。

3. 用户成本法

使用法主要用于自有住房,对住宅自用房主所消费的住宅服务流量值在不同时间的变化进行计量(ILO, 2004),具体分为用户成本法和租金等价法。使用获得住房服务所支付的用户成本或房租(或虚拟房租)来计算支出权重。

用户成本法是利用住宅自用房主使用住宅成本变化衡量所消费的住宅服务流量。在加权基期内,这些成本包括两部分:经常性实际成本以及将资金用于住房而非其他目的时的机会成本[②]。其中,经常性实际成本包括:修理与维护成本、房产保险、抵押贷款利息支付、房产转让时的律师费和房地产代理费、房产差饷[③]及税项等;机会成本中包括:折旧[④]、增值和放弃的利息额。

利息、资本收益以及折旧的计入使得用户成本法能够更加完整地衡量自有住房的用户成本,但是,Eurostat(2012)指出用户成本法过于基于主观判断,并非采用真实客观的交易价格,有关折旧和机会成本需要大量的理论假定和推算价格而得到。而且大量的推算使得估算机会成本的基期权数的过程十分复杂。

由于计量概念和方法的主观性和复杂性,还没有任何一个国家的统计机构完全采用用户成本法(ILO,2004)。但有一些国家避开其中需要虚拟的价格,采用简化或变形的用户成本法。加拿大统计局采用变形后的用户成本法编制自有住房价格指数,这种变形的用户成本法[⑤]避免了使用估算价格,其中忽略了为购

① Council tax,英国根据地产的相对价格来为地方政府的服务征收的税务。

② 机会成本即将资金用于其他资产时,其他资产的现有回报率。

③ 差饷(Rate)是一种源于英国的税款,在英国、美国、澳大利亚以及很多国家和地区都存在,金额主要按土地价值、房产价值或物业租值根据一个比例作为计算,由政府向房屋或土地的拥有者征收。

④ 折旧代表用以抵销住在随时间磨损和老化所受的损失而发生的经常性支出,是一个循序渐进的过程,以逐年准备的金额,而不是实际支出作为折旧。

⑤ Diewert, W. E.(2009)称这种简化的用户成本法更像是一种支付法的变形。

买住房的资金所放弃的投资收益、资本增值和折旧，而仅包括：贷款利息成本、重置成本、房产税、住宅保险成本、修理和维护成本以及其他自有住房支出。另外，冰岛采用简化的用户成本法，将自有住房视为建筑物和建筑物所坐落的土地两种不同的商品捆绑而成的综合商品，住户基期的总用户成本等于$(\gamma^{0*}+\delta)p_H^0$，其中$\gamma^{0*}$为估计的实际利率，$p_H^0$为质量调整后的住房价格指数，$\delta$是对建筑物和土地估计的综合折旧率。

为了提高用户成本法的适用性，很多研究将用户成本法推广变形，其中比较突出的有：机会成本法和消费成本法。

首先，为了综合用户成本法和租金等价法各自的缺陷，Diewert(2003)建议另一种处理自有住房的方法：机会成本法。即自有住房有两类机会成本：一种是自有房主可以将自住房转租给他人以获取租金，另一类是将住宅在房产市场上进行出售获得的收入。两者之间的最大值即为自有住房的机会成本。因此自有住房价值为租金等价法和用户成本法中的最大值。

其次，Beatty et al.(2010)对用户成本法进行修正，并将修正后的方法称之为消费成本法。消费成本法将住户为消费自有住房服务所支付的费用称之为消费成本，其中排除对房产资本损益的计入，比较两期之间消费成本的价格变动。

为了估算自有住房的消费成本，该方法一方面排除购房时的本金支付，将本金支付视为储蓄而非消费；另一方面，支付的消费成本中还排除房产的资本损益——出售与购买自有住房之间的价格差异。因此，消费成本中仅包含利息支出、维护成本和交易费用。记C为自有住房的消费流量，是住户在某个时点上用于自有住房的消费成本总额：

$$C=\gamma iA(1-\tau)+tcA+\gamma mA \tag{2.1}$$

其中，γ为持有时期数，i为利率，A是房产的平均价格，τ为税收减免率，tc是税率和政府所收的费用比例，m为使用房产每年所要用的维护费率。

同时，为了避免短期利率与CPI之间的内生性，采用贷款的长期固定利率与短期的预期利率的平均数来计算自有住房的消费成本，(2.1)式变形为：

$$\begin{aligned} C_t = A_t\Bigg\{ & \frac{1}{3}\sum_{i=t-2}^{t} tc_i + \frac{1}{3}\gamma\sum_{i=t-2}^{t} m_i \\ & + \Phi_t(1-\tau)\gamma\left[i_{L,t} - \frac{1}{5}\sum_{i=t-4}^{t}(i_{L,t}-i_{S,t})\right] + \Psi_t(1-\tau)\gamma i_{L,t}\Bigg\} \end{aligned} \tag{2.2}$$

式(2.2)表示：在t期自有住房的消费成本C_t中，加入可变贷款利率的比例Φ_t、固定利率的比例Ψ_t，而且交易成本和维护成本随时间的变化而改变，记为tc_i与m_i；预期的短期利率为$i_{S,t}$。

目前，采用用户成本法的国家有：冰岛、爱尔兰、加拿大、芬兰、瑞典等。

4. 租金等价法

租金等价法是核算自有住房服务最常用的方法。通过估算自有住房的房主所用住房服务的市场价格值来计量这些服务的价格变化。计算权数时，需要估算住宅自用房主在加权基期内原本需要花多少钱来租用其住宅。为了避免重复计算，Eurostat(2012)指出租金等价法是唯一不计入住宅的大型修理与维护费用的方法。因为在房屋租赁中大型修理与维护费用常常由房东支付，进而房东通过租金的方式转嫁到租户的租金费用上，因此在自有住房的虚拟租金中已经包含了大型维护费用，故不可重复计入。

《1993 年国民账户体系》建议采用租金等价法来计量住房消费，有利于国际对比和跨期对比。如果 CPI 的参考总体相当于所有居民住户消费支出，那么估算问题与国民核算所面临的问题一样，因此采用合作的方法将会带来好处(ILO,2004)。

但这种方法建立在两个假定上：第一，充足的住房租赁市场，通过比较同质的住房租金得到各种类型自有住房的虚拟租金，如冰岛的私人租赁市场的总体规模很小，且出租房屋的总体质量、年限、面积和地理位置与房主自住房不同，因此不可以采取租金等价法(Guenason,2003)。第二，房屋租赁市场不受政府的价格控制。

在实践中，自有住房的规模、质量、地理位置等要与虚拟房租参考的房屋同质，如果存在质量上的变化，应对其进行质量调整。另外，住宅自用房主有可能获得额外的便利，如住房的占有和使用有保障、可以自行改建住宅等，这说明需要对初始设算进行额外调整。

但是，也有学者对租金等价法处理自有住房服务持反对意见，提出问题：房屋租赁价格变化水平能否准确反映自有住房服务的价格变化水平。

Goodhart(2001)指出由于租金等价法忽略购买自有住房的支付成本，因此，低估了自有住房服务的使用成本。

另外，Eurostat(2012)指出租金等价法的另一个不合理之处：由于租赁市场本身的特殊用途，租赁房屋与自有住房的特征(如所在区位、住房面积、户型、交通便利度等)出现很大的差异，使得二者之间缺乏可比性，因此采用租赁市场的租金价格虚拟自有住房成本将会带来计价上的误差。笔者认为可以采用特征回归的方法对这个问题进行调整，首先对房屋租赁市场的租金价格 p_{it} 以及出租房的房屋特征 X_{it} 进行回归，得到房屋特征的隐性价格 β_t 和自有住房与出租房之间的特征差别，对租金序列进行调整得到合理虚拟租金，衡量自有住房的服务价格。

采用租金等价法的国家有：挪威(77)、美国(68)、日本(60)、丹麦(51)、荷兰

(54)、德国(45)、瑞士(31)。括号内的数字为该国的自有住房率,数据来源于 Christensen et al.(2005)。以上采用租金等价法的国家的自有住房率都比较低,只有挪威的自住房率高达 77%,其他国家的自住房率都低于 70%,说明存在大规模的租赁市场,且出租房屋的类型和房屋面积较全面,可以为自有住房提供等价租金的价格信息。

表 2-3 对上述四种将自有住房(服务)计入 CPI 的方法以及对应篮子和使用国进行总结,从该表中可以更清晰地看出四种方法之间的差异与使用情况。

5. 排除法

一些国家主要将住房视为投资,不计入 CPI 中。在国民核算体系中,住户所获取的住房属于固定资产投资,不是用于消费的耐用品,而 CPI 的范围本质上限定为住户的货币支出所购买的消费品,因此将自有住房(Owner-Occupied Housing, OOH)排除在 CPI 的范围之外。另外,缺乏数据来源的客观条件也制约着 CPI 中自有住房的计入。

将自有住房排除在 CPI 之外的国家有:意大利(78)、西班牙(81)、希腊(74)、卢森堡(67)、葡萄牙(66)、比利时(68)、法国(56)、澳大利亚(57)[①]。

但是一些学者强调这种严格遵循国民经济核算概念的方法具有的严重缺陷。因为将自有住房排除在外,以致影响住户面临的重要的住房通货膨胀压力被排除在以衡量通货膨胀为目的的 CPI 之外,CPI 的范围过于狭窄。

从采用排除法的国家来看,自有住房率均超过了 50%,西班牙高达 81%,对于自有住房率高且房价呈迅速上涨趋势的国家,排除自有住房的 CPI 很难实现准确反映通货膨胀的目的。Eurostat(2012)针对这个问题提出了解决办法:为了克服这个限制,可以利用 HICP 和 OOH 指数的综合,建立一个独立的价格指数(如家庭支出价格指数 HEPI),反映住户面临的总的通货膨胀压力,既有来自消费部分的,也有来自自有住房的通胀压力的。

综上所述,将自有住房纳入 CPI 有多种方法,其计价特点和计价范围见表 2-3,通过这些方法的比较可知:

获取法是将房价作为自有住房的消费价格直接计入 CPI,即自有住房同大多数消费品一样是采用成交价来计价的;支付法是采用住房贷款利率作为自有住房的价格。而这两种方法都在一定程度上存在缺陷,前者忽略了住房贷款利息支付的重要性,后者忽略了住房的投资作用。

① 括号内的数字为该国的自有住房率,数据来源于 Christensen et al.(2005)。

表 2-3　自有住房纳入 CPI 的方法以及对应篮子

<table>
<tr><td rowspan="2">自有住房</td><td rowspan="2">获取法</td><td rowspan="2">支付法</td><td colspan="3">使用法</td></tr>
<tr><td colspan="2">用户成本法</td><td>租金等价法</td></tr>
<tr><td>计价特点</td><td>按交易时双方议定的价格计入</td><td>按各期支出的现金流量计入</td><td colspan="2">按各期使用成本流量计入</td><td>按各期服务流量计入</td></tr>
<tr><td rowspan="8">计价范围</td><td>购置住房的净额（购置额减去销售额）</td><td>—</td><td colspan="2" rowspan="4">机会成本（抵押贷款利息的支付、放弃的利息额和折旧减去增值）</td><td rowspan="8">获得住房服务所支付的房租或虚拟房租</td></tr>
<tr><td>直接兴建新住宅</td><td>—</td></tr>
<tr><td>现有住宅的改建和增建</td><td>—</td></tr>
<tr><td>—</td><td>抵押贷款利息的支付</td></tr>
<tr><td>房产转让时的律师费和房地产代理费</td><td>房产转让时的律师费和房地产代理费</td><td rowspan="4">经常性实际成本</td><td>房产转让时的律师费和房地产代理费</td></tr>
<tr><td>住宅的修理和维护费</td><td>住宅的修理与维护费</td><td>住宅的修理与维护费</td></tr>
<tr><td>住宅保险</td><td>住宅保险</td><td>住宅保险</td></tr>
<tr><td>房产差饷及税项</td><td>房产差饷及税项</td><td>房产差饷及税项</td></tr>
<tr><td>使用国</td><td>澳大利亚、新西兰以及欧盟（HICP）</td><td>英国（RPI）、爱尔兰</td><td colspan="2">加拿大、冰岛</td><td>美国、中国</td></tr>
</table>

资料来源：《消费者价格指数手册——理论与实践》（ILO，2004）以及各国统计机构发布的有关 CPI 的手册。

用户成本法则增加了利息支付、维修成本以及销售价与购买价之间的差额。但是这种方法由于计入房屋的投资收益，在房价飞涨的阶段，会出现房产的投资收益大于使用成本，故自有住房的消费价格为负数。这将导致 CPI 整体的下降，而事实上在这种经济形势下，由于房价的上升会拉动整个经济的通货膨胀，使得各种物品的价格上升，对 CPI 造成严重的低估。

虽然对租金等价法进行了改进，不直接采用同质可比的房屋的租赁价格，而是对自有住房进行虚拟租金。但是对许多国家而言，房屋租赁市场较小或者受到政府的管制，不能真实地反映自有住房的使用价格。另外，大多数租赁契约中的租金价格直接与 CPI 挂钩，如果采用租金等价的方式将自有住房计入 CPI，会出现内生性问题，即租金价格取决于 CPI 的同时，CPI 的大小也由租金价格的高低来决定。

2.3.2　基于 CPI 编制目的的自有住房服务处理方法

自有住房服务的计价方法差异是编制 CPI 中自有住房的首要问题。住房的耐用性意味着自有住房住户从其中得到的是一系列的住房服务。而这种耐用性也意味着随着使用时间的增加出现折旧，这种住房服务的折旧也要计算在其中。这种服务是自有住房住户为自己提供的一种服务，没有市场没有交易价格，因此第二个问题是，要估计这些服务价值应该采取什么方法。

现阶段，没有哪种方法可以说是对 CPI 中自有住房的最佳处理方法，而对自有住房的编制方法的选择取决价格指数的编制目的和基础框架[①]，具体见表 2-4。

表 2-4 自有住房方法与 CPI 编制目的之间的关系

OOH 处理方法	CPI 的主要目的	OOH 的价格定义	特别说明
获取法	测量不同时期住户出于消费目的而购买的货物和服务的货币交易的总支出	住户获得自有住房的总支出	该方法与指数衡量通货膨胀的目的相一致。不需要虚拟价格
使用法	衡量不同时期住户实际消费的所有货物与服务的总价值的变化水平	使用自有住房服务的机会成本	该方法与“生活成本指数”一致
支付法	衡量不同时期住户为购买所有货物和服务的总支出的变化水平	与自有住房有关的当期的现金支出	该方法更适合衡量货币收入的价值，不需要虚拟价格
排除法	衡量不同时期住户消费的货物与服务的所有货币交易的总支出的变化水平	无	该方法的范围太局限，需要构建 HEPI 进行补充

资料来源：Eurostat(2012)。

以欧盟的调整消费者价格指数（Harmonized Indices of Consumer Prices，简称 HICP）为例，HICP 的最终目标是反映通货膨胀，比较任何两期住户的货币支出。而通货膨胀作为一种货币现象，由住户部门和其他机构部门的市场交易所决定。所以 HICP 必须采用消费者实际支付的交易价格来编制，不可采用任何虚拟价格。针对这个条件，在自有住房的多种编制方法中，仅能选择获取法。出于多个盟国指数可比性和不能采用虚拟价格的硬性要求，Eurostat(2012)关于在 HICP 中计入自有住房提出两种做法：一是直接采用净获取法将 OOH 计入 HICP 中，将其与其他耐用品一样看待；二是沿用 HICP 的编制框架，为自有住房单独编制 OOH 指数，作为通胀指标的一部分，并在此基础上将 OOH 指数与 HICP 联合起来编制家庭支出价格指数（Household Expenditure Price Index，简称 HEPI）。

① Eurostat, OOH draft technical manual, 2011, p. 6.

采用获取法和排除法的 CPI 时，对应 CPI 的目的是不尽相同的，但采用排除法时，CPI 是严格按照国民经济核算标准仅衡量消费者为消费货物和服务所支付的货币支出，而 HEPI 衡量了住户所有的货币支出，而不论支出的目的是否为消费。因此，在 OOH 的获取法中，尽管自有住房的消费在国民核算中属于投资，但是依然将其涵盖在 HEPI 的范围内。

2.4　CPI 中与自有住房相关的虚拟消费

住宅在国民核算体系中属于固定资产，而不是耐用消费品，所以在编制消费者价格指数时对其单独处理，视为自我提供的住宅服务并计算住宅服务流量。消费者购买金融资产属于投资行为，而消费者在投资过程中所消费的金融服务价格应计入消费者价格指数中。因此，住户自有住房和消费者购买的金融资产有着共同的特点：首先，消费者购置房产和金融资产属于投资行为，房产和金融资产的价格不应计入 CPI 中；其次，自有住房提供的住房服务和金融资产购买的过程中所提供给住户的金融服务都应按其服务价格计入 CPI 中。

Ian Ewing(2004)对于具有投资性质的商品或者一些耐用品处理方式如下：计价时应记录该商品或投资品为消费者所提供服务的价格，而并非耐用品或者金融资产本身的价格。因此，在自有住房和金融服务计入消费者价格指数时，计入的价格是自有住房和金融机构所提供的服务价格，而不是资产(住宅和金融资产)本身的价格。

2.4.1　金融服务的计价方法

在住户越来越多地使用金融服务的压力下，统计机构有必要为金融服务确定一个准确、全面的价格指数，至少将某些金融服务纳入 CPI 中，尤其是有关住户在金融机构的存贷账户的金融服务。

Woolford(2001)将 CPI 中金融服务广义界定为：由住户获取的与金融资产和不动产的购置、持有和处置有关的所有服务，包括咨询服务，但不包括用于商业目的服务。根据具体收费形式可将其分为两大类：一类是直接向消费者收取费用的显性金融服务，如货币兑换、股票经纪业务等。另一类是间接收费的隐性金融服务。如传统的银行对存贷款服务并不直接收取费用，而是通过贷款利率和存款利率分别于参考利率的息差来获取服务费用。

对于金融服务的计价方法，ILO(2004)指出CPI中金融服务的计量方法的采用，同样取决于CPI的主要编制目的，并由此决定是否采用支付法、获取法或使用法。而本书对这种说法持怀疑态度，认为这三种方法的选择取决于各类金融服务的性质，并非编制CPI的目的。

对于具有明确收费的显性金融服务，采用支付法、获取法或使用法得到的价格是基本一致的。首先，就服务而言，区分获得和使用可能没有太大的实际意义。接受服务的单位从接受服务的那一刻起，即自动受到这些服务的影响，并不需要采取进一步的行动来从中受益。因此，使用法和获取法的差别不如自有住房那么明显。不过，使用法更加强调服务目的，用于消费目的的金融服务才能计入CPI，更加严格地限定了纳入CPI的金融服务的范围。其次，支付法与另外两种方法的区别：是否包含利息支付。金融服务费用中的直接费用是一次性支付的，不存在产生现金流支付方式，没有必要采用支付法。

直接收费的显性金融服务计价的难点不在于方法的选择，而在于与之相关的交易价值的估算。虽然是明确收费，但此类服务价格多以费率或利润百分比的形式收取，使得服务价格与代表性样本的交易价值相关。计算基期和比较期的服务价格，除了获知两期的费率之外，还必须衡量代表性样本在两期的交易价值。为了达到同质可比性的目的，需要通过对基期的样本交易价值进行指数化，从而得到报告期的样本交易价值。如货币兑换，服务价格通常采用样本交易中国内货币价值的一定百分比来表示。而这个百分比较少变动，对于服务供应商来说，其收入的增加取决于交易的名义价值随时间不断增加的水平，所以这类金融服务的价格估算重点在于确定比较期的样本交易货币量。同时对于股票经纪服务，股票经纪人收费同样是按照费率表来执行的①，服务价格为样本交易价值与费率的乘积。为了保证基期和报告期的同质可比性，需要对基期的样本交易价值进行指数化，得到样本交易在比较期的价值。

另一种是金融机构并未直接向消费者收取服务费用的隐性金融服务，需要虚拟其服务价值。最常见的隐性金融服务是金融机构提供的存贷款服务，其服务价值为：首先，贷款利息与参考利率之间的息差、参考利率与存款利率之间的息差以及明确收费的价值之和。由于存在间接服务费用，故不能使用获取法获得服务价格。其次，各期的存贷款服务价值是通过息差一次性收取的，虽与利息和现金流相关联，但并不会存在现金流的支付方式，所以不会采用支付法。Diewert(1974)、Donovan(1978)和Barnett(1978)开发了专门用于

---

① 股票经纪人的收费常是属于阶梯函数而不是线性函数的，或者没有同一的费率表，这为纳入CPI增加了难度。

虚拟间接金融服务的价格的资金用户成本法，Fixler(2009)采用这种方法将存贷款服务纳入CPI中。因此，对于间接收费的金融服务，应采用使用法的概念。

2.4.2　CPI中的自有住房与金融服务的关联

信贷利息支付、房地产经纪服务费既可以计入自有住房服务，也可单独列在金融服务项目中。介于这种计价的双重归属性，在CPI中同时纳入自有住房服务和金融服务时需要注意两个问题：

第一，在自有住房中采用支付法计入贷款利息，是否和金融服务中存贷款服务的计入相冲突？对自有住房采用支付法和用户成本法，要将抵押贷款利息收费当成为自有住房服务支付的现金流量或用户成本纳入CPI。但如果采用消费信贷购买耐用消费品(汽车、家具等)时，消费信贷收费(抵押贷款利息费)以及有关其他金融服务直接收费的总支出则作为金融服务计入CPI，因为购买同质的消费品，采用消费信贷时总支付比一次性(全款)支付的金额要多，其中相差的金额用于支付金融中介提供的消费信贷服务。

住房贷款利息的处理不同于其他利息收费，这部分反映了总体指数的综合目标以及公众对该项在总支出中重要性的看法。因此，根据实际需要将利息支付作为自有住房的成本计入CPI中，但在编制CPI中的金融服务价格指数时应剔除自有住房信贷服务费用，避免重复计算，服从不重不漏的统计原则。

第二，房地产经纪服务是否计入CPI中？应从何计入？在服务范围上采取严格观点的人士认为应将国民核算的做法作为起点。《1993年国民账户体系》将各种与不动产转让有关的费用(房地产代理佣金、律师费用和政府税费)归为固定资本形成的一部分。但ILO(2004)指出CPI并不拘泥于国民核算所采用的做法，而应根据国家需要就CPI的项目范围做出决定，使之最好地满足国内对价格指数本身的要求。因此，与所有权转让有关的房地产经纪费用虽然是住户固定资产形成的一部分，但可作为两种不同的类别计入CPI中：一方面可将其视为自有住房的使用成本，其价值进入自有住房的消费中；另一方面，可以将其视为住户所消费的金融服务。因此与住宅购置有关的转让费用(律师费用、房地产代理费和税费)可作为使用法框架下的自有住房用户成本，或者支付、获取框架下独立的金融服务。且仅能选择一种类别计入，不可重复计算。如欧盟的HICP中尚未计入自有住房服务，故房产经纪费用划分在金融中介服务门类下，如表2-5所示。

表 2-5　目前 CPI 中自有住房和金融服务编制的国际对比

<table>
<tr><th colspan="2">国家</th><th>主要目的</th><th>基本框架</th><th>自有住房</th><th>金融服务</th></tr>
<tr><td colspan="2">欧盟
(HICP,2012)</td><td>衡量通货膨胀</td><td>获取法</td><td>尚未计入</td><td>金融服务费(Financial Services)</td></tr>
<tr><td colspan="2">美国
(2007)</td><td>衡量通货膨胀</td><td>获取法</td><td>租金等价法</td><td>支票账户和其他银行服务(Checking Account and Other Bank Services)
税务申报及其他会计费用(Tax Return Preparation and Other Accounting Fees)</td></tr>
<tr><td colspan="2">新西兰
(2013)</td><td>衡量通货膨胀</td><td>获取法</td><td>净获取法
(去除土地)</td><td>信贷服务直接费用(Credit Service)
保险(All Types of Insurance)
房地产服务费用(Real Estate Services)</td></tr>
<tr><td colspan="2">澳大利亚
(2010)</td><td>衡量通货膨胀</td><td>获取法</td><td>净获取法
(去除土地)</td><td>存贷业务费用(The Deposit and Loan Facilities Index)</td></tr>
<tr><td colspan="2">加拿大
(2013)</td><td>衡量通货膨胀</td><td>获取法</td><td>使用法中的用户成本法</td><td>尚未单独列出(仅在住房服务内列出相关的金融服务项)</td></tr>
<tr><td rowspan="3">英国</td><td rowspan="2">CPI
(HICP,
2012)</td><td rowspan="2">衡量通货膨胀</td><td rowspan="2">获取法</td><td rowspan="2">尚未单独计入</td><td>金融服务费(Financial Services)</td></tr>
<tr><td>保险(Insurance)</td></tr>
<tr><td>RPI
(2012)</td><td>衡量通货膨胀</td><td>获取法</td><td>支付法</td><td>尚未单独计入</td></tr>
</table>

资料来源:各国统计机构资料。

2.4.3　将金融服务纳入中国 CPI

我国 CPI 中尚未纳入金融服务。由于我国 CPI 参照的住户支出调查口径中未包含“金融中介服务”,无法在住户支出调查中获取金融服务费用数据;另一方面,支出法 GDP 中的居民消费包含金融中介服务,因此,可效仿我国 CPI 对自有住房服务的处理,以支出法 GDP 中的居民消费口径为准在 CPI 中计入金融中介服务。对于间接服务支出,可按照国民经济核算国际标准,采用参考利率法计算出金融机构从事存贷款业务的间接服务产出,然后利用城乡居民储蓄存款年平均余额、住房公积金存款年平均余额和城乡消费性贷款平均余额之和占金融机构存款和贷款年平均余额的比重分摊上述间接服务产出。直接付费的金融服务利用银行业及相关金融业资产负债表和损益表的相关资料计算(许宪春,2013)。

同时，可以借鉴澳大利亚在CPI中纳入金融服务的编制过程：分阶段将部分金融服务项目纳入我国CPI的编制中。针对存贷款服务，首先编制一个单一的存贷款服务价格指数作为参考；而后逐步发展为将存贷款服务的直接费用纳入消费者价格指数中，同时编制一个存贷款服务间接费用价格指数；最终，将存贷款服务费用全部纳入CPI中。这是任重而道远的，需要我国统计机构高度重视、金融机构的积极配合以及学术界给予大力研究。

第3章 净获取法下的自有住房

ILO et al.(2004)针对净获取法的适用性问题做出说明：如果总体目标是反映当期消费服务的价格，那么就可以认为获取法近似于其他更为适当的方法（如租金等价法或用户成本法）。如果指数的目标在于反映住户当期货币（或非推算）支出，获取法就是最优的方法。因此，从发现与测度通货膨胀的角度来看，使用实际可观测的住房交易价格的获取法应该是最合适的。本章将对获取法下的自有住房进行讨论，首先以欧盟计划编制的自有住房价格指数体系（Owner-Occupied Housing, OOH）为例，对净获取法下自有住房的分类系统、权重计算、初级价格指数的编制进行分析；其次探讨住宅价格指数（HPI）与自有住房价格指数（OOH）之间的联系和差异；最后在 Diewert（2007；2010；2011）有关建筑与土地价格分离的特征回归模型分析的基础上，研究使用模型中分离出的建筑价格，采用净获取法编制自有住房的分类价格指数。

3.1 净获取法下的自有住房

3.1.1 自有住房的涵盖范围

由于采用获取法处理自有住房时，对应“交易法”主题的 CPI，即净获取法对整个住户的消费支出范围进行了扩展，所以在 CPI 中准确地计入 OOH，必须在住户支出调查中（如我国的《居民消费价格调查项目目录》）增加与 OOH 对应的大中小各级分类明细。且这种分类明细具体对应 CPI 中自有住房的支出范围，并与 CPI 整体的计价范围在最大限度上保持一致。

以欧盟为例，欧盟统计局（2012）在 HICP 中增加 OOH 部分时，强调 OOH 的计入范围以及分类细则要严格遵循 HICP 的计价规则。而 HICP 的计价范围中不包含以下三种情况：第一，视为非货币支出的虚拟消费；第二，非消费性的资产转移;第三,住户部门内部的交易(因为这种交易仅在住户之间进行,而整个住户部门对外的净支出为零)。因此,OOH 部分的计入同样要遵循上述原则。

首先,如果 CPI 中要求仅计入货币性交易,则需使用有关住宅消费的实际家庭支出费用编制 OOH 价格指数,即住户为获得住宅所支付的所有花费,包括房价、住宅的大型维护服务费用以及与房产所有权转移相关的费用。而自有住房服务是住户为自身提供的服务,不存在真实的交易,仅能通过虚拟租金价格衡量自有住房的价格,属于非货币性的虚拟消费。

其次,OOH 的获取法中应排除出于非消费性目的而购买的固定资产。住户出于为自身提供住房服务的目的而购买的房产需要计入 CPI,但是部分住户购买住宅的目的是为了出租给他人从而获得租金或者将房产作为一项获得持有性收益资本投资时,应将这类有关住宅的货币性支出排除在 CPI 的范围之外。因此,仅对自有住房的消费、整修服务计入 CPI。

最后,ILO et al.(2004)指出 CPI 是针对参考总体(住户部门)所面对的总体价格的变化情况进行的计量,不包含任何发生在这些住户之间的交易。因此,在 CPI 中计入自有住房时,应排除住户内部的二手房交易。

3.1.2 自有住房消费的分类问题

《按目的划分的个人消费分类》(COICOP)是由联合国统计署为反映个人消费支出而建立的规范的、统一的居民消费支出分类框架。为了在 CPI 中完整地计入自有住房,或者独立编制自有住房分类指数,首先需要对 COICOP 进行范围上的扩展和分类上的调整,或者单独划分 OOH 的分类系统(如欧盟),以满足自有住房准确计入 CPI 或单独计算 OOH 价格指数的数据要求。

在 CPI 中采用净获取法计入自有住房时,对 COICOP 的扩展十分重要。如目前仅有小型保养和维修属于 COICOP 中住房的保养和维修范畴,但在净获取法中,对自有住房的大型保养和维修也应计入住户的个人消费支出中。因此,在净获取法计入自有住房时,COICOP 对应地需要进行扩展的元素有:

• 新建住宅的购买费用:其中包括商品房、自建房以及房屋大型的扩建和改建;

• 已建住宅:居民为自住而购买的以前用作他用的住宅(如以前用于出租的住宅);

• 购买住宅的相关费用:购买住宅过程中发生的交易成本,如支付给房产经纪人的服务费用和法律机构收取的费用;

• 大型的保养和维修费用:包括大型维护、装修等的材料和服务费用。

另外,如果单独编制 OOH 分类指数时,对自有住房的支出可分为两大类:

一类是有关获得住宅的支出；另一类是住宅使用过程中所产生的费用支出，见表3-1，其中显示三类分类体系（COICOP、OOH、HIP）中对自有住房项目的收录情况。

表 3-1　与自有住房获取及使用相关项目的多种分类系统

项目类别及品名	COICOP	OOH	HIP
自有住房的获取	04.2	O1.1	H.1.1
新建住房	04.2.1	O 1.1.1	H.1.1
商品房	04.2.1.1	O 1.1.1.1	H.1.1
自建房及大型维修	04.2.1.2	O 1.1.1.2	排除
自建房	04.2.1.2.1	O 1.1.1.2.1	排除
大型改建费用	04.2.1.2.1	O 1.1.1.2.2	排除
首次用作自有住房的已建房	04.2.2	O 1.1.2	H.1.2
购买自有住房的相关费用	12.7.2	O 1.1.3	排除
住房过程中产生的费用	04.3	O1.2	排除
大型保养与维修费用	04.3.3	O 1.2.1	排除
材料费用	04.3.3.1	O 1.2.1.1	排除
服务费用	04.3.3.2	O 1.2.1.2	排除
住房的保险费用	12.5.2	O 1.2.2	排除
住房的其他费用	12.7.1	O 1.2.3	排除

资料来源：Eurostat(2012)。

净获取法的权重为基期住户部门从其他部门（住户部门以外的其他部门）购买的净住房，包括新建住房和少量的新进入住户部门的住房（公司或政府部门对住户部门的销售），其中新建住房占此类交易的主要部分。除此之外，净获取法中还可以包含以下部分：首先，从其他部门购买的二手房也是十分重要的，如地方政府向自住房主出售原用于出租或其他用途的房屋。其次，可包含房主自住房的大部分翻建和加建，虽然这类成本通常不包括在CPI中。最后，可以包含与二手房买卖有关的转移成本，这些成本主要为使用不动产经纪人服务的成本和资产转让税。不过，大部分二手住房都不包含在CPI中。

获得住宅的支出费用包括住户购买的新建住房和已建房、自建房、对房屋的大型翻新和加建，以及与住宅购买相关的服务费用。对于新建商品房的购买包含多种住房类型，主要可以分为两类：公寓楼房和独栋别墅；自建房是住户自己建造的住宅，其价格中通常不含土地的价格，主要的类型有完全自建房、聘用建筑公司建造的自建房和预制自建房；大型翻新包括寓所的扩建和内部改建。计入OOH的前提条件是，这些房屋统统都是用于居民自己居住的，以出租和投资为目的的房地产购买属于固定资产投资，不计入住户的消费支出中，编制OOH时不将其计入；住户新购的已建房是曾经归其他部门所有而非住户自用的房产，以前曾经包含在固定资本形成中，现在住户购买用作自有住房的房产；与购房相关的服务费用包括住户购买自有住房（无论新房还是二手房）的整个过程中的交易成本。无论交易成本是由买家还是卖家支付都应计入自有住房的费用中，如支付给房地产经纪人和贷款银行的费用（申请费、估价费等）、一些政府服务费用（为了确定买家具有财产处置权而产生的费用，如印花税、政府记录与转移费用等）、其他服务费用（如建筑结构损伤鉴定费、水质测量费等）。增值税不用另行计入，因为该税收已包含在房产的市场交易价格中。另外，购买住房过程中使用的金融服务的费用不应计入OOH中，因为已经包含在COICOP的间接测算的金融服务项（FISIM）中。

自住房主在住房过程中所产生的费用，即住户在使用自有住房的过程中形成的支出。其中包括大型的保养和维修费用、住宅的保险费用以及其他服务费用。

有关寓所的保养和维修分为大型和小型两类。大型保养和维修费用包含所有大型维护、修理和装修的支出，是通过由房主个人进行的大型维修，如重新粉刷墙壁或补修屋顶等；小型保养和维修是通过由租户和房主双方进行的室内装修或固定装置的保养与维修。COICOP指出寓所的保养和维修有两个突出的特征：第一，属于必须定期从事的活动，目的是使寓所保持良好的使用状况；第二，不改变寓所的性能，如寓所的可用面积或预期寿命。为了维持寓所原有的服务，在更换残缺的部件时应保证与原来部件一样的质量。

自有住房者在小型保养和维修方面所付出的材料和服务费用属于住户个人消费支出，所购买的材料和使用的服务价值应列在COICOP的（04.3.1）“寓所保养和维修所需的材料”项下。如果租户或自用住房者付钱雇请一家公司来保养或维修房屋，则服务总价值包括所使用材料的费用，应列在（04.3.2）“寓所的保养和维修服务”项下。因为已将其列入HICP中，所以不再计入OOH部分。

保险费用是住户为自有住房支付的各种保险费用。应仔细对比COICOP的分项12.5.2中的保险类型，在OOH中计入尚未涵盖的住宅保险项目。

3.2　CPI中自有住房的权重

自有住房的权重对CPI的影响巨大。当自有住房的权重比例很大时，自有住房分类指数的精确度对CPI整体的误差影响将加大。净获取法下的自有住房的权重为基期整个住户部门从其他部门购买住房的全部支出在总支出[①]中所占的比重。计算的是当期自有住房的流量，而不是自有住房存量的总价值。住房的存量适合测算整体经济福利的变化水平，不能反映通货膨胀的情况，因此计算自有住房权重时仅使用住房的流量数据。

在净获取法下计算OOH的权重，权重的范围应该包括该时期新购置的住房减去住户部门出售给其他部门的住房的净值。如果住户购置的住房价值少于对其他部门出售的价值(固定资产出现负数时)，则记自有住房在住户总支出中所占的权重为0。若住宅市场的销售情况出现大的变动，应及时更新权重。

住户之间的二手房交易视为住户内部交易，不计入自有住房的范畴，但二手房交易的服务费用是住户部门支付给其他部门的，因此在计算权重时应考虑该部分的支出。但这不意味着二手房市场的交易不重要，住户从其他部门获取的二手房也应计入OOH权重中。

由于在住户消费支出中加入了其他尚未调查的项目，因此OOH的权重需要更多的数据来源参与计算，其中Eurostat(2012)指出国民核算数据是计算自有住房权重的主要数据来源。

有关新建住宅(NA)与大型养护和维修(MR)的权重可使用国民账户中固定资本形成的核算数据计算。具体使用住户在住宅方面的固定资产形成数据(ERFCF)，并利用住户的租金支出和租金在CPI中的权重间接计算新建住宅和大型维修的权重$(NA+MR)^w$：

$$(NA+MR)^w=\frac{ERFCF}{EXPR}\cdot rent^w \tag{3.1}$$

其中，ERFCF为住户有关住宅的固定资本形成，EXPR为国民核算中住户的租金支出，$rent^w$为住户租房支出在CPI中的权重。为了防止租金支出和自有住房支出出现大幅度波动，可以采用三年支出的加权平均计算$(NA+MR)^w$。同时，可以利用国民核算数据，将$(NA+MR)^w$分为新建住宅的权重NA^w和大型维修的权重MR^w，以及将NA^w再进一步细分为商品房和自建房的权重。

国民核算中的住户的住宅固定资产形成中包含两部分：住户用作自住的自有住房和用于投资目的的住宅(如出租)。应利用其他数据信息将这两部分分离开来，只有前者能计入自有住房。因此，上式改写为：

$$(NA+MR)^w=\frac{ERFCF(1-\alpha)}{EXPR}\cdot rent^w \tag{3.2}$$

---

① 总支出为住户的个体消费货币支出和住户部门有关住宅的固定资本形成的支出之和。

其中，α 是住户购买的住宅用于出租的比例。

自有住房权重的变动还会对 CPI 中其他各类商品权重产生影响。当在 CPI 计入 OOH 或者改变自有住房指数的编制方法时，由于加入自有住房或者改变自有住房的计价范围，则 CPI 对应的货币支出范围发生变动，因此住户消费的其他类别的商品权重也会随之变动。

如果原 CPI 中尚未计入 OOH 项时，在正确计入 OOH 之后，其他各项商品的权重应除以一个调整项 $\mathrm{CF}=\frac{1000+\mathrm{OOH}^{w}}{1000}$，即调整后的商品的新权重为 $\mathrm{new}^{w_i}=\frac{\mathrm{old}^{w_i}}{\mathrm{CF}}$，其中 old^{w_i} 为调整前的商品 i 在消费支出中所占的权重。当原 CPI 中已包含 OOH，仅是改变自有住房的计价范围的话，可以对上式进行推广，将调整项变为 $\mathrm{CF}=\frac{1000+\mathrm{OOHN}^{w}}{1000+\mathrm{OOHO}^{w}}$，其中 OOHO^{w} 为计价范围变动前自有住房在 CPI 中的旧权重，而 OOHN^{w} 为变动后自有住房的新权重。

另外，在理论上使用净获取法计算自有住房服务的权重时，应在购买住房的支出中去除土地价格，即自有住房分类指数的计算应采用住宅建筑价格，有关住宅中土地价格与建筑价格的分离将在第 3.5 节中加以讨论。

3.3　自有住房初级价格指数

3.3.1　指数公式的选择

对一组同质的产品计算初级价格指数时，即计算两个不同时期的平均价格的比率。可以采用 Dutot 指数（算术平均）或 Jevons 指数形式（几何平均）。而初级指数公式的选择十分重要，它决定了高级加总后的价格指数的结果。

当自有住房第 r 类（$r=1,2,\cdots,R$）中存在 $i=1,2,\cdots,n$ 套住宅，观察期为 $t=0,2,\cdots,T$，则第 s 期第 r 类的自有住房的 Dutot 价格指数为：

$$I_J^{r,s}=\frac{\frac{1}{n_s}\sum_{i=1}^{n_s}P_{is}}{\frac{1}{n_0}\sum_{i=1}^{n_0}P_{i0}}=\frac{E(P_s)}{E(P_0)} \tag{3.3}$$

其中，n_s 为第 r 类中住宅的个数，P_{it} 为 t 期第 i 套住宅的（建筑）价格，$E(P_s)$ 和

$E(P_0)$ 为第 s 期和基期 0 的住宅(建筑)平均价格。

同样,可以采用 Jevons 指数公式,则第 s 期第 r 类的自有住房的初级价格指数为:

$$I_J^{r,s} = \frac{\prod_{i=1}^{n_s}(P_{is})^{\frac{1}{n_s}}}{\prod_{i=1}^{n_0}(P_{i0})^{\frac{1}{n_0}}} = \frac{\exp\{E[\ln(P_s)]\}}{\exp\{E[\ln(P_0)]\}} \tag{3.4}$$

初级指数的高级加总。对初级价格指数进一步加总前,必须计算各层级自有住房在总支出中的权重。自有住房同 CPI 中一篮子商品中的其他商品一样,使用支出数据计算各分类(中、小、细类)的权重。但是自有住房作为一项特殊的商品,其权重的计算也具有独特性,即在计算权重时不需要采用住宅的数量信息,仅采用各层级中所有住宅价格(服务流量)的加总,则第 r 类的住宅在自有住房总支出中所占的权重为:

$$W_r = \frac{\sum_{i=1}^{n_0} P_{i0}}{\sum_{i=1}^{N_0} P_{i0}} \tag{3.5}$$

其中,N_0 为基期的自有住房的总套数,n_0 是基期第 r 类住宅的套数。

采用式(3.5)的基期权重对各类自有住房的初级价格指数进行加总,得到自有住房的高级拉氏价格指数:

$$I_s = \sum_{r=1}^{R}(I_{r,s} \cdot W_r) \tag{3.6}$$

其中,R 为自有住房的分类个数,$I_{r,s}$ 为式(3.3)或式(3.4)下第 r 类住宅的初级价格指数。

上述初级价格指数采用拉氏价格指数,而在生活成本指数理论中,拉氏指数计算初级指数的做法常受到学者的质疑。但是从其受到质疑的缘由出发,拉氏指数还是适合编制自有住房以及租住房的初级价格指数。

拉氏指数不适合编制生活成本指数的理由。从生活成本指数理论出发,每类指数公式均对应着一定的消费者效用函数,拉氏价格公式对应列昂惕夫效用函数,即不同商品之间不存在替代效应。这对于大多数商品来说,不存在替代效应的假定是不合理的,因此当与之相关的商品的价格发生改变时,对用户效用水平不变而带来的支出的估计会发生扭曲,所得到的价格指数缺乏准确性。但是对于自有住房而言,情况将有所不同。如果消费者之间的自有住房市场是相互隔离的不可替代的,此时拉氏指数公式将是一个合理的计算自有住房初级指数的公式。

同理，编制租赁房屋价格指数时，租住房屋之间也不存在替代效应。在租赁市场上，老房客常常会以比新房客更为优惠的价格租到房子，这可以视作是房屋租赁市场之间的不可替代性。因此，对于房屋租赁价格指数而言，拉氏指数亦是合理的。

3.3.2 获得住房的初级价格指数

其他部门（政府或企业）向住户部门提供住宅类型主要有三类：自建房、新建住房、二手房。若将其他部门（政府或企业）向住户部门提供住宅的流量记为 C，则可以分为三部分：C_1、C_2 和 C_3，其中 C_1 代表自建房，C_2 代表除了自建房以外的新建住房，C_3 代表其他部门首次为住户部门提供的二手房（已建房）。B 是住户作为卖家为其他部门出售的二手房。因此住户在某一固定时期所购买的自有住房的总和为 $\mathrm{AC} = C_1 + C_2 + (C_3 - B)$，其中 AC 为净获取法下住户购买自有住房的总和，其初级价格指数为：

$$ {}_{\mathrm{AC}}I_0^t = {}_{C_1}w \cdot {}_{C_1}I_0^t + {}_{C_2}w \cdot {}_{C_2}I_0^t + ({}_{C_3}w - {}_{B}w)\,{}_{C_3}I_0^t \tag{3.7} $$

其中，${}_{x}I_0^t$ 代表在 t 时期 x 类住房的价格指数，${}_{x}w$ 为 x 类住房的权重。

1. 新建住房的初级价格指数

住户从其他部门购买的新建住房（Newly Built Dwellings）的价格指数记为 ${}_{\mathrm{NB}}I_0^t = {}_{C_2}I_0^t$，其中不仅包含所有其他部门提供的新住宅，而且还包括对房屋的大型翻新和加建。因为后者同样被视为对新住宅的购买，因此记在新建住房的范围内。由于新建住房有多种构建类型，每一种房屋类型都应计入上式，不同类型的房屋的计入，将对上式按不同的住宅结构类型进一步分解。

2. 自建房的初级价格指数

自建房（Self-builders）是住户为自己建造的自有住房。当然很少有自建房是住户自己独立建造完成的，大都是完全承包给建筑公司或者将不同的建房环节雇佣不同的建筑人员来完成建造的。虽然建筑的过程与具体承担人会有些许差别，但是自建房与其他部门提供的新建房最大的差别是，自建房的价格中是不包含土地的价格的，其所在的土地大都是住户已经长期拥有的。同上文（3.1.2节）所述，自建房可按照建筑主体具体分为：完全自建房、雇佣建筑公司建造的自建房、预制型自建房。因此，具体的自建房价格指数可以表示为：

$$ {}_{\mathrm{SB}}I_0^t = {}_{\mathrm{SBS}}w \cdot {}_{\mathrm{SBS}}I_0^t + {}_{\mathrm{BF}}w \cdot {}_{\mathrm{BF}}I_0^t + {}_{\mathrm{PFH}}w \cdot {}_{\mathrm{PFH}}I_0^t \tag{3.8} $$

其中，${}_{\mathrm{SB}}I_0^t = {}_{\mathrm{C1}}I_0^t$，完全自建房由 SBS 代表，BF 表示雇佣建筑公司建造的自建房，PFH 为预制型自建房（Prefabricated Houses）。分别计算这三类自建房的价格指数，但是其中 SBS 和 BF 部分很难计算，由于涉及一些无法测量的灰色经济，而且建筑类型、分工状况的不同将引起自建房价格的巨大差异。解决这个问题的方法是采用建筑行业的统计数据，也可使用建筑行业的投入产出价格指数来替代自建房价格指数 ${}_{\mathrm{BF}}I_0^t$。

3. 二手房的初级价格指数

作为新建住宅和自建房的补充，住户从其他部门净获取的，且首次用于自住房的已建房（Existing Dwellings）的价格指数也应计入净获取法的自有住房价格指数中，记为 ${}_{\mathrm{ED}}I_0^t = {}_{C_3}I_0^t$。同时，这类住宅的反向交易——住户作为卖家向其他部门出售的二手房也在计算范围之内，在计算住户获得的已建房的权重时，该项的符号为负。这里需要特别注意的是该项中并不包含住户之间的二手房交易，因为住户之间的二手房交易并不影响整个住户部门住宅存量的变化，故不将其计入自有住房范围内。但是在计算房地产价格指数（HPI）时，将计入住户间的二手房交易的价格变动。

3.3.3 与购买自有住房相关费用的价格指数

无论是新房还是已建房，在购买过程中都需要支付一定手续费、税收以及服务费用。这些费用包括以下几种：支付给房产经纪人的服务费用，进行产权转移的费用，以及可能用于房屋质量检测的服务费用等。当这些费用尚未计入 CPI 的其他分类内且未包含在房价里时，应将其作为自有住房成本的一部分，计算与之对应的分类指数并计入 CPI 中。

购买自有住房的全部交易成本为：

$$\mathrm{TC}_{i,t} = \mathrm{DP}_{i,t} + \mathrm{Services}_{i,t} \tag{3.9}$$

其中，$\mathrm{TC}_{i,t}$ 为第 i 套住宅在 t 期各种交易成本之和，$\mathrm{DP}_{i,t}$ 为该住宅 i 在 t 期的住房价格，$\mathrm{Services}_{i,t}$ 为与住宅 i 交易相关的其他服务（税收）费用 。不过，与房产相关的财产税不计入 OOH 中，因为财产税是对于房屋的财产收入而设置的，不应计入 CPI 中。

为了建立一个涵盖所有购房服务的价格指数，指数编制者首先需要了解购房的整个流程，以及这个过程中所涉及的税收、手续费、服务费等项目。

在购房过程中，参与主体的不同，影响收费项目。如通过贷款购买住宅的收费标准比一次性支付购买房产多很多收费项目。再如是否通过房地产经纪人购买房产，如果不通过房地产经纪人，则花费在自有住房上的费用会相应地减少。

所有的服务费用都可按支付方式分为两大类：

• 与住宅交易价值成比例收取的费用；

• 独立于住宅交易价值并固定收取的费用。

1. 与房产价值成比例收取的服务费用的价格指数

令第 i 套住宅的服务费用在时期 t 的价格指数为 ${}_{\text{PCosts}}I_{i,o}^{t}$：

$$ {}_{\text{PCosts}}I_{i,o}^{t} = \frac{r_{i,t} \cdot e_{i,t}}{r_{i,0} \cdot e_{i,0}} \tag{3.10} $$

其中，$r_{i,t}(r_{i,0})$ 是服务费 i 在时期 t（时期 0）的收费比例，$e_{i,t} = \sum_{i} p_{i,t}q_{i,t}$ 是时期 t 需要收取服务费的所有自有住房 i 的房产价值总和。

若按比例收取的房产有 n 套，则对应的拉氏价格指数为：

$$ \begin{aligned} {}_{\text{PCosts}}I_{o}^{t} &= \frac{\sum_{i=1}^{n} r_{i,t} \cdot e_{i,t}}{\sum_{i=1}^{n} r_{i,0} \cdot e_{i,0}} = \frac{\sum_{i=1}^{n} r_{i,t} \frac{e_{i,t}}{e_{i,0}} \cdot e_{i,0}}{\sum_{i=1}^{n} r_{i,0} \cdot e_{i,0}} = \frac{\sum_{i=1}^{n} r_{i,t} I_{i,0}^{t} \cdot e_{i,0}}{\sum_{i=1}^{n} r_{i,0} \cdot e_{i,0}} \\ &= \sum_{i=1}^{n} \left[\left(\frac{r_{i,t}}{r_{i,0}} \right) I_{i,0}^{t} \cdot w_i \right] \end{aligned} \tag{3.11} $$

其中，$w_i = \frac{r_{i,0} \cdot e_{i,0}}{\sum_{i=1}^{n} r_{i,0} \cdot e_{i,0}}$ 第 i 种服务费用所占的权重，$\frac{r_{i,t}}{r_{i,0}}$ 是时期 0 和时期 t 的服务费比率之比，$I_{i,0}^{t} = \frac{e_{i,t}}{e_{i,0}}$ 反映了两个时期住房 i 的住房价格指数，可以采用房地产价格指数（HPI）来替代式（3.11）中的 $I_{i,0}^{t}$，则住宅购买过程中的服务费用指数记为：

$$ {}_{\text{PCosts}}I_{o}^{t} = \sum_{i=1}^{n} \left[\left(\frac{r_{i,t}}{r_{i,0}} \right) \cdot {}_{\text{HPI}}I_{i,0}^{t} \cdot w_i \right] \tag{3.12} $$

从式（3.12）可知，房地产价格指数是自有住房价格指数的重要组成部分。

2. 固定服务费的价格指数

与比例服务费用相对应的固定服务费，其价格指数的计算同其他商品的价格指数的计算公式相同。假设获得自有住房的过程中收取 m 种固定服务费，且每种服务费记为 f_i，则固定服务费的拉氏指数为：

$$ \begin{aligned} {}_{\text{FCosts}}I_{0}^{t} &= \sum_{m} \frac{f_{i,t}q_{i,0}}{f_{i,0}q_{i,0}} = \sum_{m} \frac{\frac{f_{i,t}}{f_{i,0}} f_{i,0}q_{i,0}}{f_{i,0}q_{i,0}} \\ &= \sum_{m} \left[\left(\frac{f_{i,t}}{f_{i,0}} \right) \frac{f_{i,0}q_{i,0}}{\sum_{m} f_{i,0}q_{i,0}} \right] = \sum_{m} \left[\left(\frac{f_{i,t}}{f_{i,0}} \right) w_i \right] \end{aligned} \tag{3.13} $$

其中，$w_i = \frac{f_{i,0}q_{i,0}}{\sum_{m} f_{i,0}q_{i,0}}$ 为第 i 中固定服务费在所有固定费用支出中的权重。

3. 混合费用的价格指数

如果存在更为复杂的收费/收税的标准，既存在固定税费又存在比例税费时，其价格指数可以沿用前面两种情况的联合形式：

$$ {}_{\text{Complex}}I_o^t = \sum_{i=1}^{n}\left[\left(\frac{r_{i,t}}{r_{i,0}} \cdot {}_{\text{HPI}}I_{i,0}^t \cdot w_{P,i}\right) + \left(\frac{f_{i,t}}{f_{i,0}} \cdot w_{F,i}\right)\right] \tag{3.14} $$

其中，权重 $w_{P,i}$ 和 $w_{F,i}$ 与式(3.12) 和式(3.13) 式中的权重 w_i 相比，其分母发生变动，即 $w_{P,i} = \dfrac{r_{i,0}e_{i,0}}{\sum_m (r_{i,0}e_{i,0} + f_{i,0}q_{i,0})}$ 和 $w_{F,i} = \dfrac{f_{i,0}q_{i,0}}{\sum_m (r_{i,0}e_{i,0} + f_{i,0}q_{i,0})}$。因此，购买住宅所消费的服务的价格指数为：

$$ {}_{\text{Costs}}I_0^t = [{}_{\text{PCosts}}w \cdot {}_{\text{PCosts}}I_0^t] + [{}_{\text{FCosts}}w \cdot {}_{\text{FCosts}}I_0^t] + [{}_{\text{Complex}}w \cdot {}_{\text{Complex}}I_0^t] \tag{3.15} $$

即交易成本 ${}_{\text{Costs}}I_0^t$ 由以上三种类型的初级价格指数加总而成。

3.3.4 保险的价格指数

住户自有住房的住宅保险费用在获取法下，应计入 CPI 中的 OOH 部分。这类住宅保险是一类财产保险，其保险的范围包括以下几类：

- 住宅结构以及墙体、篱笆、大门、小路等；
- 附属建筑，如车库；
- 屋内设置，如橱柜、壁柜、墙纸等；
- 为上述各项提供火灾、水灾、盗窃或损坏的保险。

这类保险可被称为“与住宅相关的保险”，不计入 CPI 中一般保险的范围内。因此应将这类保险的价格指数 ${}_{Ins}I_0^t$ 计入自有住房项目中。另外，一些国家中，如果是采用贷款购置的住宅，房主还需额外购买贷款偿还保险，以防止借款人死亡或者无力偿还贷款的情况发生。因此，由住户购买的住房贷款偿还保险也应计入自有住房中。

3.4 住房价格指数

欧盟从 2001 年开始试行的 OOH 指数编制中，新建住宅价格指数直接采用新建住宅的交易价格计算，是否可以等同于统计机构发布的住房价格指数，如果不可行，两者之间又存在着哪些差异与联系，这是我们接下来要研究的问题。

3.4.1 HPI 定义及范围

住房价格指数(House Price Index,简称 HPI)是综合反映住宅价格水平的总体变化趋势和变化幅度的相对数。

按照3.3.2节中各部门之间住宅流量的分类,定义 HPI 的计算公式为:

$$ {}_{\mathrm{HPI}}I_0^t = {}_{C_2}w \cdot {}_{C_2}I_0^t + {}_{C_3}w \cdot {}_{C_3}I_0^t + {}_{A}w \cdot {}_{A}I_0^t \tag{3.16} $$

其中,A 代表住户部门内部的二手房交易,${}_{A}w$ 和${}_{A}I_0^t$ 为此部分住宅交易的权重和价格指数。而且该式中的各项权重中均包含住宅所坐落的土地价格。为了和其他指数体系相一致,HPI 中各个分类指数可采用链式拉氏指数;利用房地产的市场交易价格作为编制指数的价格基础;同样要进行质量调整,以便衡量同质住宅之间纯价格的变动水平。

3.4.2 HPI 与 OOH 之间的关系

HPI 衡量住户购买房产的市场价格的变化水平。与 OOH 相比,两者的编制方法和编制原则都有所不同(见表 3-2)。Eurostat(2012)具体地总结了两者之间的差别:

表 3-2 OOH 与 HPI 之间的区别

项目类型		OOH	HPI
获得住房的支出	购买的住房的市场价格	净获取(去除土地价格)	房地产市场交易价格
	从非住户部门获取的二手房	包含	包含
	住户部门之间的二手房交易	排除	包含
	自建住房	包含	排除
装修维护		包含	排除
相关的交易费用		包含	排除

第一,HPI 的计量重点在于可观察的房产市场价格,而没有市场价格的部分是排除在 HPI 范围之外的,如住户自己建造的房屋以及对房屋进行的装修维护属于自产自用的范畴,是没有市场交易价格的,并且其中没有包含土地的价值。如果将其包含在 HPI 中,会影响到该指数的一致性。第二,HPI 包含所有住户购买的房产价格,而不论其购买目的是否自用都计入 HPI;相反,在 OOH 中只计入自有住房的净价值(去除土地价格),如果购买房产的目的是投资(如对外租赁)则不计入 OOH。第三,HPI 中包含所有房地产交易的价格,所有的新建商品房和二手房都包含在内,而 OOH 中仅包含住户用于自住的新建房价格和从

其他部门获得的已建房价格。第四，由于HPI的衡量重点在于获得房产本身的价格变动，并不包含在购买房产的过程中花费的交易费用以及在使用住房时发生的维修养护费用，如房地产经纪费用、房屋装修维护费用等应排除在HPI外。

3.4.3 HPI的应用

HPI是一个独立的价格指数体系，主要测量住宅市场的价格变动。HPI在指数系统中占有一席之地，可以更好地衡量房地产市场的通货膨胀水平，并为CPI中的OOH价格指数的编制提供参考。

同时，HPI与OOH可以相互借鉴并可以作为衡量对方指数编制精准性的参照指数。首先，在采用净获取法编制OOH时，可以对比HPI指数，有利于编制者考察OOH的敏感性与合理性。尤其是对新建住宅编制OOH时，HPI可以为其提供很多有用的信息。其次，HPI还可以用于OOH中其他服务费用的价格指数的编制，如采用HPI计算与房产交易价格成比例收取的交易成本的价格指数，见式(3.12)，因此HPI在编制OOH房地产经纪服务价格指数时起到至关重要的作用。

对于HPI和OOH两个指数的编制顺序而言，理论上二者的编制顺序上并无先后之分，可以先编制OOH而后编制HPI，也可以选择从HPI开始编制。然而，在实际编制中，更偏向于先编制HPI，因为该指数的限制条件更少，仅采用住房市场的交易价格即可，而后在HPI的基础上编制OOH更合乎情理。

另外，需要注意的是，大多数国家由统计机构或者研究机构编制多种住宅销售价格指数，各种住宅价格指数的编制目的、编制原则与编制方法可能大相径庭。如许永洪、曾五一(2012)在中美两国住宅销售价格指数的编制差异的对比研究中指出，美国较权威的S & P-HPI建立在重复销售模型上，主要侧重于商品房的价格波动；而我国统计局发布的“70个大中城市房屋销售价格指数”建立在链式拉氏指数模型上，立足于反映各类住宅销售价格的变化。

我国房地产市场的住宅价格指数。我国有两类住宅价格指数：国家统计局发布的“70个大中城市房屋销售价格指数”和中国指数研究院发布的“中国房地产指数系统”。其中以统计局发布的“70个大中城市房屋销售价格指数”影响力较大、较权威。

“70个大中城市房屋销售价格指数”包含新建住宅销售价格指数和二手住宅销售价格指数两大类，其中新建住宅销售价格指数细分为含保障性住房和不含保障性住房两类。具体采用链式拉氏指数模型，对70个大中城市编制月度价格指数，旨在反映各类住房的销售价格的波动，为政府提供宏观调控的主要参考指标，同时也是媒体、企业和社会公众最为关注的宏观统计指标之一[1]。因此建议采用该指数体系中的新建住宅价格指数编制我国净获取法下的自有住房分类消费价格指数。而中国指数研究院发布的“中国房地产指数系统”中包含特征住宅价格指数，即经过质量调整后的住宅价格指数，更加适用于我国编制获取法下的自有住房价格指数。

因此，在用住宅销售价格指数编制CPI中的自有住房部分时，应根据编制需要具体选择合适的住宅销售价格指数。

3.5 净获取法中住房价格的分离

由于住户从消费住房(服务)中获取效用，满足了自身的需要，从这个角度来讲，住房的获取可以包含在CPI的范围内。但是不同于大多数消费品，住宅具有投资属性。因此，购买自有住房的全部支出中，既含有消费成分又包含有投资成分。而这两种成分所占的比重在各个国家中又有所不同。当一个国家的租赁市场较小，缺乏效率时，有关住房的需求主要依靠自有住房市场，则住宅中的消费因素占主导因素。然而，还有许多因素影响着消费和投资之间的平衡，如当投资房地产市场所带来的资金收益十分可观时，则购买住房的投资因素就偏大，如2000年后的中国房地产市场中存在大量的投机行为。因此，对于自有住房中的消费成分和投资成分很难进行有效的区分。

一个可行的办法就是采用全部的交易价格和使用“净支出，总价格”(net weight, gross price)的方法，即在估算支出权重时使用自有住房的虚拟租金，而价格变动的采用房地产价格的变动水平。类似的方法在HICP的保险费处理中有所运用。该方法的最大优点就是十分简便，但并不是最优的方法，尤其是在一些存在大量房地产投资或者土地价格过分变动的国家中。如果采用这种方法将自有住房计入CPI中，将会产生很大的误差。

3.5.1 投资与消费：土地与建筑

将住宅中无形的无法计量的资产因素排除在外是十分困难的。由于住宅的价格可分为两部分：建筑价格和土地价格。学术界就将其中对土地价格的支付视为投资行为，而对建筑价格的支出视为消费。世界银行(2010)指出从房价中

---

① 许永洪，曾五一．中美住房价格指数编制的对比研究[J]．统计研究，2012(12)．

分离土地价格是目前国际统计机构大力研究的一个方向。这种分离应用于很多的实际问题中，尤其近年来价格高居不下的房地产市场，甚至还影响着整个国家经济政策的制定和分析。而在 CPI 的编制中，自有住房中去除土地价格因素的问题起着重要的作用，极大地影响着 CPI 的准确性和一致性（国际对比性）。

基于净获取法的自有住房价格指数中需要排除住房所在的土地价格。由 Diewert(2003a)提出这个观点：

"获取法主要针对住户消费的货物和服务，这些货物和服务应由住户部门以外的其他部门所提供。而如果土地本身就属于住户部门，按照这个假定，就应该从获取法的自有住房价格指数中去除土地的成本价格……"

然而土地的价格一般是无法直接获得的，尤其是对于公寓楼中的公寓。无法直接从房价中分离出土地价格，因此不能直接获得房价中的"消费"和"投资"的部分。尤其是 CPI 中计入的自有住房的消费部分，在 OOH 价格指数中价格和权重都需要去除土地因素，需要采用间接的方法如特征回归法建立经济计量模型，实现对房价数据进行纯建筑价格和土地价格的分离。其中，以 Diewert 为代表采用 Hedonic 回归将房价中的土地价格和建筑价格分离开来。

3.5.2 土地的定义

ILO(2004)认为房屋所占的土地的价格代表其投资因素，对应的建筑的价格代表了自有住房的消费因素。这种方法十分有效地避免了与住房占地相关的资产价格的通货膨胀。为了从住房价格中分离出代表投资因素的土地价格，必须首先明确土地以及土地价格的定义。

在 SNA93（国民经济账户体系，The System of National Accounts, SNA）中，土地被定义为："土地包含地面本身，以及所覆盖的可以执行所有权的所有土壤和地表水，而排除任何建立在其上的建筑物或其他人造建筑……"根据以上定义可知，土地是有形的不可再生的资产，土地的价格是新的拥有者购买时的交易价格，其中包含资产转移成本。同时，大型的土地改良如水坝、堤坝的修建、森林植被的种植以及防洪防汛的社会工作，原则上都属于土地的价值。

3.5.3 直接法：建立土地价格指数

总的来说，有两种方式可以将住房中的土地因素分离开来[①]：

——直接法：直接为土地的价格建立土地价格指数。

① Eurostat. Technical manual on Owner-Occupied Housing for Harmonized Index of Consumer Prices，2012：63.

——间接法：通过在房地产市场的价格中建立土地价格与建筑价格之间的计量模型，进而分离出土地价格构建土地价格指数。

第一种方法是直接采用土地的价格，而后一种方法则不同于前者，需要采用计量模型对房屋价格指数进行估计。

直接法是建立土地价格指数，并用于缩减房地产价格指数，从而获得排除了土地价格的建筑价格指数：

$$ {}_{\mathrm{NDIL}}I_0^t = {}_{\mathrm{NA}}w.\ {}_{\mathrm{NA}}I_0^t + {}_l w.\ {}_l I_0^t \tag{3.17} $$

可以变形得到不包含土地价格的净获取法下自有住房价格指数：

$$ {}_{\mathrm{NA}}I_0^t = \frac{{}_{\mathrm{NDIL}}I_0^t - {}_l w.\ {}_l I_0^t}{{}_{\mathrm{NA}}w} \tag{3.18} $$

这种方法假定了土地的价格影响了住房的价格，即房地产价格指数${}_{\mathrm{NDIL}}I_0^t$中包含土地的价格指数${}_l I_0^t$，去除土地的价格影响可得到房屋的建筑价格指数${}_{\mathrm{NA}}I_0^t$，即净获取法下的自有住房的价格指数。但是，对于${}_{\mathrm{NDIL}}I_0^t$与${}_l I_0^t$之间的联系会直接受到经济与环境因素的影响，如有关土地的价格是由未开发的处女地的价格和城市住房的建筑用地的价格所组成，那么采用式(3.18)计算自有住房净获取法下的价格指数将会出现偏差。

同时对于土地特征的设定在直接法中也起到十分关键的作用，例如，一块取得城市建设执照的土地，其价格与尚无取得建筑执照的土地价格是存在很大差异的。如果没有将这些因素考虑在内，直接采用土地价格指数的方法是值得商榷的，这个方向还需要大力地研究。

3.5.4 间接法：特征回归计量模型

采用间接法主要是针对住房市场土地与建筑之间的关系建立计量模型。Diewert(2007)对这种方法提出了基本的模型框架，并随后在一系列文献(Diewert,2010;Diewert et al.,2010;Diewert et al.,2011)中为分离住房价格中的土地价格和建筑价格提出一系列可用的特征回归模型。本书将梳理他所提出的模型观点，从中总结分离住房中的土地和建筑的价格需要注意的问题以及解决问题的方法。

1. 基本框架

房屋的价格由两类特征所决定：一是住房的建筑面积，二是可居住的空间面积。这些特征的数据信息有利于将住房的整体价格拆分为房屋坐落的土地价值和建筑本身的价值。采用特征回归方法将二者区分开来。

假设一所住房的总价值等于建筑价格与土地价格之和，其中建筑价格为建筑面积 A 平方米乘以每平方米的建筑成本 α，而土地价格等于土地的单位成本

价格 β 乘以土地面积 $B_{i,t}$。现有一组住房样本，在基期 0 的价格为 p_i^0，建筑面积为 A_i^0，占地面积为 B_i^0，其中 $i=1,2,\cdots,n$。假定住房价格等于以上建筑的价格与土地价格之和乘上误差项 η_i^0，其中误差项 η_i^0 的均值为 1。由此得到在基期 0 时估计建筑成本 α 和土地成本 β 的特征回归方程：

$$p_i^0=[\alpha A_i^0+\beta B_i^0]\eta_i^0 \quad i=1,2,\cdots,n. \tag{3.19}$$

对式(3.19)两端取对数，得到加法形式的误差回归模型：

$$\ln p_i^0=\ln[\alpha A_i^0+\beta B_i^0]+\varepsilon_i^0,i=1,2,\cdots,n. \tag{3.20}$$

其中，误差项 $\varepsilon_i^0=\ln\eta_i^0$，且 $E(\varepsilon)=0,E(\varepsilon^2)=\sigma^2$。

假定各期的建筑成本 α 和土地成本 β 保持不变，t 期的单位建筑价格从 0 期的 α 变为 $\alpha\gamma^t$，单位土地价格从 0 期的 β 变为 $\beta\delta^t$，其中 γ^t 为 t 期的建筑价格指数，而 δ^t 为 t 期的土地价格指数。则

$$p_i^t=[\alpha\gamma^t A_i^t+\beta\delta^t B_i^t]\eta_i^t \tag{3.21}$$

$$\ln p_i^t=\ln[\alpha\gamma^t A_i^t+\beta\delta^t B_i^t]+\varepsilon_i^t \tag{3.22}$$

其中，$\varepsilon_i^t=\ln\eta_i^t$，$p_i^t$ 为第 t 期的房地产价格，相关的建筑面积为 A_i^t，所占土地面积为 B_i^t。

式(3.20)和式(3.22)均属于非线性回归，其中待估参数为 α、β、γ^t 和 δ^t。其中参数 α 和 β 利用基期的数据在式(3.20)中进行估计。并且假定它们在以后各期都不会发生改变。而本书中的参数 γ^t 和参数 δ^t，它们分别可以视为房屋建筑部分的价格指数和房屋所占用土地的价格指数，对应地利用式(3.22)进行估算。

以上的非线性模型还可以进一步进行扩展，在解释变量中还可以加入经常出现在房屋质量调整中的传统的特征向量。首先，可以加入 t 期 K 个房屋建筑特征的特征向量 $X_{i1}^t,X_{i2}^t,\cdots,X_{iK}^t$，式(3.20)中的建筑成本价格 α 扩展为 $\alpha_0+\sum_{k=1}^{K}X_{ik}^0\alpha_k$。其次，可以加入同样的 M 个有关土地特征的特征向量 $Y_{i1}^t,Y_{i2}^t,\cdots,Y_{iM}^t$，式(3.20)中的土地成本价格 β 扩展为 $\beta_0+\sum_{m=1}^{M}Y_{im}^0\beta_m$：

$$\ln p_i^0=\ln\{[\alpha_0+\sum_{k=1}^{K}X_{ik}^0\alpha_k]A_i^0+[\beta_0+\sum_{m=1}^{M}Y_{im}^0\beta_m]B_i^0\}+\varepsilon_i^0 \tag{3.23}$$

$$\ln p_i^t=\ln\{[\alpha_0+\sum_{k=1}^{K}X_{Ik}^t\alpha_k]\gamma^t A_i^t+[\beta_0+\sum_{m=1}^{M}Y_{im}^t\beta_m]\delta^t B_i^t\}+\varepsilon_i^t \tag{3.24}$$

其中待估参数为：$K+1$ 个建筑质量参数 $\alpha_0,\alpha_1,\cdots,\alpha_K$，$M+1$ 个土地质量参数 $\beta_0,\beta_1,\cdots,\beta_M$，房屋建筑价格指数 γ^t 和土地价格指数 δ^t。

笔者认为：可采用这个模型的结果计算净获取法下自有住房的价格指数，尤其在加入住宅的特征变量后，估计所得的房屋建筑价格指数 γ^t 是去除投资因素

和质量变化因素的恒质量自有住房价格指数。

变量 X 和 Y 的选择可以参考 Li, Prud'homme and Yu(2007) 有关房价特征回归的外生变量选择。影响房屋建筑结构的质量变量 X 有：卧室的个数、浴室的个数、车库的个数、壁炉的个数，房屋使用的年限、外部是否有装修墙砖，是否是新房的虚拟变量，是否是木质地板的虚拟变量，暖气燃料是否是天然气的虚拟变量，是否有天井的虚拟变量，是否有室内或室外游泳池、浴缸、中央空调等等。对于影响土地特征的质量特征 Y 包含有：是否处于两条街道的交界处，附近是否有大型购物中心，以及许多郊区位置的虚拟变量。但是以上的特征变量选择是对独栋别墅而设定的，在我国大多数自有住房都是公寓的形式，因此在特征的选择上，尤其是针对建筑结构的特征变量的选择，需要根据实际情况。

式(3.23)和式(3.24)的模型十分灵活，可以有效地将住房价格中的建筑部分和土地部分有效地分离开来。但同时模型的非线性假定也给模型的估计带来困难。

2. 模型一：线性模型

特征回归常用于编制质量固定不变的自有住房价格指数，具体文献参见 Crone et al. (2009)、Diewert et al. (2009)，Gouriéroux and Laferrère(2009)，Hill et al. (2009)以及 Li, Prud'homme and Yu(2007)。尽管所采用的特征技术方法有很多变形，但是基本的回归模型均采用房屋的特征变量对销售价格的对数形式进行回归，同时在回归中加入各个时期的时间虚拟变量(基期除外)。得到参数的估计值后，可以直接采用时间虚拟变量系数的指数值进行指数编制①。但是在分离住宅价格中的建筑价格和土地价格，采用交易价格的对数形式作为因变量时，这种设定通常与房屋中建筑物价值和土地价值的可加性不一致。因此，分离建筑和土地价格时可直接采用价格的水平变量，直接用线性模型进行回归。

模型一设定房产 i 在 t 期的价格 p_i^t 具体可以分为两部分：一部分来自于房产所占用的土地价格，即占用土地面积 L_i^t 乘以土地的单位价格 α^t；另一部分属于房产本身的建筑价格，即建筑面积 S_i^t 乘以建筑的单位价格 β^t：

模型一：

$$p_i^t = \alpha^t L_i^t + \beta S_i^t + \eta_i^t, i = 1, 2, \cdots, n(t) \tag{3.25}$$

① Diewert W E, J de Haan and R Hendriks. "The Decomposition of a House Price Index into Land and Structures: A Hedonic Regression Approach", Discussion Paper 10-01, Department of Economics, University of British Columbia, Vancouver, Canada, V6T1Z1, 2010:4.

该模型有两个重要的特征变量：所占用的土地面积 L_i^t 和建筑面积 S_i^t，其中待估参数为 α^t 和 β^t，且假定同一时期内所有房产样本($i = 1,2,\cdots,n$) 都有同样的建筑单位价格 α^t 和土地单位价格 β^t。这个模型是一个简单的线性模型，与 Diewert et al(2007) 的模型设定(3.21) 式基本一致，只是表述的方式有所不同。其中 $\alpha^1 = \alpha$，而 $\alpha^t = \alpha\delta^t$。同理 $\beta^1 = \beta$，而 $\beta^t = \beta\gamma^t$。在本模型中土地价格指数 $p_L^t = \alpha^{t+1}/\alpha^t$，而建筑的价格指数为 $p_S^t = \beta^{t+1}/\beta^t$。另外，Diewert(2007) 的模型中采用了乘法形式的随机扰动项，是非线性回归模型，转化为双对数模型进行回归。而本模型采用了加法的随机扰动项 η_i^t，并设 $E(\eta_i^t) = 0$、$VAR(\eta_i^t) = \sigma^2$，分别对每时期 t 的房产样本采用式(3.25) 进行回归。

同上述基本框架一致，模型一中的建筑的价格指数 $p_S^t = \beta^{t+1}/\beta^t$ 即可作为自有住房的净获取法价格指数，但由于未添加除了占地面积和建筑面积以外的住房特征，建筑价格指数 p_S^t 中还包含自有住房的其他质量变化，需要对其采用进一步的质量调整。

3.模型二：加入建筑折旧因素

由于模型一过于简化，考虑到二手房与新房之间价格的差距，Diewert et al.(2010) 在模型中加入了各期的折旧因素 δ^t，采用直线型折旧模型，将二手房的建筑面积 S_i^t 根据其在 t 期已使用的年限 A_i^t 进行折旧，使之缩减为等同于新房质量的建筑面积 $(1-\delta^t A_i^t)S_i^t$，因此，此回归模型比模型一更加实际：

模型二′：

$$p_i^t = \alpha^t L_i^t + \beta^t(1-\delta^t A_i^t)S_i^t + \eta_i^t, i = 1,2,\cdots,n(t). \tag{3.26}$$

其中，由于土地不会出现折旧的现象，因此不需要对土地进行折旧处理。这个模型中需要注意的是：在回归后，计算建筑的 Fisher 价格指数时，不能直接采用建筑面积之和 $\sum_{i\in \boldsymbol{N}(t)} S_i^t$，而应采用质量调整后的折算为新建成的建筑面积之和，记为 $S^{t*} = \sum_{i\in \boldsymbol{N}(t)} (1-\delta^t A_i^t)S_i^t$。

Diewert et al.(2010) 采用了荷兰一个小型城市(人口大约在 6 万左右) 的别墅销售的 t 个季度数据，对这个模型按季度分别进行 t 个拟合。但是得到的结果不尽如人意，其中折旧率 δ^t 在 10 个季度的回归中波动十分强烈，而且得到的各期的土地和建筑的价格也不符合实际，因此，Diewert et al.(2010) 认为模型的设置应该存在问题或者进行拟合的样本数据偏少，再一次对模型进行了修正。

由于在上述模型的回归结果中，折旧率 δ^t 波动剧烈，Diewert et al.(2011) 做出了有关折旧率的合理假定，设定折旧率在各个时期是固定不变的：

模型二：

$$p_i^t = \alpha^t L_i^t + \beta^t (1 - \delta A_i^t) S_i^t + \eta_i^t \tag{3.27}$$

其中，δ 为建筑每使用十年所引起的折旧，因此模型从原来要回归各期的 α^t、β^t、δ^t 变为估计各期的参数 α^t、β^t 以及固定折旧率 δ，使得待估参数的个数从 $3t$ 个缩减为 $2t+1$ 个。

4. 模型三：线性样条函数回归

另外，考虑到更为实际的现象：大多数国家中，大房子平均面积的售价比中、小型的房子更低廉。Francke(2008)指出："无论如何，房子价值与房屋面积呈正比对于大型住宅而言是失效的。事实上，房地产商为单位房屋面积的价值提供了阶梯形的收费方式……"因此 Diewert 进一步对上述模型进行了推广。采用线性样条函数对大、中、小型的房屋进行回归。其实相当于选择两个转折点，将房屋按照占地面积的大小分为三种类型：小、中、大型，而后分别对各种类型房屋设定回归模型。Diewert et al.(2010,2011)分别采用了芬兰和荷兰的别墅样本进行实证分析，所以两个模型中的房屋面积分界点的选取有所不同，在芬兰的公寓中选取的两个转折点为 200 平方米和 400 平方米，而在荷兰的转折点分别为 170 平方米和 270 平方米。

如果设定占地面积的两个转折点分别为 L_S^* 与 L_M^*，即：当 $L_i^t < L_S^*$ 时，住宅属于小型房屋，记为 S 组；当 $L_S^* \leqslant L_i^t < L_M^*$ 时，住宅属于中型房屋，记为 M 组；当 $L_M^* \leqslant L_i^t$ 时，住宅则属于大型房屋，记为 L 组。则模型三为

$$p_i^t = \alpha_S^t L_i^t + \beta^t (1 - \delta A_i^t) S_i^t + \eta_i^t, \quad i \in \mathbf{N}_S(t), t = 1,2,\cdots,T \tag{3.28}$$

$$p_i^t = \alpha_S^t L_S^t + \alpha_M^t (L_i^t - L_S^t) + \beta^t (1 - \delta A_i^t) S_i^t + \eta_i^t, \quad i \in \mathbf{N}_M(t), t = 1,2,\cdots,T \tag{3.29}$$

$$p_i^t = \alpha_S^t L_S^t + \alpha_M^t (L_M^t - L_S^t) + \alpha_L^t (L_i^t - L_M^t) + \beta^t (1 - \delta A_i^t) S_i^t + \eta_i^t$$

$$i \in \mathbf{N}_L(t), t = 1,2,\cdots,T \tag{3.30}$$

式(3.28)中的 α_S^t 为小型住宅的单位面积的土地价格，而大、中型住宅多出的住宅占地面积的单位价格低于 α_S^t，因此在式(3.29)、(3.30)中设$(L_M^t - L_S^t)$部分的边际价格为 α_M^t，$(L_i^t - L_M^t)$部分的单位面积价格为 α_L^t。在这个模型中，仅对土地单位面积价格进行了样条函数调整，即假定同期内单位建筑面积的价格都是一致的，不会受到房屋面积大小的影响。模型三还可以在每个时期 t 内的三个回归模型统一成一个非线性回归模型，统一后的模型中含有分别代表三类住宅(S, M, L)的虚拟变量。

分期进行参数估计后，可以根据参数的估计分别计算大、中、小型住宅的土地价格，进而计算各期不同类型的土地价格指数，如何选择面积限制对住宅进行

不同型号的分类，有关转折点的具体取值应根据所分析的实际情况而定。根据房地产的销售的实际情况，对房产进行大、中、小型的分类，而且为了方便计量分析，最好使得分类后的各种型号住宅的样本个数基本保持一致。一种方法是将从小到大的区间平均除以三，即如果最大的住宅面积是300平方米，则平均将[0,300]分成三等份：[0,100]、[100,200]、[200,300]，100平方米以内的属于小型住宅、100～200平方米的属于中型住宅、200平方米以上的属于大型住宅。但是这种方法会导致大多数观测值集中在中型住宅的范围内。因此，目前的大多数研究中均采用分位数的方式对住宅进行分类，转折点的选择要使得50%的住宅样本划归为中型住宅类型，而两端各25%的样本分别划分为小型住宅和大型住宅。

另外，这个模型仅考虑到土地单位价格会随着住宅占地面积的扩大而改变，尚未考虑建筑的单位面积价值也会随着住宅建筑面积的扩大而发生改变，即建筑价格同样不是与建筑面积同比例增加的关系。

5. 模型四：建筑价格的单调性限制消除多重共线性

以上模型存在一个严重的问题——多重共线性。从 Diewert et al.(2011)的模型回归中得到土地价格的上涨和建筑价格的下跌紧密相连且相互抵销，意味着这个模型存在着多重共线性的模型设定问题。由于建筑面积与住房所占用的土地面积的高度相关性，使得单独从住房销售的信息中分离土地和建筑的价格因素成为一项十分困难的工作，因此，模型进一步改进，分别加入了单调性的限制条件，使得分离出来的土地和建筑的价格序列更有意义。

由于 Diewert et al.(2011)观察荷兰的建筑价格在观察期内没有下降的趋势，便为建筑价格 β^t 设定了单调递增性限制，即建筑价格序列 $\beta^1,\beta^2,\cdots,\beta^T$ 可表示为 $\beta^1,\beta^1+(\phi^2)^2,\beta^1+(\phi^2)^2+(\phi^3)^2,\cdots,\beta^1+(\phi^2)^2+(\phi^3)^2+\cdots+(\phi^T)^2$，其中 $\phi^2,\phi^3,\cdots,\phi^T$ 为参数向量。时期 t 的建筑价格 β^t 是前一期建筑价格 β^{t-1} 与参数 $(\phi^t)^2$ 之和。将这个条件代入模型三可得到一个土地价格样条函数兼质量不变的建筑价格单调递增限制模型。因此，一旦得到这个模型的参数估计，就可以采用递归的方式求出各期的建筑单位面积价格：$\beta^{t*}=\beta^{t-1*}+(\phi^{t*})^2$。

同理，利用模型的估计结果可以计算自有住房的净获取价格指数为 $p_S^{t/t-1}=1+\frac{(\varphi^{t*})^2}{\beta^{t-1*}}$。

6. 模型五：加入外生的价格指数信息消除多重共线性

许多国家的统计机构提供国家或地区的每季度新修建筑价格指数，如荷兰。假定一个国家内所有地区的建筑成本价格有同样的增长率，因此可以利用统计机构有关建筑成本的价格信息来消减上述模型中土地与建筑成本之间的多重共线性。

该方法采用统计机构发布的国家或地方的建筑成本价格指数 p^t，设定待估参数$\beta^t=\beta^1\cdot p^t$，并将这个限制条件加入模型三中。原来T个待估参数β^t，现在仅要估计参数 β^1。

这个方法与模型四中对建筑成本价格进行单调递增的递归价格有异曲同工之处，不过这个方法较之前者的假定更合理也更为简便。第一，模型四的假定要求建筑单位价格只增不减，但是实际状况下，建筑成本价格的变化率是可正可负的，单位面积建筑成本是可高可低的。而模型五设定住房单位面积建筑成本随着新建建筑成本价格指数进行波动，放宽了对住宅建筑成本只增不减的要求；第二，因为该模型假定第t期的建筑成本价格$\beta^t=\beta^1\cdot p^t$，因此不用估计参数β^2，β^3，…，β^t，大大减少了估计参数的个数。

不过，模型五在CPI采用净获取法编制自有住房指数时无法使用。因为净获取法编制自有住房指数使用的正是待估参数 β^2，β^3，…，β^t，而不可轻易地用建筑成本指数来代替自有住房的价格指数。但是，这种做法为我们开拓了思路，可以参考这种方法为土地的价格进行同样的设定，即采用统计机构已发布的土地价格指数，为土地单位价格设定限制条件，如 $\alpha^t=\alpha^1\cdot p_L^t$，达到简化土地待估参数个数，削弱土地与建筑之间的多重共线性的目的。

7. 模型六：加入房屋特征变量信息

考虑住宅建筑面积的大小对建筑单位价值的影响。在模型三中住宅的占地面积大小将影响到土地单位面积的价格，占地面积越大，其多出的土地面积的单位价值越低，因此对住房样本按照建筑面积的大小进行了分段处理。与此相同，也要考虑住宅建筑面积的大小对建筑单位价值的影响。在实际生活中，建筑的价值并不是随着建筑面积同比例增加的。一般而言，大型住宅所需要的建筑材料比小型住宅的更昂贵，因此也可以把住宅的建筑价格部分与土地部分一样分为大、中、小型住宅的分段函数（样条函数）形式，但是这样设定会使得回归模型过于复杂，待估参数大大增加。

为了避免模型过于复杂，Diewert et al.（2011）在建筑价格回归部分加入了住宅卧室个数的特征变量，替代了为建筑面积分段的做法，且假定随着卧室个数的增加，单位面积的建筑成本上升。但是也有专家认为：住宅的建筑成本是随着建筑面积的上升而下降的。Palmquist（1984）认为：随着住宅面积的增加，建筑成本并不是同比例增加的，因为住宅的面积增大时屋内墙体个数并没有成比例增加，每平方米的价格随着住房的大小而改变。Coulson（1992）指出对于大型住宅，单位面积的建筑价格波动很大，随着抽取不同的住宅样本，每平方米的建筑价格变化趋势是不同的。因此，在加入卧室个数等其他的住宅特征时，应先讨论具体研究的样本中特征变量与住房价格之间的大致变化趋势，而后做出符合实际的模型设定。

具体的模型是在模型三中增加了有关卧室个数的因素$[1+\gamma(R_n^t-R^*)]$。原有的$\beta^t p^t(1-\delta A_i^t)S_i^t$部分变为$\beta^1 p^t(1-\delta A_i^t)[1+\gamma(R_n^t-R^*)]S_i^t$，其中$R_n^t$是$t$期第$n$套住宅的卧室个数，$R^*$是选定的标准住宅的卧室个数，Diewert讨论的目标是独栋住宅，因此设定$R^*=4$，则$(R_n^t-R^*)$是样本住宅与标准住宅的卧室个数之差，γ是为多出的房间个数所额外支付的建筑成本。为了估计模型中的参数β^1、δ、γ，需要采用一些外生变量A_i^t和$(R_n^t-R^*)$同时为0的样本住宅，即样本中含有四室的新建住宅。而且假定参数γ是大于零的，随着房间个数的增加，建筑的每平方米价格是上升的。β^1为时期1有四个房间的新建住宅的建筑单位面积价格。

这个模型有两种解释方法。首先，可以将$AS_i^t=(1-\delta A_i^t)[1+\gamma(R_n^t-R^*)]S_i^t$视为对超过(不足)标准房间数量的住宅质量调整后的面积，将其面积调整为与标准住宅同样质量(四个房间)的面积。也就是把样本中所有住宅都调整成配有四个卧室的新建住宅。而$\beta^1 p^t$为统一后的住宅的建筑成本价格。另一种方法，每个样本住宅的建筑成本价格为$\beta_n^t=\beta^1 p^t[1+\gamma(R_n^t-R^*)]$，即配有5,6,7,…,14个房间的住宅的单位建筑价格分别为$\beta^1 p^t(1+\gamma)$,$\beta^1 p^t(1+2\gamma)$,…,$\beta^1 p^t(1+10\gamma)$，而仅有1、2、3个房间的住宅的单位建筑价格分别为$\beta^1 p^t(1-3\gamma)$、$\beta^1 p^t(1-2\gamma)$和$\beta^1 p^t(1-\gamma)$。因此，对于第二种方法，我们需要按房间个数将住宅样本分为14类，分别计算各类的价格指数，但是最终结果同第一种方法是等价的。

此外，可在这个模型的基础上做进一步深化修改，慎重考虑加入其他影响住房的结构以及所在区位的特征因素，建立合理的特征回归模型。例如，楼层的高度是可进行质量调整的特征因素，因为楼层越高，说明可有更多的住户来分担公共面积以及建筑成本，因此住宅所在的楼体层数可以同时作为土地价格和建筑成本价格的质量调整项。

虽然理论上可以利用上述模型计算自有住房的净获取法价格指数，但实际中有关Diewert土地与建筑分离模型不适合我国住房研究。纵观Diewert与此相关的研究，所用的住房样本均是独栋别墅。因为对于独栋别墅而言，其占用土地的面积要远远大于建筑面积。而我国自有住房大多为公寓房，对于公寓房而言，占地面积和房屋使用面积之间的差距不如Diewert所采用的荷兰和芬兰的别墅数据那样明显，因此利用建筑面积和土地面积对住宅价格特征回归无法达到分离价格的目的。但是Diewert模型为研究自有住房中消费因素和投资因素提供了理论参考，我国自有住房中消费因素和投资因素的分离需从我国住房的实际情况出发，这是我们需要进一步讨论的问题。

第4章
用户成本法与自有住房服务

用户成本法始于金融资本定价理论，常用于计算耐用品的消费量。因此本章首先系统地梳理用户成本法的一般形式和折旧率的计算方法，在此基础上归纳自有住房的用户成本和简化的用户成本法；其次讨论用户成本法下自有住房的权重和分类指数的计算；最后通过归纳和比较冰岛与加拿大的用户成本法，实现从理论方法到统计实务的跨越。

4.1 耐用品的用户成本法

4.1.1 新耐用品在时期0的用户成本

为了确定某个时期（如时期0）使用耐用品的净成本，假定一单位耐用品在时期0的期初价格为 p^0。时期 t 期初役龄为 v 的耐用品价格为 p_v^t，则0期期末（1期期初）以“二手”耐用品出售价格为 p_1^1。由于第一个时点上收到的钱比第二个时点上收到的钱更值钱，时期0的利率为 r^0。因此，此耐用品0期期初的用户成本 u^0 可定义为：

$$u^0 = p^0 - \frac{p_1^1}{(1+r^0)} \tag{4.1}$$

设0期期末新耐用品的价格为 p^1，则 $\frac{p_1^1}{p^1} = 1-\delta_0^0$，其中 δ_0^0 为时期0新耐用品的折旧率（役龄为 $v=0$），而时期0期初与时期1期初的新耐用品的价格分别为 p^0 和 p^1，两者之间的关系是：

$$\frac{p^1}{p^0} = 1 + i^0 \tag{4.2}$$

其中，i^0 是该资产在时期0的通胀率。因此，可以得到0期期末耐用品价格 p_1^1 与0

期期初新耐用品价格 p^0 之间的关系为 $p_1^1 = p^0(1+i^0)(1-\delta)$，则耐用品在时期 0 的用户成本为：

$$u^0 = p^0 - \frac{p_1^1}{(1+r^0)} = \frac{[(1+r^0)-(1+i^0)(1-\delta)]p^0}{(1+r^0)}$$
$$= \frac{[r^0 - i^0 + \delta(1+i^0)]p^0}{(1+r^0)} \tag{4.3}$$

其中，$r^0 - i^0$ 为时期 0 的实际利率，$\delta(1+i^0)$ 为通胀调整后的折旧率。式(4.3)中 u^0 是采用时期 0 期初的价格计算的一单位耐用品的用户成本。而 0 期期末的用户成本为：

$$\bar{P}^0 = (1+r^0)u^0 = [r^0 - i^0 + \delta(1+i^0)]p^0 \tag{4.4}$$

其中，$\bar{P}^0$ 是一种事后成本，通货膨胀率 i^0 在时期 0 结束后才能计算出来。当然也可以采用预期通胀率来替代 i^0 计算事前用户成本。由于实际利率 $r^{0*} = r^0 - i^0$，而且 δi^0 微小可以忽略，可以对式(4.4)进行简化，耐用品在时期 0 期末的用户成本可简化为：

$$\bar{P}^0 = (r^{0*} + \delta)p^0 \tag{4.5}$$

由式(4.5)知，用户成本可视为近似于租金的成本，即使用耐用消费品的租金成本应等于资本品占用资金的机会成本 $r^{0*} \cdot p^0$ 加上该时期耐用品的折旧 $\delta \cdot p^0$。因此理论上，用户成本在一定程度上为影响耐用品租金的经济因素，是租金价格的下限。

同时，式(4.5)是一单位耐用品在期初购买期末售出时的用户成本，对此进行推广，当在时期 t 耐用品的存量为 Q^t，则 t 期使用耐用品的用户成本 R^t 为：

$$R^t = (r^{t*} + \delta)p^t Q^t \tag{4.6}$$

由式(4.6)可知，当采用简化的用户成本法计算耐用品的价格指数时，需要四个指标：月度、季度或年度的实际利率 r^{t*}，折旧率 δ，耐用品购买价格 p^t 以及基期参考人口持有的耐用品总存量 Q^t。

4.1.2 用户成本的一般形式

将用户成本计算公式一般化，首先在任意时期 t 观测的役龄为 v 的耐用品单位价格为 p_v^t，在 $t+1$ 期该耐用品役龄为 v 且价格为 p_v^{t+1}，两个价格之间的关系为：

$$\frac{p_v^{t+1}}{p_v^t} = (1+i^t) \tag{4.7}$$

其中，i^t 为 t 时期的资本通胀率。另外，$t+1$ 期时该耐用品役龄为 $v+1$ 且价格为 p_{v+1}^{t+1}，则：

$$\frac{p_{v+1}^{t+1}}{p_v^{t+1}} = (1 - \delta_{v+1}^t) \tag{4.8}$$

将式(4.7)和式(4.8)联立可得：

$$p_{v+1}^{t+1} = (1 + i^t)(1 - \delta_{v+1}^t) p_v^t \tag{4.9}$$

对于在任意时期 t 的役龄为 v（在 t 期已经使用了 v 年）的单位耐用品的期初用户成本为：

$$u_v^t = p_v^t - \frac{p_{v+1}^{t+1}}{(1 + r^t)} = \frac{[(1 + r^t) - (1 + i^t)(1 - \delta_{v+1}^t)] p_v^t}{(1 + r^t)}$$

$$= \frac{[r^t - i^t + \delta_{v+1}^t (1 + i^t)] p_v^t}{(1 + r^t)} \tag{4.10}$$

t 期期末的事后用户成本为 $\bar{P}_v^t = (1 + r^t) u_v^t = [r^t - i^t + \delta_{v+1}^t (1 + i^t)] p_v^t$，其简化形式为：

$$\bar{P}_v^t \approx (r^{t^*} + \delta_{v+1}^t) p_v^t \tag{4.11}$$

其中，$r^{t*} = r^t - i^t$ 为时期 t 的实际利率，$\delta_{v+1}^t \cdot i^t$ 微小可忽略不计。

4.1.3　耐用品存量的计算

计算在某个时期 t 的耐用品存量，应加总该时点所有役龄的耐用品。以自有住房为例，如果自有住房的使用寿命设定为 L，设当 $v \geq L$ 时，$\bar{P}_v^t = 0$，则该时期自有住房存量包括在时期 t 购买的以及时期 t 以前购买的役龄 $v < L$ 的所有自用住宅，在时期 t 自有住房的总价值为：

$$S^t = \bar{P}_0^t q^t + \bar{P}_1^t q^{t-1} + \cdots + \bar{P}_{L-1}^t q^{t-(L-11)} \tag{4.12}$$

其中，$\bar{P}_i^t$ 为在 t 期役龄为 $i = 0, 1, \cdots, L-1$ 的自有住房的事后用户成本，q^t 为 t 期所购买的新住宅的数量。

4.1.4　折旧方法的选择

由于涉及很多“二手”耐用品的用户成本，因此折旧在用户成本法中扮演着极其重要的角色。以住宅为例，折旧率 δ_v^t 可以采用递归的定义：

时期 t 的新建住宅无折旧，设 $\delta_0^t = 0$，役龄为1的住宅折旧率 δ_1^t 可以定义为：

$$1 - \delta_1^t = p_1^t / p_0^t \tag{4.13}$$

役龄为2的住宅在该时期的价格为 p_2^t，则折旧率 δ_2^t 可以由下式定义：

$$(1 - \delta_2^t)(1 - \delta_1^t) = p_2^t / p_0^t \tag{4.14}$$

以此类推，时期 t 时使用满 v 年的住宅折旧率 δ_v^t 可表示为：

$$(1 - \delta_v^t) \cdots (1 - \delta_2^t)(1 - \delta_1^t) = p_v^t / p_0^t, 0 < v < L \tag{4.15}$$

其中，p_v^t 为 t 期使用满 v 年的住宅的市场价格。通常假定役龄折旧率 δ_v^t 独立于 t

时期，所以各个时期役龄 v 的折旧率是相同的，记为 $\delta_v^t = \delta_v$。

将时期 t 的役龄为 v（在 t 期已经使用了 v 年）的耐用品（住宅）的期初用户成本（见（式 4.10））表示为新建住宅价格 p_0^t 的表达式：

$$u_v^t = \frac{[r^t - i^t + \delta_{v+1}^t(1+i^t)]p_v^t}{(1+r^t)}$$
$$= \frac{(1-\delta_v^t)\cdots(1-\delta_2^t)(1-\delta_1^t)[r^t - i^t + \delta_{v+1}^t(1+i^t)]p_0^t}{(1+r^t)}, v = 1,2,\cdots,L-1 \tag{4.16}$$

而当 $v=0$ 时，式(4.16)的用户成本和式(4.3)定义的新建住宅的用户成本一致。“折现”到期末的事后用户成本为：

$$\bar{P}_v^t = (1-\delta_v^t)\cdots(1-\delta_2^t)(1-\delta_1^t)[r^t - i^t + \delta_{v+1}^t(1+i^t)]p_0^t,$$
$$v = 1,2,\cdots,L-1 \tag{4.17}$$

从式(4.17)知，要计算役龄 v 的住宅的事后用户成本，必须知道不同役龄住宅得到折旧率。而由式(4.13)至式(4.15)计算各个役龄的折旧率 δ_v 时，需要利用房地产市场上的二手房以及新房的单位销售价格序列，但是在任一时点上很难存在同一房屋的所有役龄的二手房出售，因此这种做法仅在理论上成立，而在现实统计工作中很难实施。因此，有必要进一步地讨论折旧率的估计问题。

Malpezzi et al.(1987)总结了有关住房折旧率的三类计算方法：一是可观测役龄法；二是住房存量调整法（又称为国民核算法）；三是特征价格法。

第一类方法，可观测役龄法，采用建筑的使用年限计算折旧率，这种估计是最直接、最简便的。根据对折旧方式的不同假设，具体分为以下几类：

1. 几何或余额递减折旧

几何（余额递减）折旧法(Declining balance)假定同时期内所有役龄的折旧率 δ_v^t 等于同一折旧率 δ^t，即：

$$\delta_v^t = \delta^t \tag{4.18}$$

在几何折旧法下，将式(4.18)代入式(4.17)可得到时期 t 役龄 v 的事后用户成本为：

$$\bar{P}_v^t = (1-\delta^t)^v[r^t - i^t + \delta^t(1+i^t)]p_0^t = (1-\delta^t)^v\bar{P}_0^t, v = 1,2,\cdots,L-1 \tag{4.19}$$

Grebler et al.(1956)运用几何折旧法测量自有住房价格的折旧率为2%，Weston(1972)也使用这种方法分别测算出租房和自住房的折旧率分别为1.5%和1.6%。

2. 直线折旧

耐用品的寿命固定为 L，即使用过 L 个时期后，耐用品就报废了。直线折旧法假定：时期 t 的役龄为 v 的耐用品价格 p_v^t 与同时期新耐用品的价格 p_0^t 之间的关系满足 $\frac{p_v^t}{p_0^t}=\frac{L-v}{L}$，其中 $v=0,1,2,\cdots,L-1$，即直线折旧法意味着耐用品按照线性比例关系进行折旧。

对耐用品采用直线折旧时，则在时期 t 役龄为 v 的耐用品的用户成本为：

$$\begin{aligned}u_v^t &= p_v^t-\frac{(1+i^t)p_{v+1}^t}{(1+r^t)}\\&=\frac{L-v}{L}p_0^t-\frac{(1+i^t)(L-v-1)p_0^t}{(1+r^t)L}\\&=\frac{p_0^t}{1+r^{t*}}\left[\frac{(L-v)r^{t*}}{L}+\frac{1}{L}\right]\end{aligned}\tag{4.20}$$

令 $1+r^{t*}=\frac{1+r^t}{1+i^t}$，可得到：

$$u_v^t-u_{v+1}^t=\frac{p_0^t r^{t*}}{L(1+r^{t*})}=\text{常数}\tag{4.21}$$

由式(4.21)可知，直线折旧法中隐含着有关各个役龄耐用品之间用户成本的假设：在同一时期的不同役龄的耐用品之间的用户成本之差是固定的。意味着耐用品使用每期的折旧量是等同的。其中运用直线折旧方式计算房屋价值的折旧率的有 Hoad(1942) 和 Goldsmith(1955)。

3. "单驾马车"或灯泡折旧

假定处于不同役龄的耐用品提供同样的服务，即时期 t 各役龄小于耐用品寿命 L 的耐用品的用户成本均相等。即 $u^t=u_v^t$。

$$u^t=u_v^t=p_v^t-\frac{(1+i^t)p_{v+1}^t}{(1+r^t)}=p_v^t-\gamma p_{v+1}^t\tag{4.22}$$

其中，折现系数 γ 定义为：

$$\gamma=\frac{1+i^t}{1+r^t}=\frac{1}{1+r^{t*}}\tag{4.23}$$

由式(4.22)知 $p_v^t=u^t+\gamma p_{v+1}^t$，采用递归的方式求得：

$$p_0^0=u^0+\gamma u^0+\gamma^2u^0+\cdots+\gamma^{L-1}u^0=u^0\left[\frac{1-\gamma^L}{1-\gamma}\right]\tag{4.24}$$

其中，p_0^0 为新单位耐用品在时期0期初的价格。因此，各役龄的期初用户成本为：

$$u^0=\frac{1-\gamma}{1-\gamma^L}p_0^0\tag{4.25}$$

时期0期末的事后用户成本$\bar{P}_0^0$同以往一样，等于时期0期初的用户成本u^0乘以名义利率系数$(1+r^0)$：$\bar{P}_0^0=(1+r^0)u^0$。

通过大量的文献实证得出结论：采用直线折旧法得到的折旧率最低，而余额递减折旧法的折旧率最高。但是各种方法都有局限性。“单驾马车”折旧法假定资产在整个服务年限中都提供一样的服务，即每个使用年限上提供的用户成本都是一致的。由于用户成本在理论上等同于租金等价法，则意味着在“单驾马车”折旧下，一栋住宅无论是新建还是使用过v年，其租金应该是不受使用年限影响的①，这与现实情况不符。直线折旧法假定了耐用品在各期用户成本的减少量均相等，而现实中住宅的折旧速度并不均等。几何（余额）递减折旧对应半对数的特征回归模型，意味着用户成本具有固定的递减速度。

第二类方法为住房存量调整法。使用宏观经济的时间序列数据计算住房的折旧率。统计机构的国民核算部门通常会统计住房投资以及住房修理和翻新支出数据，此外，许多统计机关还对居民住房的存量进行估计。其中住宅的存量时间序列数据为$K(t)$，各期住宅投资数据为$I(t)$，则有：

$$\Delta K(t)=I(t)-\delta K(t-1) \tag{4.26}$$

即住房存量的变动$\Delta K(t)$等于住房的投资$I(t)$减去折旧，其中折旧为上一期住房存量$K(t-1)$乘上折旧率δ。Leigh(1979,1980)根据上述住宅存量、投资与折旧之间的数量关系，利用国民核算中的住房投资数据和住房存量数据，推出住房的折旧率$\delta=1\%$。

第三类方法是特征回归法，是应用最广泛的一种方法。该方法始于20世纪70年代初期，最具有代表性的研究为Kain and Quigley(1974)和Grether and Mieszkowski(1974)。特征回归法是利用回归模型对折旧率直接进行估计的方法。如果所有房屋都具有相同的建筑结构，而且不存在通货膨胀，且保养维修的比例是不变的，则可以通过两个或更多个不同使用年限的住房租金或者房屋价值直接计算租住房或自有住房的折旧率。但是现实中是不可能满足这些要求的。因此，为了精确估计各期的折旧，有必要使用特征回归技术控制不同住宅的质量差异和资本通货膨胀率，但保养维护的差异依然无法得到控制。特征回归法在调整不同房屋的质量差异时，对折旧率直接进行估计。

以上方法在使用中均存在局限性，一般实际应用中常常采用转换规则，即$\delta=n/L$，将寿命长度L转换为等量几何折旧率δ，式中的n为1和2之间的一个

① Grigsby W G. Housing Markets and Public Policy[M]. Philadelphia: University of Pennsylvania Press, 1963:103.

数。Wenzlick(1953)使用公式$\delta=\frac{2}{L}$计算独栋房屋的折旧率为2.2%，其中L是房屋的平均寿命。

4.2　自有住房的用户成本

4.2.1　购买自有住房的用户成本

自有住房可视为建筑物与其所坐落的土地的综合商品。在时期t样本自有住房为该时期新购住房，期末的(事后)用户成本为u^t，即：

$$u^t = V_0^t(1+r^t) - V_1^{t+1} \tag{4.27}$$

其中，r^t为名义利率，V_0^t为t期期初样本住宅的购买价，V_1^{t+1}为样本住宅在$t+1$期期初役龄为1的住宅价值，相当于t期末的"二手"住宅价值。

住宅的价值由所购买的建筑物与土地的成本之和组成，即：

$$V_0^t = p_S^t Q_S^t + p_L^t Q_L^t \tag{4.28}$$

其中，p_S^t和p_L^t为每平方米的建筑价格和土地价格，Q_S^t和Q_L^t分别为住宅的建筑面积和所占用的土地面积。

时期$t+1$初的住宅价值为：

$$V_1^{t+1} = p_{1,S}^{t+1} Q_S^t + p_L^{t+1} Q_L^t \tag{4.29}$$

其中，$p_{1,S}^{t+1}$为住宅建筑在$t+1$期役龄1年建筑的单位价格，p_L^{t+1}为$t+1$期住宅所在的土地的单位价格。

由上节式(4.9)知p_{v+1}^{t+1}与p_v^t之间的关系，同时对于住宅而言，其所占的土地部分是不会折旧的，需要折旧的仅有建筑部分，设其建筑折旧率为δ_t时，则可以得到：

$$p_{1,S}^{t+1} = (1+i_S^t)(1-\delta^t)p_S^t \tag{4.30}$$

$$p_L^{t+1} = (1+i_L^t)p_L^t \tag{4.31}$$

其中，i_S^t和i_L^t分别为t时期建筑和土地的资本通胀率。

将式(4.30)和式(4.31)代入到式(4.29)可以得到样本住宅在t期末的价值：

$$V_1^{t+1} = (1+i_S^t)(1-\delta^t)p_S^t Q_S^t + (1+i_L^t)p_L^t Q_L^t \tag{4.32}$$

因此，可以求得自有住房在时期t期末的用户成本为：

$R^t = V_0^t(1+r^t) - V_1^{t+1}$

$$= [p_S^t Q_S^t + p_L^t Q_L^t](1 + r^t) - [(1 + i_S^t)(1 - \delta^t) p_S^t Q_S^t + (1 + i_L^t) p_L^t Q_L^t]$$
$$= \bar{P}_S^t Q_S^t + \bar{P}_L^t Q_L^t \tag{4.33}$$

其中，$\bar{P}_S^t$ 和 $\bar{P}_L^t$ 分别为建筑物和土地的单位面积用户成本：

$$\bar{P}_S^t = [r^t - i_S^t + \delta^t(1 + i_S^t)] p_S^t \approx (r^{t^*} + \delta_t) p_S^t \tag{4.34}$$

$$\bar{P}_L^t = [r^t - i_L^t] p_L^t \approx r^{t^*} \cdot p_L^t \tag{4.35}$$

其中，r^{t^*} 为时期 t 的实际利率。

因此，自有住房的用户成本由三种因素构成：

- 建筑物占压金融资本的实际机会成本 $r^{t^*} \cdot p_S^t$；
- 土地占压金融资本的实际机会成本 $r^{t^*} \cdot p_L^t$；
- 建筑物的折旧成本（物理折旧）$\delta^t \cdot p_S^t$。

建筑物和土地用户成本的主要驱动因素为新建房屋的价格指数 P_S^t 和住宅所在的土地价格指数 P_L^t。对于新建房屋价格指数 P_S^t，可以采用统计机构编制的新建住宅建筑物的恒质量价格指数，将其视为 P_S^t 的近似；之所以近似相等，是因为国民经济核算中的新建住宅价格指数，既包含自有住房，又包含用于出租的住宅。另外，国民核算中对自有住房的推算，如果是按照季度计算的，则需要额外地编制月度数据，不过《1993 年国民账户体系》建议根据租金等价法来推算房主自住房的服务。但是，这种推算只涵盖自有住房中的建筑折旧部分，而无建筑物及关联土地所占用金融资本的机会成本（即推算利息收入），这两部分在用户成本法中是重要的部分。对于土地价格指数 P_L^t，有关土地价格的信息来源是土地产权登记机构和不动产公司的记录。

4.2.2 与自有住房有关的成本的处理

上节讨论的简单用户成本法中暗含着假设：自住房房主无抵押贷款利息成本，以及各类与自有住房相关的成本。本节将逐一放开这些假设，讨论与房主自住房有关的成本的处理。

1. 抵押贷款利息成本的处理

自有住房的用户成本是简化的用户成本，暗含着一个假设，即房屋所有人无抵押贷款利息成本，因此仅考察了住宅占用金融资本的机会成本。在此放宽假设，讨论具有房屋抵押贷款的房屋所有人为自有住房所支付的贷款利息成本。

假定时期 t 购买住宅时贷款数额占总价值比例为 f^t，则产生抵押贷款 M^t 元：

$$M^t = f^t \cdot V_0^t \tag{4.36}$$

设一个时期的名义贷款利率为 r_M^t，时期 t 期初的住宅的价值为抵押贷款利息成本与住户股权成本之和，而 t 期末的住宅价值为 V_1^{t+1}，则自有住房的事后用户成本为：

$$\begin{aligned} R^t &= (1-f^t)V_0^t(1+r^t)+M^t(1+r_M^t)-V_1^{t+1} \\ &= (1-f^t)[p_S^tQ_S^t+p_L^tQ_L^t](1+r^t)+f^t[p_S^tQ_S^t+p_L^tQ_L^t](1+r_M^t) \\ &\quad -[(1+i_S^t)(1-\delta^t)p_S^tQ_S^t+(1+i_L^t)p_L^tQ_L^t] \\ &= \bar{P}_S^tQ_S^t+\bar{P}_L^tQ_L^t \end{aligned} \tag{4.37}$$

式中经抵押贷款利息 r_M^t 调整后的时期 t 的建筑物和土地的用户成本分别为：

$$\bar{P}_S^t = [(r^t-i_S^t)(1-f^t)+(r_M^t-i_S^t)f^t+\delta^t(1+i_S^t)]p_S^t \approx (r^{t*}+\delta^t)p_S^t \tag{4.38}$$

$$\bar{P}_L^t = [(r^t-i_L^t)(1-f^t)+(r_M^t-i_L^t)f^t]p_L^t \approx r^{t^*}\cdot p_L^t \tag{4.39}$$

其中，$r^{t^*}=(r^t-i_S^t)(1-f^t)+(r_M^t-i_S^t)f^t$ 和 $r^{t^*}=(r^t-i_L^t)(1-f^t)+(r_M^t-i_L^t)f^t$ 分别为经贷款利率调整后的实际利率，即式(4.34)和式(4.35)中的股权机会成本被此股权成本和抵押贷款利率加权平均所取代。

中央银行为了防止产生通胀内生性，往往反对将贷款利率纳入 CPI 中。但是从上述等式中可以看出，实际计算建筑物和土地用户成本的仍是实际利率而非名义利率，其中名义的资本收益率和名义贷款利率中的通货膨胀被建筑价格和土地价格中的通胀率相抵销。

2. *房产税的处理*

住户购买自有住房时，都需要为购买的房产缴纳一定的税费。按照收取的方式不同，房产税可以分为固定税和比例税。

房主需要对自住房的建筑物和土地分别缴纳房产税，记为 T_S^t 和 T_L^t，且房产税按比例收取：

$$T_S^t = \tau_S^t\cdot p_S^tQ_S^t \tag{4.40}$$

$$T_L^t = \tau_L^t\cdot p_L^tQ_L^t \tag{4.41}$$

则在时期 t 的事后用户成本为：

$$\begin{aligned} R^t &= V_0^t(1+r^t)+T_S^t+T_L^t-V_1^{t+1} \\ &= [p_S^tQ_S^t+p_L^tQ_L^t](1+r^t)+\tau_S^t\cdot p_S^tQ_S^t+\tau_L^t\cdot p_L^tQ_L^t \\ &\quad -[(1+i_S^t)(1-\delta^t)p_S^tQ_S^t+(1+i_L^t)p_L^tQ_L^t] \\ &= \bar{P}_S^tQ_S^t+\bar{P}_L^tQ_L^t \end{aligned} \tag{4.42}$$

税收调整后的时期 t 建筑物和土地的事后用户成本为：

$$\bar{P}_S^t = [r^t-i_S^t+\delta^t(1+i_S^t)+\tau_S]p_S^t \approx (r^{t^*}+\delta^t+\tau_S)p_S^t \tag{4.43}$$

$$\bar{P}_L^t = (r^t-i_L^t+\tau_L)p_L^t \tag{4.44}$$

收取比例房产税后，将这些税收比例加入原来的实际利率和折旧项中。但是如果采用固定税收，这种推算就失去了一般性。

3. 房屋保险的处理

房屋保险属家庭财产保险范畴，主要保障火灾、爆炸、雷击等自然灾害和意外事故造成的房屋损失。房屋保险一般由屋主或住户投保，保险费率为 0.1% ～ 0.2%。在缴纳保费后，如果发生了保险范围内的损失时，保险公司按房屋的实际价值计算赔偿，住户可以获得经济赔偿。

在自有住房用户成本中计入房屋保险，有必要对应付的总保险费和住户收取的索赔金额进行考虑。根据定义，住户消费的保险服务价值等于：住户应付的总保险费，加上补充保险费，减去理赔准备金与精算保险金的变数。但是由于净保费和总保费之间的比例变动难以衡量，所以目前大多数国家多采用总保险费作为计量指标。Diewert(2003a) 采用保费总额法建立了加入保险的用户成本模型：

如果 C_S^t 为时期 t 之初建筑物的保险成本，在该时期的保险费率定义为：

$$\gamma_S^t = \frac{C_S^t}{p_S^t Q_S^t} \tag{4.45}$$

由于保险费的缴纳时间比较特别，需要在每期期初缴纳保险费。因此，在时期 t 的事后用户成本为：

$$\begin{aligned} R^t &= V_0^t(1+r^t) + T_S^t + T_L^t + (1+r^t)C_S^t - V_1^{t+1} \\ &= \bar{P}_S^t Q_S^t + \bar{P}_L^t Q_L^t \end{aligned} \tag{4.46}$$

上式中时期 t 税收和保费调整后的建筑物和土地用户成本分别为：

$$\bar{P}_S^t = [r^t - i_S^t + \delta^t(1+i_S^t) + \tau_S + (1+r^t)\gamma_S^t]p_S^t \tag{4.47}$$

$$\bar{P}_L^t = (r^t - i_L^t + \tau_L)p_L^t \tag{4.48}$$

如果 CPI 的编制中，与住户消费相关的保险项单列分为一个大类时，则保费总额法下的房产保险的价格分别定义为 $\gamma_S^t p_S^t$ 和 $\gamma_S^{t+1} p_S^{t+1}$，对应的时期 t 和时期 $t+1$ 的支出分别为 $\gamma_S^t p_S^t Q_S^t$ 和 $\gamma_S^{t+1} p_S^{t+1}(1-\delta^t)Q_S^t$，同时应在住户的自有住房的用户成本法中去除这些项目。

4. 维修和翻修支出的处理

采用用户成本法计算自有住房的分类指数时，不计入重大维修和翻新支出，但是在计算自有住房的权重时，该类支出要以资产存量的方式计入权重中。时期 $t+1$ 初的自有住房存量 Q^{t+1} 等于 t 期折旧后的存量 $(1-\delta^t)Q^t$ 和重大维修与翻修支出 I^t 之和，即 $Q^{t+1} = (1-\delta^t)Q^t + I^t$。采用这种方法推算自有住房建筑部分的存量，进而计算自有住房用户成本以及自有住房估算租金在 CPI 中的最新权重。

5. 房产购买交易成本的处理

ILO et al. (2004) 总结与房屋所有权有关的交易成本包括：

- 房地产经纪人佣金；
- 对房屋销售征收的各类交易税；
- 与房屋所有权转让有关的各种法律服务费用。

但是对于上述的这些费用如何计入自有住房中尚无定论，其中有两种方案可供选择：第一，从耐用品的角度看，房屋的价值应该是扣除各种交易成本之后的房屋价格，因此将这些费用作为购买房产时期的交易成本，一次性计入自有住房中；第二，将这些交易费用视为房屋价格的一部分，同耐用品一样按照折旧的方式分摊到各个使用期内。任何一种做法都有道理，统计机构可根据自身需要确定合适的方案。

4.3　简化的用户成本法

由于目前国际上的统计机构大都未将住宅中的建筑与所占用的土地分开，用于计算用户成本，而是将二者合起来为住宅计算一个总的用户成本。因此，Diewert(2003a) 对用户成本法进一步简化。

首先，住宅建筑和住宅所占用土地的用户成本法公式如下：

$$\bar{P}_S^t = (r^* + \delta^t + \tau_S^t) \cdot p_S^t \tag{4.49}$$

$$\bar{P}_L^t = (r^* + \tau_L^t) \cdot p_L^t \tag{4.50}$$

式(4.49) 为住宅建筑用户成本，其中 $\bar{P}_S^t$ 是房屋建筑在时期 t 的用户成本，p_S^t 代表时期 t 的新建住房的建筑价格，r^* 是估计的实际利率，δ^t 是对住房建筑估计的折旧率，τ_S^t 是在时期 t 对住宅建筑征收的各种费率，其中包括财产税费、房屋保险等。在住宅所占用土地的用户成本式(4.50) 中，$\bar{P}_L^t$、τ_L^t、p_L^t 分别为时期 t 住宅所在的土地的用户成本、与土地使用相关的各种费率以及土地的价格。

其次，可以通过以下假设对用户成本进一步简化：

假定 1：自有住房的土地和建筑的数量之比是固定的，即 $Q_S^t/Q_L^t=$ 常数；

假定 2：建筑物各期折旧率相同，即 $\delta^t=\delta^{t+1}$，且将建筑物和土地综合在一起的折旧率记为 δ；

假定 3：在自有住房的用户成本中不包含对自有住房购买和使用时所支付的费率，即 $\tau_L^t=0$。将这些费率作为 CPI 中的其他项目，单独计算分类价格指数。

则自有住房的用户成本简化为：

$$R^t = (r^{t^*} + \delta) p_H^t \tag{4.51}$$

冰岛正是采用这种简化的用户成本法计算 CPI 中的自有住房的。具体采用

实际年利率为 $r^{*}=4\%$，土地和建筑物的综合年度折旧率固定为 $\delta=1.25\%$，建筑物的年折旧率估计为 1.5%，且将财产税从自有住房成本分离出来，单独计入冰岛 CPI。

Woolford(2006) 指出，在使用用户成本法计算住户每年在自有住房上的支出时，需要以下方面的数据：

(1) 年初[①]的住房平均销售价格；

(2) 建筑价格在总房价中所占的比例(以便于对住宅进行折旧)；

(3) 一年内房屋价格的资本收益(包含土地)；

(4) 一年内建筑成本的变动水平；

(5) 折旧率；

(6) 年初的贷款价值比；

(7) 一年期平均贷款利息率；

(8) 一年期资金使用成本利率(机会成本)。

采用用户成本法在 CPI 中计入自有住房，应分为两部分进行讨论：一是采用用户成本法反映自有住房估算租金价格的变化，即计算自有住房估算租金的初级价格指数；二是采用用户成本法计算基期住户自有住房的存量，并计算自有住房的权重的变化。

4.3.1 用户成本法下的自有住房价格指数

用户成本法通过住房的使用成本计算自有住房估算租金及其价格变动。利用用户成本法计算自有住房的基本分类价格指数时，必须计算基期 0 和报告期 t 的自有住房的使用成本。

初级价格指数公式的选择。对于初级价格指数的公式选择有多种，本书以常用的 Jevons 公式为例，该指数等于两个比较时期(时期 0 和时期 t) 的价格比的未加权几何平均：

$$I_J^{t/0}=\prod_{i=1}^{n}\left(\frac{p_i^t}{p_i^0}\right)^{1/n}=\frac{\prod(p_i^t)^{1/n}}{\prod(p_i^0)^{1/n}} \tag{4.52}$$

其中，$i=1,2,\cdots,n$，表示有 n 个项目，p_i^t 为第 i 个项目在时期 t 的价格。

在用户成本法下，计算自有住房的初级价格指数可由公式(4.52) 计算，记为：

$$I_J^{t/0}=\prod_{i=1}^{w}\left(\frac{\overline{P}_i^t}{\overline{P}_i^0}\right)^{1/n} \tag{4.53}$$

① 假设住户在年初购买住房，而年末再将其售出。

其中，$\bar{P}_i^t$ 与 $\bar{P}_i^0$ 分别为新建住宅 i 在时期 t 和时期 0 的事后用户成本。由式(4.4)可知，时期 t 和时期 0 的新建住宅 i 的用户成本分别为：

$$\bar{P}_i^t = (1+r^t)u^t = [r^t - i^t + \delta_0^t(1+i^t)]p_i^t \tag{4.54}$$

$$\bar{P}_i^0 = (1+r^0)u^0 = [r^0 - i^0 + \delta_0^0(1+i^0)]p_i^0 \tag{4.55}$$

其中，p_i^0 和 p_i^t 分别为新建住宅 i 在时期 0 和时期 t 的市场销售价格，r^0、i^0 和 δ_0^0(r^t、i^t 和 δ_0^t) 分别为时期 0(时期 t) 的名义利率、资产通胀率和役龄为 0 的折旧率。

因此，自有住房的初级价格指数为：

$$I_J^{t/0} = \prod\left(\frac{\bar{P}_i^t}{\bar{P}_i^0}\right)^{1/n} = \prod\left\{\frac{[r^t - i^t + \delta_0^t(1+i^t)]p_i^t}{[r^0 - i^0 + \delta_0^0(1+i^0)]p_i^0}\right\}^{1/n} \tag{4.56}$$

采用用户成本的简化形式时，则：

$$I_J^{t/0} = \prod\left(\frac{\bar{P}_i^t}{\bar{P}_i^0}\right)^{1/n} \approx \frac{(r^{t^*} + \delta_0^t)}{(r^{0*} + \delta_0^0)}\prod\left(\frac{p_i^t}{p_i^0}\right)^{1/n} \tag{4.57}$$

其中，$\prod\left(\frac{p_i^t}{p_i^0}\right)^{1/n}$ 为房屋销售价格指数，记为 $I_H^{t/0}$，则：

$$I_J^{t/0} \approx \frac{(r^{t^*} + \delta_0^t)}{(r^{0*} + \delta_0^0)} I_H^{t/0} \tag{4.58}$$

由式(4.58) 可知，用户成本法下自有住房服务的价格指数 $I_J^{t/0}$ 受到各期实际利率 r^{t^*}、折旧率 δ_0^t 和房屋销售价格指数 $I_H^{t/0}$ 的影响。如果假定对于役龄 v 的住宅在各期的折旧率是相同的，即 $\delta_v^t = \delta_v$，则式(4.58) 可以变形为：

$$I_J^{t/0} = \prod\left(\frac{\bar{P}_i^t}{\bar{P}_i^0}\right)^{1/n} \approx \frac{(r^{t^*} + \delta_0)}{(r^{0*} + \delta_0)} I_H^{t/0} \tag{4.59}$$

即在 Jevons 指数公式下，自有住房价格指数仅受到各期实际利率 r^{t^*} 和房屋销售价格指数 $I_H^{t/0}$ 的影响。如果实际利率波动不大，各期的折旧率相同，则用户成本法下的自有住房价格指数与住宅销售价格指数是同比例变动的。同时，在 Dutor 指数和 Carli 指数公式下，本结论亦成立，由于篇幅问题，不在此赘述。

因此，在简化的用户成本法下，自有住房的分类价格指数就是一个恒质量住房价格指数，实际中可以采用房屋销售价格指数(HPI) 作为简化用户成本下的自有住房价格指数。但需要注意的是，在使用房屋销售价格指数衡量用户成本下自有住房的价格变动水平时，需保证二者采用初级价格指数公式相一致。

4.3.2 用户成本法下的自有住房的支出及权重

在自有住房采用用户成本法的国家中，各个国家计入用户成本的元素不完全相同。自有住房的权重计算中包含真实发生的交易成本和虚拟的成本费用，如自有住房占用资金的金融机会成本。一些国家在自有住房的用户成本法中去除虚拟成本的部分，仅仅计算与自有住房相关的实际支出。这种简化的用户成本法可视为支付法的变形。

下面来比较用户成本法下与获取法下的住房支出（权重）之间的关系。假定在时期 0，参考住户人口以 p^0 的价格购买了 q^0 套自有住房，因此，在获取法的框架下时期 0 的自有住房的总支出为：$V_A^0 = p^0 q^0$。

在用户成本法下，除了计算时期 0 时购买的住宅用户成本之外，还需要计算 0 期以前的各时期的住宅存量在该期的用户成本。因此，需要分别对住宅的折旧方式和住宅购买数量的变化趋势做出假定（Diewert，2003a）。

假定一：使用余额递减折旧，在时期 0 期初购买的住宅，其折现为 0 期期末的用户成本 p^0，对于在时期 0 时使用一期的住宅的用户成本为 $(1-\delta)p^0$，满两个时期役龄的住宅的用户成本为 $(1-\delta)^2 p^0$，役龄满 t 个时期的用户成本为 $(1-\delta)^t p^0$。

假定二：住户购买的耐用消费品的数量一直按几何速度 g 增长，即如果在时期 0 时住户购买住宅的数量为 q^0，那么，在前一个时期里，住户购买了 $\frac{q^0}{1+g}$ 套住宅，t 时期前住户购买了 $\frac{q^0}{(1+g)^t}$ 套住宅。

按照上述的两个假定，时期 0 的用户成本法的支出价值：

$$V_U^0 = p^0 q^0 + \frac{(1-\delta)p^0 q^0}{1+g} + \frac{(1-\delta)^2 p^0 q^0}{(1+g)^2} + \cdots = \frac{(1+g)p^0 q^0}{\delta + g} \quad (4.60)$$

其中，事后用户成本 $p^0 = [r^0 - i^0 + \delta(1+i^0)]P^0$，代入式(4.60)得：

$$V_U^0 = \frac{(1+g)[r^0 - i^0 + \delta(1+i^0)]P^0 q^0}{\delta + g} \quad (4.61)$$

设资产通胀率 $i^0 = 0$ 或者设实际利率为 $r^* = r^0 - i^0$，并忽略小项 δi^0。将式(4.61)简化为：

$$V_U^0 = \frac{(1+g)[r^* + \delta]P^0 q^0}{\delta + g} \quad (4.62)$$

则用户成本法和获取法的住宅消费支出之比为：

$$\frac{V_U^0}{V_A^0} = \frac{(1+g)(r^* + \delta)}{\delta + g} \quad (4.63)$$

当 $\delta + g > 0$，$1 + g > 0$，且 $r^* > \frac{g(1-\delta)}{1+g}$，则 $\frac{V_U^0}{V_A^0} > 1$。因此按用户成本法，住户在耐用消费品上的总支出往往会超过当期新购买耐用品的货币支出。两者之间的区别往往会随着耐用品的寿命的增长而扩大，即随着折旧率 δ 的下降而扩大。

设定住房的折旧率为 2%（$\delta = 0.02$），实际利率为 4%（$r^* = 0.04$），同时，新

建住房的增长率为 1%（$g=0.01$），则住房的用户成本支出对同期新建住房购买之比为$\frac{V_U^0}{V_A^0}=2.02$。如果折旧率下降为 1%，那么$\frac{V_U^0}{V_A^0}=2.53$。因此，在 CPI 中对住房采用用户成本法，支出权重约为用户成本法的两倍。

但是就我国的实际情况来看，由于我国目前房地产市场的供求失衡，房价上涨过快，实际利率常常很低甚至小于 0[①]，导致我国住房的用户成本常常为负值。另外，我国房屋设定的寿命是 50 ～ 70 年，如果我国房屋按 50 年进行折旧，折旧系数为 2%；如果按照 70 年进行折旧，折旧系数为 1.43%。新房产的购买速度过快（$1+g>0$），因此得到$r^*<\frac{g(1-\delta)}{1+g}$，则$\frac{V_U^0}{V_A^0}<1$，与 Diewert(2007) 得到的结论是相反的。我国 CPI 中计算自有住房的支出权重时，用户成本法得到的支出价值要远远小于获取法。在快速上涨的房价中，采用用户成本法会使得在自有住房方面的支出为负值。正如 ILO et al.(2004) 指出的那样，如果住房价格通货膨胀超过名义利率，那么用户成本权数很可能为负值（意味着用户成本法下的价格为负值）。因此，如果我国要采用用户成本法，应对实际利率的计算方法进行讨论，避免住房支出出现负值的情况。

上述 Diewert(2003a) 计算自有住房用户成本总支出，仅是为了与获取法下自有住房权重进行比较。在实际中，用户成本下自有住房的权重计算，需要使用人均自有住房使用成本支出和人均消费支出的比值，而获取法中采用的是当期住户固定资产形成总值与住户最终消费之间的比率。

4.4　冰岛的用户成本法

4.4.1　冰岛的自有住房

Guenason(2009) 称冰岛的自有住房率高达 80%。冰岛统计局曾从 1988 年到 1992 年采用支付法计算 CPI 中的自有住房，但是支付法中最大的问题是名义利率的使用，因为名义利率中已经包含通货膨胀，如果长期使用名义利率计算 CPI，将会产生很大的通货膨胀的内生性影响。另外，由于该国租赁市场规模小，其价格变动与住宅价格变化水平不同，因此租金等价法也不适合冰岛的自有住

① 详见第七章的7.5.4 节。

房价格指数的编制。

从1992年11月开始，冰岛采用简化的用户成本法计算自有住房成本。首先仅对首都地区计算住房价格。而从2000年4月开始，将这种计算扩展至全国。用户成本法指消费者对耐用品的支出转化为服务流量进行计算，采用住户支出调查中的平均住房价格、实际利率和折旧计算的用户成本作为自有住房的虚拟租金，其中用户成本包括资金的使用成本、长期的（金融）机会成本和耐用品的折旧成本。

4.4.2　冰岛的用户成本法

冰岛采用的简化的用户成本法与Steiner(1961)在Stigler报告中建议的用户成本法类似，不过Steiner的用户成本法中并未使用实际利率。

具体的用户成本法计算分为两个步骤：第一，采用实际利率计算长期占用资金的金融成本和使用耐用品的折旧成本所占总支出的权重；第二，采用住房价格指数衡量用户成本的价格变动。

用户成本法采用年金(annuity)的方式计算，Ayres(1963)将年金定义为"一列在等时间内相同的支付金额"。在指数的计算中房产价格被折算为年金的方式，其中包括实际利率和折旧。年金的计算公式为：

$$A_{HV} = p_H\left[\frac{r^*}{1-(1+r^*)^{-N}}\right] \tag{4.64}$$

其中，A_{HV} 为住房价值的年金，p_H 为当前的房屋价格，r^* 是实际利率，N 为耐用品的使用寿命。年金采用等比级数，将使用期限内的利息以及加入耐用品的折旧价值转化为每年均等的支付金额。年金中折旧率和利率固定，因此年金的价格变动同房屋的市场价格变动相一致。

相对于完整的用户成本法，冰岛自有住房简化用户成本法不包含资本损益。之所以不在用户成本法中计入资本损益，具体的理由可归结为三个：

第一，冰岛统计机构编制CPI的目的是衡量住户支出的价格变动水平，而不涉及住户的收入，而资本损益应视为住户的财产收入。CPI中关注的是消费者购买耐用品支出的价格水平，而不是为购买耐用品实际支付的货币金额。

第二，冰岛在计算房产占用资金的机会成本和贷款利息成本时，采用实际利率，反映了住房投资的真实收益。从短期来看，资本损益可能高于或者低于实际利率的收益，但是长期而言，资本损益与实际利息大致相同，即实际利率测算了资本损益。

第三，有关研究显示，完整的用户成本法得到的结果十分不稳定(Gillingham,1980,1983; Verbrugge,2008)。名义利率、未调整的利息率和资本损益的计算增加了用户成本的短期波动。

4.4.3 实际利率

冰岛用户成本法中最大的特点是使用了实际利率。为了确定实际利率，需要对名义利率做去除通货膨胀的调整。名义利率和实际利率之间的关系常表示为 Fisher 等式（Diewert，2003b）：

$$r_t = (1 + r^*)(1 + \rho_t) - 1 \tag{4.65}$$

其中，r_t 是名义利率，r^* 为实际利率，ρ_t 为通货膨胀率。因此，当实际利率未知时，可以采用通货膨胀率对名义利率做调整得到实际利率：

$$r^* = (1 + r_t)/(1 + \rho_t) - 1 \tag{4.66}$$

由于频繁变动的实际利率会带来 CPI 的月度数据发生波动，因此应采用实际利率的波动平均计算自有住房的用户成本。

冰岛之所以采用实际利率要归因于该国抵押贷款的大幅下降。2004 年 7 月，从住房融资基金①（Housing Financing Fund）中的长期贷款利率降低开始，商业银行和储蓄银行在浮动的利率下大量贷出住房贷款。同时计入 CPI 中房屋贷款利率大幅度下降，因此在同年的 8 月便开始实施变动的实际利率计算自有住房的简化用户成本法，即采用前 60 个月的实际利率的平均值计算当月的自有住房用户成本。而在随后一段时期，冰岛的实际利率波动较缓且低于以往的水平，所以从 2005 年 5 月开始，冰岛统计局决定采用 12 个月的平均利率代替以前的 60 个月的平均利率，这个改变带来了更低的 CPI。目前，冰岛 CPI 在每年 4 月对该年的实际利率进行一次更新。

4.4.4 折旧率

冰岛采用倒置几何折旧法（Inverted geometric depreciation）计算自有住房的折旧率。对应几何折旧的 $(1-\delta)^N$ 形式，倒置几何折旧的形式为 $(1-\delta)^{-N}$ 。随着役龄的增长，倒置几何折旧先小后大，并且在使用寿命结束后耐用品的价值完全折旧。

由于自有住房的计算中没有将土地和建筑分离开来，因此，房屋折旧率是建筑物和土地的综合折旧率。其中冰岛住宅建筑的寿命平均为 67 年，建筑物的折旧率为 1.5%，而住宅所占用的土地是不折旧的，因此冰岛 CPI 中自有住房折旧

① 住房融资基金（Housing Financing Fund）是冰岛的国有抵押贷款，专门用于住户的个人购房、住宅装修，同时为政府、企业以及个人建造用于租赁业务的房屋提供贷款，以及为残疾人和老年人购买住房和装修房屋提供贷款。

率大致为 1.25%。

4.4.5 冰岛 CPI 中自有住房的分类指数——房屋销售价格指数

冰岛统计学者 Guenason(2005)称，在计算自有住房的价格变动水平时各种方法均是相同的，都采用房产市场价格的变化水平，但是不同的方法推导出来的自有住房在总支出的权重是有显著差别的。笔者并不认同这种观点，无论是从理论还是各国的统计实践来看，不同的处理自有住房的方法在计算自有住房价格变动上是有很大差异的，如租金等价法采用的是租赁市场的价格变动水平表示自有住房的价格指数。不过笔者在前文有所证明：对于用户成本法而言，它和净获取法一样，均使用房地产价格指数表示价格水平的变动。因此，冰岛 CPI 中自有住房的价格变动水平是由房屋销售价格指数来衡量的。

冰岛房屋销售价格指数是采用土地登记机构获取的真实的房地产交易价格编制的，其中包括一次付清和分期付款的所有类型的房产交易价格。每年采集大约8000套到10000套住宅的交易价格，约占全国房产出售规模的 8%～10%。每套交易销售合同中都含有标准的房产信息、住户信息和销售价格。

具体的销售合同中包含支付协议细节，这些信息用于计算房产销售合约的当前价值。由于当前支付的价值不同于未来支付的价值，因此，冰岛住房价格指数是针对当前房地产销售价格计算的，衡量最近三个月的房地产平均价格的变化水平，其中滞后期为一个月，即计算 5 月的价格指数时采用的是 2 月到 4 月的平均价格。编制过程中应用了分层法(stratification method)，按照房屋面积、房产类型以及所在区位进行分层编制，采用几何平均得到平均房产价格，并利用最优指数中的 Fisher 指数公式计算住房价格指数。

4.5 加拿大的用户成本法

自有住房方法的选择与 CPI 编制目的相对应。加拿大 CPI 的编制目的是为了调整收入以保持收入的购买能力，需要衡量住户部门为消费付出的现金流量(如现金付款的生活费用)，因此在总体 CPI 中采用支付法框架。而由于自有住房的特殊性：较长的使用寿命、昂贵的价格以及支付方式的多样性，需要将其与其他耐用品的处理区别开来。因此，加拿大统计局在标题 CPI 中自有住房支出范围加入了住宅的折旧成本，形成了一种变形的用户成本法。

针对用户成本的涵盖范围，Diewert(2009)强调加拿大统计机构所采用的用户成本法与 2004 年由联合国发布的国际 CPI 手册中的用户成本法有很大差别。加拿大统计局计算自有住房的用户成本包括房屋的物理折旧加上自主房主使用住房所产生的成本，这些成本具体包括：保证房屋正常使用的维修护理费用、房主缴纳的房屋保险和房产税、抵押贷款利息，而忽略了自有住房占用资金的机会成本和房产本身的价值变动。如果将加拿大自有住房中的物理折旧成本去除，即与支付法等同。

4.5.1　加拿大 OOH 中的计价范围

加拿大统计局在 1992 年发布的有关消费价格指数编制的规章制度中，针对自有住房部分采用用户成本法。自有住房的价格指数为各项用户成本的价格指数的加权平均。用户成本中包含六类：

- 抵押贷款利息成本；
- 房屋折旧成本；
- 房屋财产税；
- 房屋与贷款的保险费用；
- 维修和护理费用；
- 其他费用。

有关这些用户成本的权重，除了房屋折旧费用之外，其他的五项成本的权重均从基期的住户支出调查中获取。由于测量的问题，衡量用户成本中的一些项目的支出以及价格变动成为棘手的问题：

第一，折旧。由于自有住房的折旧并非发生实际交易的支出，因此没有直接的价格和支出数据，必须虚拟计算折旧在总支出中所占的权重和价格变动。折旧成本费用的权重为基期住宅折旧费用在总支出中所占的份额。从 1949—1997 年，加拿大 CPI 采用的房屋年折旧率为 2%。Kostenbauer(2001)对加拿大住房的折旧率重新进行了估计，认为 2%的年折旧率过高，因而实际的年折旧率被降低为 1.5%。

计算折旧成本需要采用住户支出调查中的住宅平均价格和住户估计的自有住房年末存量。采用住宅的平均价格与建筑-住宅价值比率的乘积估计出住宅建筑平均价格，该价格中去除了土地价格仅包含建筑价格①。而后用估计出的住宅建筑平均价格乘上折旧率估计出折旧成本。整个国家的折旧成本价格指数是地方指数的加权总和，其中各个地方的权重是该地存量在全国自有住房存量

① 之所以要去除土地价格，是因为住宅所占用的土地是不折旧的，仅对住宅的建筑部分计算折旧费用。

总量中的比重。折旧成本指数每个月随着新房价格指数(去除土地部分)的变动而更新一次。

第二,贷款利息成本。针对用户成本中的贷款利息成本部分的计量,Baldwin, Nakamura and Prud'homme(2006, 2009)指出加拿大统计局旨在测量自有住房样本中未偿付的贷款利息的价格变动水平。其中涉及的贷款总额是自有住房样本的未偿付贷款总和,是固定不变的。所以贷款利息成本仅依赖于住房价格和贷款利息率,而不受贷款总额、贷款比率以及贷款偿还期限变动的影响。贷款利息成本是当前和滞后的住房价格以及各种贷款混合利率的函数。

ILO et al. (2004)指出,权数参考期应选择足够长的基期,应能够包括一个季节性周期,通常为一个阳历年。加拿大的权重每四年更新一次,目前的基期是2011年。自有住房的基期篮子为基期年末自有住房存量,因此,自有住房价格指数衡量与基期住房存量相关的各项成本价格的变动水平。2013年,加拿大自有住房在总支出中的权重是15.77%,其中各项用户成本权重分别为:贷款利率为4.11%,折旧成本为4.30%,房产税费为3.36%,房屋及贷款保险为1.23%,维护修理费用为1.25%,其他费用为1.52%。

4.5.2 OOH中的基本分类指数

抵押贷款利息属于购买住房的支出的一部分,所以应计入自有住房价格指数。贷款利息成本指数衡量了为自有住房支付的贷款利息成本的价格变动水平。该指数受两个价格变动因素的影响:第一,住宅价格的变动影响,因为随着住宅价格的变动,住户为其支付的贷款利息也随之改变;第二,当给定未偿还贷款金额总量时,贷款利率的变动将影响贷款利息成本的变动。即:

$$M_{t/0} = H_{t/0} \times I_{t/0} \tag{4.67}$$

其中,$M_{t/0}$ 是基期0贷款利息成本价格指数(报告期为 t 期,基期为0期),$H_{t/0}$ 是以抵押贷款方式购买的住宅的价格指数,$I_{t/0}$ 是贷款利率的价格指数①。

折旧成本价格指数。假定折旧成本是与自有住房总价值成比例的,因此折旧成本的价格指数序列等同新建住房价格指数序列(New Housing Price Index series)。

房产税价格指数是对样本住宅收取的房产税费的价格水平的变动。

房产保险价格指数是固定住宅样本存量需缴纳的保险费用的价格水平的变

① 有关 $H_{t/0}$ 和 $I_{t/0}$ 的计算规则详见:Statistics Canada. "The Consumer Price Index Reference Paper: Update based on 1992 expenditures,"Catalogue 62-553 Occasional,1995: 86-90.

动。这项用户成本不仅与给定资产的保险费率的变动率有关，还受到住宅价格的变动影响。所以，保险成本价格指数由新建住房价格指数与保险费率价格指数的乘积构成。

由于维修与护理成本涉及所请的修理工费用和修补所用的建筑材料费用，所以维修和护理成本价格指数由工资价格指数与建筑材料的价格指数组合而成。另外，其他自有住房用户成本价格指数采用相关指数序列虚拟而成。

4.5.3　有关自有住房的 CPI 分析性序列

为了方便国际对比和适应更多用户的不同需求，加拿大统计局从 1985 年 12 月开始发布 CPI 分析性序列，作为标题 CPI 的有力补充。Devries and Baldwin(1985)解释编制分析性 CPI 序列的最初目的是准确比较加拿大与美国的通货膨胀水平，由于加拿大官方发布的标题 CPI 采用的是用户成本法，而美国 CPI 从 1983 年对自有住房采用租金等价法，因此为加拿大 CPI 序列增加了租金等价法编制的价格序列，以满足国际对比的一致性。

加拿大 CPI 分析性序列主要针对自有住房部分采用四种不同的编制方法：用户成本法(加拿大官方 CPI)、租金等价法、支付法、获取法。对于后两种方法又分别有两种情况，共编制出六组不同的 CPI 指数序列。这六种序列中对应不同的自有住房方法分别为：用户成本法(加拿大标题 CPI)、租金等价法、不包含本金支付的支付法、包含本金的支付法、采用住宅购买价格的净获取法、本金加利息贴现的净获取法。为了突出自有住房编制方法的比较性，这些 CPI 分析性序列之间仅有“自有住房”的编制方法是有差异的，而其他部分均与标题 CPI 的编制方法完全一致。

加拿大对自有住房采用的用户成本法比较特殊，用户成本中尚未包含房屋本身的资本损益和住户购买住宅所占用的金融资本的机会成本，为了实现更好的国际比较和分析应用，Erdur and Prud'homme(2007)在原有的 CPI 分析性序列的基础上，再次扩展对自有住房编制方法的应用。在原有的分析序列中加入了两种包含资本损益和机会成本的用户成本法(考虑支付方式与不考虑支付方式的)以及排除法，共采用九种方法编制了从 2000 年至 2009 年的分析性 CPI 序列。

4.6　用户成本法的难点

Diewert(2002)指出执行用户成本法的难点在于：

第一，为住户确定与自有住房相关的实际利率是很困难的。较为简单的方法是采用政府或者统计机构发布的基准利率。

第二，很难准确地确定住宅的折旧率。如美国经济分析局采用余额递减的方式估计美国住房的年折旧率为1.2%；加拿大统计局采用加拿大1926年到1999年的资产负债账户中的居民住宅价值数据，使用余额递减折旧得到的年折旧率为2.9%；这些折旧率之间有着很大的差别，很难有统一的方法。

第三，住房的用户成本主要由两部分组成：建筑物的成本和住宅所在地的土地成本。构建土地的用户成本比构建建筑物的用户成本简单，因为土地的折旧率为0，然而，土地的资本损益是否计入仍是一个问题。

第四，事后用户成本对于用户来说十分不稳定，因此更常使用的是事前用户成本。Goodhart(2001)提到事后用户成本在理论上更适合测量住户使用自有住房的成本，但是事实上当房价上涨的同时机会成本下降，房屋价格越是通货膨胀，自有住房的用户成本越趋于负值，因此，目前没有国家采用事后用户成本法。而对于事前用户成本法，国家之间使用不同的方法估计建筑和土地的预期通货膨胀，减低了国际可比性。

第五，用户成本法中需要包含为自有住房支付的各种税费。

第六，自有住房的大型翻新与重建。原则上这些支出应计入自有住房存量，计算各期的折旧和机会成本。而小型的维护与修理记为CPI中的其他项目下，但是实际上对这两类维护费用很难加以区分。而且这些维修费用的支出，将会影响到住宅建筑的折旧率。

第5章 CPI中的租金等价法

租金等价法所测算的自有住房服务的消费成本，是假定房主把房子出租给自己消费而应收取的租金，称之为虚拟租金。从机会成本的角度来看，该租金等于房主居住自己房子而不是出租给他人所放弃的收入（杜琼，2008）。租金等价法出自于国民经济核算，是居民最终消费中对自有住房服务价值的核算方法。为能更好地分析CPI中的自有住房的租金等价法，本章首先讨论国民核算内的国内生产总值核算中的租金等价法，并与CPI中的租金等价法进行比较研究，寻求租金等价法在不同核算领域内运用的差异；其次，研究采用租金等价法下自有住房在CPI中的权重测度问题；再次，回顾美国三十年来自有住房处理方法的发展历程，分析美国等价租金价格指数的编制方法；最后，研究租金等价法中所存在的问题与适用条件。

5.1 国民经济核算中的租金等价法

5.1.1 SNA中的自有住房服务核算

《国民经济核算体系》（简称SNA2008）第六章第117条指出：作为正式的处理方法，那些拥有自己的住宅，并在其中居住的居民被视为业主制企业（unincorporated enterprises）的所有者，他们为自己提供住房服务。因此，在SNA中将住户居住的自有住房记为居民为自身提供的房屋租赁服务，并将其纳入GDP核算中，这种做法保证了自有住房的生产、使用性质，同时满足各国之间国内生产总值的可比性以及不同时点上的国内生产总值的可比性(许宪春、李文政,1999[①])。

另外,在国内生产总值核算中采用租金等价法还有以下原因:第一,各国的自有住房和租赁房的比例不一致,对自有住房采用与租赁市场一致的核算口径,使得各国的居住服务变得可比;第二,当一国自有住房与出租房发生相互转移时,即自有房主和租赁者之间发生转移时,GDP 核算不会受到影响。

5.1.2 美国国民核算中的租金等价法

美国的租赁市场规模庞大,租金等价法成为该国统计机构的首选。其虚拟租金的估算方法为:若在租赁市场中有与自有住房同质的房屋出租的话,可采用实际的租赁价格作为自有住房的虚拟租金;而当没有与自有住房类似的、质量相同的房屋出租时,可采用自有房主为自身提供住房服务的消费成本计算自有住房的虚拟租金。在美国核算 GDP 中的国民收入与产出账户(NIPA)时,自有住房服务数据主要来自两个全国性调查:联邦普查局的"美国住房调查"和劳工统计署的"住户支出调查"[②]。

5.1.3 租金等价法在国民核算和 CPI 中的区别

租金等价法在国民核算和消费者价格指数中的应用有很多的相同点,但也存在不同之处:使用租金等价法的目的不同。国民核算中使用租金等价法主要用于衡量自有住房服务的总产出,以便计算 GDP 总值。对应的 CPI 中采用租金等价法主要计算自有住房在个人支出中的权重以及自有住房服务的价格变动。

5.2 租金等价法下 CPI 中自有住房的权重

租金等价法下,自有住房的权重由自有住房的虚拟租金在住户总支出中的比重而定。Johnson(2006)指出,BLS(美国劳工统计局,Bureau of Labor Statistics)运用住户支出调查数据计算 CPI 中自有住房的权重,因此自有住房在 CPI 中的支

---

① 许宪春,李文政.中国房地产业的核算体系亟待改革[J].宏观经济管理,1999(3):20-24.

② 周清杰.我国自有住房服务虚拟租金估算方法的优化:来自美国经验的启示[J].宏观经济研究,2012(6):31-37.

出权重是基于住户支出调查中向自有房主询问其愿意为住房支付的租金：

“如果目前有人愿意租赁你的房屋，去除家具和其他家用设施，你大概每月收多少房租?”

但是在原则上，住户支出调查中通常不能完全依靠住户个人的估算数据，应与当期出租类似住房的租金进行比较，估算出等价租金，计算出与住户有关自有住房服务的消费支出。

一般情况下，租金等价法下采用住户支出调查测算自有住房权重的过程相对简单。但是相对的自有住房的价格指数的计算过程则十分复杂，本书以已经成熟运用租金等价法的国家——美国为例，介绍在租金等价法下编制自有住房服务的价格指数中存在的问题及其解决方案。

5.3 租金等价法下的自有住房服务价格指数——美国模式

5.3.1 美国CPI中自有住房处理方法的变革

美国CPI中编制自有住房价格指数的方法经历了从资产价格法(Asset Price Method)到租金等价法的历史过程。

1980年之前，美国劳工统计局(Bureau of Labor Statistics，简称BLS)使用资产价格法计算CPI中自有住房成本的变动水平。资产价格法下的自有住房支出包含五部分：房屋价格、抵押贷款利息、房产税、房产保险费和维护修理费用(Poole et al.，2005)。由于其中并未包含自有住房本身的折旧和投资损益，因此该方法可视为净获取法与支付法的混合物(周清杰，2010)。

但由于资产价格法的种种缺陷使之遭到统计界的质疑。第一，资产价格法在自有住房的价格变动中包含了投资因素，在房价快速上涨时，CPI将被高估。第二，与美国CPI的编制目的不相符。美国CPI强调测算居民生活成本变动的基本情况，而自有住房的资产价格法由于包含了房屋购入价，更倾向于测度通货膨胀水平；第三，资产价格法中的数据来源短缺。在20世纪70年代，月度房价数据仅来源于美国联邦住房局(Federal Housing Administrations，简称FHA)，而在1973年该机构所提供的样本仅是全国住房的6%，缺乏代表性。而且随着金融市场的发展和融资工具的创新，房贷利率越来越多样化，资产价格法的固定贷款利率不再适用。因此，美国从1983年1月开始在CPI-U(城市消费者的消费物价指数,The CPI for All Urban Consumers)的编制中对自有住房采用租金等价法,并随后在 1985 年 1 月开始采用同种方法在 CPI-W(工人和职员的消费物价指数,The CPI for Urban Wage Earners and Clerical Workers)中计入自有住房。在租金等价法的框架下,住宅本身并不属于 CPI 的一篮子商品和服务,在 CPI 的概念中,住宅被视为投资而不属于消费的范畴。而只有住宅为住户提供的住房服务属于 CPI 的计量范围。等价租金价格指数衡量了自有住房服务价格的变化水平。从本质上讲,等价租金价格指数衡量了住户使用自有住房时愿意支付的租金,或者作为出租者收取的租金收入的价格变动。

目前,美国 CPI 中住房服务的样本价格均来自于美国劳工组织的住房调查(Housing Survey),不同于其他商品的价格取自于 CPI 的商品服务调查(the CPI Commodities and Services Survey),住房调查收集每个月的单位住宅的租金信息,分别编制两类住房服务价格指数:自有住房等价租金价格指数(Owners' Equivalent Rent,OER)和租金价格指数(Rent)。这两类消费的权重分别于 2012 年 12 月在 CPI 中一度达到最大值,自有住房的权重为 22.6%,住房租金的权重为 6.5%[①]。

目前,美国使用租金等价法计入自有住房已经有 30 余年,为了更好地反映自有住房的价格变动,多次在方法上进行调整。

5.3.2 住房调查

BLS 从 1999 年开始通过住房调查(Housing survey)的方式采集房屋的租金价格,以此编制租赁价格指数和自有住房价格指数。

住房调查是基于十年人口普查资料,即在近期的十年人口经济普查资料所提供的样本住宅中进行抽样调查。1999 年 CPI 的住房调查采用了 1990 年人口经济普查中的住房样本,抽样方式为分层整群抽样,其中住房样本均为 1990 年以前建造的住房。而对于 1990 年以后建造的房屋的样本,则通过新建建筑调查(New Construction survey)获取。

在 CPI 的住房服务中,住房调查将全国 87 个主要采价地区(Primary Sampling Units,PSUs)[②]按照地理位置细分为更小的经济区域,记为样本区(Segment)。这些样本区由人口普查中的普查区块(Blocks)组成。大型都市的样本

① U. S. Bureau of Labor Statistics. Updating the rent sample for the CPI housing survey. Monthly Labor Review. 2013(8):1.

② CPI 中的地理抽样为 1998 年 1 月开始实施的,采用 1990 年的人口普查,利用面积比例将全国分为 38 个 CPI 地区和 87 个采价地区,其中有 77 个大型都市和 10 个非都市地区。

区中租房户数和自住房户数之和必须超过 50 户，非大型都市区域的样本区中住户个数不得少于 30 户。对于租房和自住房户数总和少于额定数量的区域，按照地理临近性将这些区域合并为样本区后进行抽样。在确定样本区后应记录其中所有的住房，并从中抽取住房样本。

住房调查中抽取住房样本分为两个步骤：第一，在 PSU 中按照概率抽样的方式抽取样本区；第二，在抽出的样本区中选择住房样本。

随后，根据人口普查提供的 PSU 的租赁房屋和自有住房的个数以及每个地区的平均租金，BLS 估算出该地区自有住房的虚拟租金和租赁房屋的真实租金，并加总得到该地区的租金总额（真实租金和虚拟租金之和），以备按概率抽样。

5.3.3　住房样本的抽样问题

BLS 多次修订住房调查方法，主要针对住房样本的抽样问题。具体修订内容涉及以下两个方面：第一，样本对象，即在抽取中的样本是否包含自有住房样本；第二，样本区的抽样方式，是采用分层整群抽样还是按照地理位置和租金水平对样本区排序后再按照概率与规模成比例抽样，即 PPS 抽样①。

1. 住房样本对象的选择

对于住房样本对象的选择，BLS 经历了从单一的出租房屋到自有住房与出租房屋混合抽样再到单一出租房屋抽样的过程。从 1983 年 BLS 在 CPI-U 中采用租金等价法编制自有住房的等价租金价格指数时，住房样本中仅含出租房屋的样本，不对自有住房采价，而是利用其市场租金对自有住房的成本进行虚拟。

1987 年 1 月采用新的抽样方式，抽取样本中除原有的租住公寓样本外还加入了自有住房样本，利用与自有住房物理特征相配的租住公寓的租金价格变动水平，计算自有住房服务的价格指数。但是在对自有住房进行抽样时，需要找到与之匹配的租赁房屋，将市场租赁价格调整为自有住房的虚拟租金，这项工作烦琐且缺乏精准性。

因此，在 1997 年，BLS 再次在住房样本中去除自住房样本，恢复到了租金等价法最初的形式，使用适当调整后的租房样本代表自有住房。由于不再需要对自住房和出租房进行比对，因此计算过程得到了很大的简化。并于 1999 年 1 月

---

① 概率与规模成比例抽样（Probability-Proportional-to-Size Sampling），又称 PPS 抽样，是以与规模成比例的概率来选择样本的统计抽样方法。这种方法的关键在于规模尺度（Size）的选取，总体中某一项目被选中的概率等于该项目的规模与总体规模的比率，项目规模越大，被选中的概率就越大。

利用此样本编制 CPI 中的自有住房的等价租金价格指数，其中自有住房的虚拟房租使用对住房价值特征回归的方式计算，且采用由租住寓所的租金价格变动而成的纯租金计算等价租金价格指数。

2. PSU 中的样本区抽样——分层抽样与排序抽样

在 1999 年 CPI 的住房调查中，首次确定在抽取样本区前需要对近期的十年人口普查数据中的 PSU 进行地理分区。因此在 1999 年发布 CPI 中对 1990 年人口普查中的地理分层。劳工统计局的价格统计部门(Price Statistical Methods Division, PSMD)将每个 PSU 中的样本区按照地理界限分为六个层级(Strata)，并在 PSU 的六个层级中分别选择样本区获取住房样本。一般情况下，房屋所在的地理位置和房屋的租金价格高度相关。因此按照地理区域进行分层，间接地反映了人口、住房支出及租金价格等信息。Brown and Johnson (1994)提出将 PSU 分为六个层级的方法：首先，在 PSU 的中心位置划分一个最小的中心区域，使该区域的住房支出占整个 PSU 的三分之一；其次，按照租金水平的大小，将这个中心区域横向或竖向分为两部分，使得这两个中心层级之间的平均租金水平差异最大，记为层级 1 和层级 2；再次，将 PSU 中剩余的非中心区域按照租金水平差异最大的原则分为两块，随后再对这两块区域进一步分割，成为四个非中心区域，记为层级 3、层级 4、层级 5 和层级 6。对地理区域的分层原则使分割后的不同地理层级之间的租金水平差异最大化，即不同区位的租金中位数之间差异最大化。通常两个中心层级的人口密度最大，而周边的四个层级处于郊区位置。

在每一个 PSU 中对样本区抽样时，应考虑两个因素：地理位置和租金水平。为了获得系统的、均衡的样本区，2010 年起在以 2000 年人口普查为基础的样本中，首次将其中的样本区按照地理位置和租金水平进行排序，而后运用其住房成本按照概率与规模成比例抽样。这种方法保证了每个地区的样本中包含各种不同地理位置和不同租金水平的样本区。

不同的抽样方式，将对自有住房的等价租金价格指数产生很大的影响：

第一，等价租金价格指数均是依赖租用寓所的租金价格计算的，不同的抽样方法，将影响租金价格样本的选择。

第二，影响权重的计算。其中包括样本区在 PSU 中的权重，以及样本区中自有住房和租住寓所的权重。

从美国编制等价租金价格指数的经验得出，租金等价法的难点和重点是对住房样本的抽样方法，因此，在租金等价法的讨论中，必须讨论房屋的抽样以及样本中的自有住房权重的计算。

5.3.4 住户调查的样本更新

全美范围内共有10 000个样本区，每个样本区中大约采集5套样本房屋的租赁价格，住房调查的目标样本个数为50 000个。具体的住房样本包含多种住房类型，其中包含单间公寓、独立式住宅、多户住宅、安装电梯的房屋、活动房屋等等。

从1999年开始采用的住房调查中包含24 000个住房样本，由于样本个数的短缺，在2000—2001年住房调查中将样本容量增至36 000个，但是仍然远远小于样本的目标个数(50 000个)。样本个数大量短缺的原因是：随着时间的推移，普查期的部分租赁房屋样本转为自有住房或者用于非住户租赁的其他商用，不再符合采价样本的特征。

从1998年修订的住房调查方案起，均采用计算机辅助数据收集系统(Computer-Assisted Data Collection, CADC)自动完成对住房样本的采集。

对于样本个数短缺的问题，可以采用样本替换和增加样本的方式来解决。样本替换是采用新的住房样本替换老的住房样本，从最近的抽样范围中选择新的住房样本替换老旧的样本；增加样本是在原有的样本中加入新的样本，这些新的样本可能来自于原来的样本范围也可能来自于新的样本框架。如果采用了新的样本框架增加样本时，需要确保新老样本权重方面的一致性。

2010年，美国CPI开始对出租房屋进行连续的样本轮换与更新①。有关改变住房调查样本具体分为三个步骤：第一，为期两年的样本扩张，采用2000年人口普查数据对1999年的住房样本进行扩张，增加16000套住房样本，且扩张的样本与废弃样本在地理位置上相临近。在增大样本的规模后，从2010年7月开始利用这些扩张后的样本数据编制CPI中的租金价格指数和等价租金价格指数。第二，样本替换，于2012年11月开始替换1999年所用的租房样本，并利用替换后的样本数据编制CPI，直到2016年CPI完全采用2000年的人口普查数据计算住房服务方面的价格指数。最后，从2016年开始到2022年，逐渐从2000年人口普查样本过渡到2010年人口普查样本数据，形成连续更新样本的固定程序。每年采用美国人口普查数据对1/6的出租房样本进行更新，更好地反映新建住宅和居民居住情况的变动，减少了房屋样本磨损带来的误差。

① U.S. Bureau of Labor Statistics. Updating the rent sample for the CPI housing survey[J]. Monthly Labor Review, 2013(8): 1.

5.3.5 样本采价——面板数据的采价频率

由于住房服务不同于一般商品，租金价格具有黏性、变动不频繁的特性。对应CPI中普通商品项目每月一次的采价频率①，无须对同一住房样本每月连续采价，继而降低采集价格的频率，每六个月采集一次租金价格。但为了提高采价的效率、增加采价的样本个数，CPI对所有的PSU按照概率抽样的方式形成6组面板，每个面板中都包含各个地理层级的样本区样本，因此每个面板中的样本都可以全面地代表该地区的住房总体，为计算地区的租金价格指数和等价租金价格指数提供了充分的价格信息。每个月对其中的一个面板采集租金价格。

6个面板按照顺序排列采价。例如，面板样本1在一月和七月进行采价，面板样本2在二月和八月进行采价，以此类推，每个样本面板时隔半年采价一次。利用同一面板当期与上期价格可计算样本住房的半年期租金价格比率，并基于这些租金比率的加权平均分别计算半年期租金价格指数和自有住房价格指数。

5.3.6 住房服务的租金

BLS采用住房调查中的租住寓所样本中的市场租金，分别代表租赁房租和自有住房的虚拟房租。对其进行相应的调整，用于计算CPI的两种住房服务的价格变动水平，即房屋租金价格指数和自有住房服务的等价租金价格指数。本小节主要讨论如何调整市场租金，得到用以反映自有住房服务价格的虚拟租金。

1. 标准月度租金

样本租金标准化。采集的市场租金价格不能直接使用，因为在一般的市场租金中常包含有政府的补贴，且对应的租赁时长有异，可能是年度、季度或月度租金。为了计算月度的消费者价格指数中的住房服务的价格变动，需要对其进行调整，加入政府补贴与租户提供的服务价格的部分，并将年度或者季度的租金转化为月度租金。BLS将转化后的租金称为标准租金(Normalized Rents)：

$$\text{标准租金}=(\text{契约租金}+\text{政府给予房东的补贴}+\text{租户提供的服务价格})\times\text{月度调节因子} \tag{5.1}$$

在计算上述两种价格指数时，不能直接使用式(5.1)中的标准租金。因为，对于租金价格指数而言，要保证两个比较时期的样本住房同质可比；而对于自有住房服务的等价租金价格指数，自有住房虚拟租金与租住公寓租金之间有着显

① 对5个最大的城市地区(包含8个PSUs)，所有商品的价格是每月收集，而在其他地区，除了食品、燃料和其他一些商品，其余的都是两个月收集一次。

著的差异：自有住房的虚拟租金中不包含住户（自有住房的房东）为其自身提供的家用设施成本。因此需要对标准租金做相应的调整以表示不同的住房服务价格，具体的调整目的有两个：

第一，划分不同住房服务的价格范围。即去除标准租金中的家用设施成本，获取自有住房的虚拟租金；

第二，质量调整。对役龄、建筑结构、周边公共设施以及租住寓所房东所提供的家用设施等住房特征进行调整，保证报告期和基期的样本住房同质可比。

2.经济租金

经济租金（Economic Rents）是针对租住用户而言的。其计价范围内通常包括房产所占土地和占用寓所的使用费，在供暖、管道与照明等方面固定装置与设备的使用费，以及出租寓所配有的家具的使用费[①]。

如果房东提供了家用设施，并且这些家用设施的成本已包含在契约租金、标准租金和经济租金中，当房东提供的配套设施质量发生变化时，需要对标准租金进行适当的质量调整，使得当前租金与基期租金对应的住房样本质量保持一致。这些调整项包括家用设施质量变动、周边公共设施变动、建筑结构变动，这些质量变化调整项可正可负。由于上述的各项特征是通过特征回归方程自动调整的，调整过程不可避免出现误差，因此需要专业商品分析员对结果进一步地修正：

$$t\text{ 期经济租金}=t\text{ 期标准租金}\pm\text{家用设施调整}\pm\text{公共设施调整}\pm\text{建筑结构调整}\pm\text{专业人员调整} \tag{5.2}$$

为了计算价格指数，需要计算 $t-6$ 期的经济租金，因此除了以上的质量调整外，还需要在 $t-6$ 期的经济租金中考虑房屋样本的老化问题：

$$\text{调整后的 }t-6\text{ 期经济租金}=\text{未调整的 }t-6\text{ 期经济租金}-\text{使用年限调整}\pm\text{分析人员质量调整} \tag{5.3}$$

3.纯租金

纯租金（Pure Rents）是针对自有住房而言的。BLS采用纯租金计算自有住房服务的等价租金价格指数。纯租金同经济租金一样，也是通过对标准租金进行质量调整而得到的租金价格。但与经济租金不同的是，自有住房的纯租金中不包括除住房本身以外的其他家用设施。因为自有住房中的家用设施已经计入CPI中其他相应的消费项目，如自有房主的家电支出计入“家用设备”项目下，所以应在标准租金中去除家用设备成本，得到代表自有住房的虚拟租金的纯租金。

① 《按目的划分的个人消费分类（CPICOP）》。

因此，t 期和 $t-6$ 期的纯租金的计算公式如下：

$$t\text{ 期纯租金}=t\text{ 期标准租金}-\text{家用设施成本}\pm\text{公共设施调整}\pm\text{建筑结构调整}\pm\text{专业人员质量调整} \quad (5.4)$$

$$\text{调整后 }t-6\text{ 期纯租金}=\text{当前 }t-6\text{ 期纯租金}-\text{使用年限调整}\pm\text{专业人员质量调整} \quad (5.5)$$

对于经济租金和纯租金的实际计算工作，自 1999 年 1 月起 BLS 采用住房检查修正程序(The Housing Review and Correction Preprocessor)对住房样本的租赁价格进行调整，分别得出用于计算租金价格指数的经济租金和等价租金价格指数的纯租金。

5.3.7 PSU 中样本区的权重

样本区采用概率与规模成比例抽样(PPS)。但对于住房规模尺度(Size)有过不同的界定。在 1987 年的抽样方法中，样本区的规模尺度为房屋数量，即样本区的房屋数量越多，被抽取的概率就越大。但由于房屋数量的多少并不能完全代表住房服务的支出大小，比如一些地区的住房数量多但房租费用便宜，房屋服务总支出可能少于住房数量少但质量高档的样本区。而租金价格指数和等价租金价格指数侧重于租金水平，即租金支出水平越高的样本区应有更高的抽选概率，因此在 1998 年对此进行了修订，样本区的规模尺度定义为该样本区内住房租金的总支出。利用这种方法对样本区加权，可降低抽样为住房价格指数计算带来的方差。因此，在计算样本区权重前，必须先计算各样本区的住房总支出。

1. 样本区住房总支出 TC_s

对于采用何种支出作为该样本区的住房总支出是一个棘手的问题。Eugene F. Brown(1995)指出直接采用样本区的租金价值计算该区住房支出权重十分不妥的。如果一个样本区中自有住房率十分高而房屋租赁比率小，则租赁价值不能完全反映一个样本区的住房服务的总价值，因此除了计算租金市场的房租价值以外，还需要对自有住房的服务价值进行估算。具体可采用特征回归的方法计算自有住房的虚拟租金 IR_s。因此样本区的住房总成本 TC_s 等于租赁房屋的成本 RC_s 与自有住房成本 OC_s 之和：

$$TC_s=RC_s+OC_s=R_s\cdot RR_s+O_s\cdot IR_s \quad (5.6)$$

其中，租赁成本 RC_s 为样本区的租赁房屋的个数 R_s 与平均租金 RR_s 之积，而自有住房成本为自有住房个数 O_s 乘以自有住房的虚拟租金 IR_s，样本区的租赁房屋的个数 R_s、平均租金 RR_s 以及自有住房个数 O_s 的数据均从人口普查资料中获得，而自有住房的虚拟租金 IR_s 需要进行估算。

2. 虚拟租金 IR_s 的估计

对虚拟租金 IR_s 估计的方法与住房调查中的样本区的抽样方式相对应。对于自有住房虚拟租金的特征回归，BLS先后采用过两种回归模型：指数函数模型和线性模型。

采用1990年的人口普查资料，Eugene F. Brown(1995)分别建立非线性模型中的指数函数模型 $y=\beta_0\cdot[1-\exp(-\beta_1\cdot x)]$ 和平方根模型 $y=b_0\cdot\sqrt{x}$，对各个采价地区进行回归，并对回归结果进行了比较，得出指数函数模型在估计自有住房虚拟租金时优于平方根模型。因此，BLS选择指数函数模型 $y=\beta_0\cdot[1-\exp(-\beta_1\cdot x)]$，并采用1990年的人口普查数据，估算自有住房的虚拟房租，其中 y 是住房的平均租金，x 为调查区内自有住房的平均价值。

由于住房调查中样本逐渐从1990年人口普查资料转变为2000年人口普查资料，样本区的抽样方式发生转变，在2000年人口普查数据中，首次按照地理位置(州、郡县、普查区)和租金水平，将样本区进行排序。并采用概率比例规模抽样的方式选择样本区。因此，对应自有住房虚拟租金的回归方法也发生了转变。

在2000年的人口普查中每个样本区包含一个或者多个人口普查区(Block Groups，简称BGs)，而2000年人口普查可以精确地提供每个普查区的租户个数 R_{BG} 和自有住房户数 O_{BG}、房屋租金的平均价格 RR_{BG}。因此，BLS利用上述变量建立新的回归模型对消费支出调查(Consumer Expenditure Survey，简称CE)数据进行回归，估算普查区域中自有住房的平均虚拟租金 IR_{BG}：

$$IR_{BG}=b_0+b_1\cdot A_{BG}+b_2\cdot(A_{BG})^2+b_3\cdot B_{BG}+b_4\cdot C_{BG} \tag{5.7}$$

其中 A_{BG} 是单位普查区中的平均房价，B_{BG} 是住户的平均收入，C_{BG} 是住房中房间的平均个数。而系数 b_0、b_1、b_2、b_3、b_4 随着抽样区不同而发生变动。因此每个样本区的住房服务的总成本为：

$$TC_s=\sum_{BG\in s}TC_{BG}=\sum_{BG\in s}(R_{BG}\cdot RR_{BG}+O_{BG}\cdot IR_{BG}) \tag{5.8}$$

3. 样本区的权重 W_s

每个样本区的权重 W_s 根据总住房支出 TC_s 确定，而同一样本区中的每个住房样本 i 的权重 $W_{s,i}$ 均相等。具体权重的计算公式为该样本区被选中概率的倒数：

$$W_s=\frac{1}{p_s} \tag{5.9}$$

之所以如此设定，是为了给选中概率高的地区一个较低的权重。高租金水平的样本区的租金总支出水平较高，被选中的概率就相对变大，但是高租金的地区毕竟属于比较极端的样本，所以赋予较低的权重。

同时，由于抽样方式的不同，其样本区的选中概率的计算公式不同，继而具体的权重也经历了如下变动：

(1)1999 年所采用的 1990 年人口普查资料中，每个样本区在其地理层级中的抽样概率为该样本区的住房成本占该层级总成本的比率：

$$p_s = \frac{TC_s}{\sum_{s \in S} TC_s} \tag{5.10}$$

其中，S 为样本区 s 所在的层级，$\sum_{s \in PSU} TC_s$ 为 PSU 中第 S 层级内所有样本区的住房总成本。令该样本区 s 在层级 S 中的权重 W_s 等于该样本区被选中概率的倒数，将式(5.9)代入式(5.10)得：

$$W_s = \frac{1}{p_s} = \frac{\sum_{s \in S} TC_s}{TC_s} \tag{5.11}$$

(2)2010 年使用 2000 年人口普查资料，由于不再对每个地区进行地理分层，而是直接通过对样本区排序进而系统性抽样，所以在地区 A 中抽取样本区 s 的概率为

$$p_s = \frac{TC_s \cdot n_{\text{Pricing Area}}}{\sum_{s \in \text{PSU}} TC_s} \tag{5.12}$$

其中，$n_{\text{Pricing Area}}$是在地区 A 中抽取样本区的个数，而 $\sum_{s \in \text{PSU}} TC_s$ 为地区 A 中所有样本区的住房总成本，则样本区 s 在地区 A 的权重为

$$W_s = \frac{1}{p_s} = \frac{\sum_{s \in \text{PSU}} TC_s}{TC_s \cdot n_{\text{Pricing Area}}} \tag{5.13}$$

5.3.8 自有住房价格指数的计算

美国 CPI 中租金价格指数和等价租金价格指数采用同一面板数据编制而成，两类价格指数的计算既有相同之处又有不同之处。本书将同时讨论两类价格指数的计算方法，以便于更好地理解和突出自有住房的等价租金法。

计算一个地区 A 的租金价格指数和自有住房服务的价格指数，需要每套样本住房的权重和租金价格。BLS 对地区 A 中的 S 层级的第 i 个面板($i=1,2,\cdots,6$)采集价格 $R_{S,i,t}$以及其他特征信息，每个面板每隔六个月采价一次，因此样本区中每个面板每年采两次价 $R_{S,i,t}$和 $R_{S,i,t-6}$。面板数据中每套住房当前租金与六个月前的租金价格之比 $R_{S,i,t}/R_{S,i,t-6}$ 为该样本半年期的价格指数，两类住

房价格指数均是租金比率的加权平均。

对于住房样本的(虚拟)租金价格，出租房屋的租金价格指数需要采用经济租金数据，计算同一面板中住房样本当前和六个月前的经济租金，即 $ER_{S,i,t}$ 和 $ER_{S,i,t-6}$；而自有住房的等价租金价格指数，需要计算同一面板样本中 t 期和 $t-6$ 期的纯租金价格，即 $PR_{S,i,t}$ 和 $PR_{S,i,t-6}$，计算自有住房的等价租金价格指数。

除了租金价格，计算两类价格指数还需要住房样本的权重。美国曾经采用两种方式计算住房样本的权重。如前文所述，不同的权重定义与住房样本尤其是样本区的抽样方式有关，因此这两种权重方式分别是1999年分层抽样下的权重设置和2010年排序抽样下的权重设置。

1.1999年修订中的样本权重及住房价格指数

首先样本区有两类权重：租赁房屋的权重 RW_s 和自有住房的权重 OW_s，而同一样本区中的每套住房均有同样权重，即 $RW_{i,s}=RW_s$ 和 $OW_{i,s}=OW_s$。而样本区的租金成本和自有住房服务成本是计算样本区住房价格指数中租金权重和自有住房权重的基础。

为了得到样本区 s 中租赁房屋的权重 RW_s，需要对样本区在地区 A 中的权重 W_s 进行调整，具体通过该样本区的租金成本比率 RA_s 和该样本区中住房用于出租的概率 RP_s 对样本区权重 W_s 进行调整。

样本区的租金成本比率 RA_s 等于租户成本 RC_s 与住房总成本 TC_s 之比为：

$$RA_s=\frac{RC_s}{TC_s} \tag{5.14}$$

另外，住宅被抽中的概率为

$$RP_s=\frac{SU_s}{HU_s} \tag{5.15}$$

其中 SU_s 为样本区中的被抽样的房屋个数，HU_s 为样本区中住房的总个数，则样本区中租赁房屋的权重 RW_s 为：

$$RW_s=W_s\cdot\frac{RA_s}{RP_s}=W_s\cdot\frac{RC_s}{TC_s}\cdot\frac{HU_s}{SU_s} \tag{5.16}$$

同理，为了得到样本区中自有住房总数的权重 OW_s，也需要对样本区在地区 A 中的权重 W_s 进行调整，具体选择样本区中自有住房成本比率 OA_s 和抽中房屋的概率 RP_s 对其进行调整。之所以在自有住房中依然采用出租房的抽中概率 RP_s，是因为在抽样中并未包含自有住房。

其中自有住房成本的比例 OA_s 是自有住房成本与总成本的比率，即 $OA_s=\frac{OC_s}{TC_s}$，被抽中的房屋概率为 $RP_s=\frac{SU_s}{HU_s}$。因此，样本区中自有住房的权重 OW_s

等于样本区 s 在地区 A 中的权重 W_s 乘以自有住房成本的比例 OA_s，并除以被抽中的房屋概率 RP_s：

$$OW_s = W_s \cdot \frac{OA_s}{RP_s} = W_s \cdot \frac{OC_s}{TC_s} \cdot \frac{HU_s}{SU_s} \tag{5.17}$$

在 t 月，统计机构计算各地的租金和等价租金的半年期价格变动比率，即地区 A 的租金价格指数和自有住房服务的等价租金价格指数分别为：

$$\mathrm{Rel}_{t-6,t}^{\mathrm{RENT}} = \frac{\sum_{S\in A}(\sum_{i\in S} RW_s \cdot ER_{S,i,t})}{\sum_{S\in A}(\sum_{i\in S} RW_s \cdot ER_{S,i,t-6})} \tag{5.18}$$

$$\mathrm{Rel}_{t-6,t}^{\mathrm{OER}} = \frac{\sum_{S\in A}(\sum_{i\in S} OW_s \cdot PR_{S,i,t})}{\sum_{S\in A}(\sum_{i\in S} OW_s \cdot PR_{S,i,t-6})} \tag{5.19}$$

其中，RW_S 和 OW_S 分别是式(5.16)和式(5.17)定义的样本区的出租房和自有住房户数在 A 地区中所占的权重，而 $ER_{S,i,t}$ 和 $ER_{S,i,t-6}$ 是式(5.2)与式(5.3)计算的 A 地区中层级 S 内第 i 套住宅在 t 和 $t-6$ 时期的经济租金价格，$PR_{S,i,t}$ 和 $PR_{S,i,t-6}$ 是式(5.4)与式(5.5)中 A 地区中层级 S 内第 i 套住宅在 t 和 $t-6$ 时期的纯租金价格，可通过对以上的价格指数开六次方根得到 CPI 中月度的租金价格指数和自有住房价格指数：

$$\mathrm{Rel}_{A,t-1,t}^{\mathrm{RENT}} = \sqrt[6]{\mathrm{Rel}_{A,t-6,t}^{\mathrm{RENT}}} \tag{5.20}$$

$$\mathrm{Rel}_{A,t-1,t}^{\mathrm{OER}} = \sqrt[6]{\mathrm{Rel}_{A,t-6,t}^{\mathrm{OER}}} \tag{5.21}$$

2.2010 年修订后的样本权重及住房价格指数

租金价格指数中样本租赁房的权重。样本区的租金权重 RW_s 等于样本区权重 W_s 与样本区中出租房屋个数 R_s 的乘积：

$$RW_s = W_s \cdot R_s \tag{5.22}$$

对应样本区中每套住房的权重为

$$RW_{s,i} = \frac{RW_s}{n_s} = \frac{W_s \cdot R_s}{n_s} \tag{5.23}$$

其中，n_s 为样本区中抽样的房屋套数。

等价租金价格指数中自有住房的权重。为了得到样本区的自有住房权重 OW_s，需要先计算样本区权重 W_s 与样本区中自有住房个数 O_s 的乘积，而后采用虚拟租金与平均租金的比率进行调整，即

$$OW_s = W_s \cdot O_s \cdot \frac{IR_s}{RR_s} \tag{5.24}$$

对应样本区中每套住房 i 的权重为

$$OW_{s,i}=\frac{OW_s}{n_s}=\frac{W_s\cdot O_s}{n_s}\cdot\frac{IR_s}{RR_s} \tag{5.25}$$

其中，n_s 为样本区中抽样的房屋套数。即地区 A 半年期的租金价格指数和自有住房等价租金价格指数分别为：

$$\mathrm{Rel}_{A,t-6,t}^{\mathrm{RENT}}=\frac{\sum_{s\in A}RW_{s,i}\cdot ER_{s,i,t}}{\sum_{s\in A}RW_{s,i}\cdot ER_{s,i,t-6}} \tag{5.26}$$

$$\mathrm{Rel}_{A,t-6,t}^{\mathrm{OER}}=\frac{\sum_{s\in A}OW_{s,i}\cdot PR_{s,i,t}}{\sum_{s\in A}OW_{s,i}\cdot PR_{s,i,t-6}} \tag{5.27}$$

对应的月度租金价格指数和月度自有住房价格指数分别为：

$$\mathrm{Rel}_{A,t-1,t}^{\mathrm{RENT}}=\sqrt[6]{\mathrm{Rel}_{A,t-6,t}^{\mathrm{RENT}}} \tag{5.28}$$

$$\mathrm{Rel}_{A,t-1,t}^{\mathrm{OER}}=\sqrt[6]{\mathrm{Rel}_{A,t-6,t}^{\mathrm{OER}}} \tag{5.29}$$

从以上指数的编制过程中可知，出租房屋的租金价格指数和自住房的等价租金指数，二者虽然采用一致的基本数据——同一面板的租金价格，但是两个价格指数却不相同。主要有两个原因：第一，指数使用的租金样本代表不同的总体，比如有些样本更多的代表自有住房，也有的样本主要代表用于租赁的房屋。实际上一些受到控制的租金样本是不能作为自有住房的虚拟租金的。其次，两类指数中对租金中是否应包含房屋设施做了不同的设定。自有住房的租金中应完全排除家具、电器等设施的使用费用；用于租赁房屋的租金价格中可以包含这些家具设施的费用，但是当样本中的家用设施发生变动时，应对其做适当的调整，而保持对纯价格变动水平的反映。

5.4　英国模式的CPIH

目前英国的 CPI 即是欧盟的 HICP，其中尚未包含自有住房成本。尽管欧盟已经开始着手计划在 HICP 中采用净获取法纳入自有住房成本，但是直到 2015 年才可以正式实施。为了更好地衡量通货膨胀，英国统计局从 2013 年 2 月开始采用租金等价法自行将自有住房纳入 CPI 中，并于 2013 年 3 月首次发布包含自有住房的 CPI，作为标题 CPI 的补充，记为 CPIH。之所以采用租金等价法，是因为租金等价法基于使用法框架，与英国 CPI 的编制目的更贴近。而且该方法是在欧盟其他国家 CPI 中计入自有住房时最常使用的方法，同时与英国国民生产与收入账户中住房服务核算的虚拟租金的概念一致。

英国计划在 CPI 中计入自有住房时，曾经考虑两种方法：净获取法和租金等价法，但是净获取法中包含房屋价格（含土地价格），而且会受到资本损益的影响，消费者价格咨询委员会（CPAC）认为核算消费的货物和服务的价格指数中包含土地价格是不合时宜的，因此决定采用租金等价法计入自有住房部分。租金等价法和净获取法计算的自有住房部分在消费支出中的权重不同，在英国租金等价法下自有住房的权重比净获取法下的权重更大。租金等价法的权重来自于虚拟租金的推算，而净获取法的权重是基于固定资本形成账户的。对于租金价格如何影响自有住房使用成本这个问题，房东收取的租金包含房屋本身的使用费用以及维修房屋的成本。采用这些成本近似估算自有住房的用户成本，将自有住房视为住户为自己提供的租赁房屋服务。

5.5 租金等价法存在的问题

理论上，租赁市场和住宅市场的价格变动应是基本一致的，但是实际情况中并非如此。Guenason(2005)通过对比 2000 年到 2005 年冰岛租赁市场价格、用户成本法的虚拟租金以及住房市场的价格，发现在实际经济中租赁市场的价格变动与住房市场的价格变动大相径庭。究其原因，因为在租赁市场中的一些成本在自有住房中是不存在的，因此不包含在自有住房的用户成本中（Diewert，2003a）。

Poole et al. (2005)指出 BLS 的指数方法手册的租金等价法中包含着一个较弱的假定。不是假定自住房主的等价租金成本等于可比房产的市场租金，而是假定 CPI 中住房服务的价格指数中自有住房的住房成本的变动水平等于市场租金的变动水平。但自有住房的虚拟租金和市场租金之间的差异，使得租金等价法在理论上引起了争议。BLS 对自有住房的处理方法也遭到了批评。因为租赁市场的房屋质量大都比自有住房的质量差，而且租赁市场价格的变动受租赁市场需求的变动影响，不受获取自有住房的成本的直接影响。另外，不同质量的住房的租金变动水平可能是不相同的。尽管如此，BLS 以及大量统计机构的研究得到：除了地理位置，很难找到其他令人信服的因素会直接影响租金价格的变动水平，就连房屋最初的租赁价格也不能反映租金变动水平。换句话说，如果控制了房屋所在的地理位置，大量不同质量的房屋的租赁价格尚未展现出不同的租金通货膨胀率。另外，Verbrugge(2008)和 Garner and Verbrugge(2009)均指出在 BLS 的住房样本中不同房屋类型的租金变动水平是基本一致的。

第6章 自有住房的质量调整

CPI 衡量住户为消费固定一篮子商品和服务所支付的价格的变动水平，如果商品或者服务的特征发生了变动，需要对其带来的质量变动进行质量调整，以保证不同时期的商品和服务同质可比。自有住房在 CPI 中占的比重较大，所以自有住房的任何质量偏差都会影响整体 CPI 的精准性，编制自有住房的初级价格指数需要对其进行质量调整。本章首先根据自有住房的独特性，探讨 CPI 中自有住房质量调整的重要性；其次对传统的质量调整方法进行归纳和分析，重点研究自有住房可使用的隐性和显性的质量调整方法以及调整后可能存在的偏差问题；再次对自有住房的特征质量调整法的应用进行研究，结合不同的特征方法，探讨自有住房特征价格指数的编制问题；最后，结合美国劳工统计局对自有住房质量调整的实践经验，讨论在实际中对自有住房质量调整时需要注意的问题。

6.1 自有住房质量调整的重要性

由于自有住房在 CPI 中占有较大的比重，以及自有住房特征的异质性，使得对自有住房进行质量调整成为 CPI 编制中一项十分重要的工作。

自有住房在 CPI 中权重较大，未进行质量调整的分类指数将给总体 CPI 带来大的偏误。大多数质量调整的研究都集中在产品(型号)更新较快的商品上，如电子产品、汽车等，以 IT 产品居多。然而，对于一国 CPI 而言，有关自有住房消费支出的比重远远大于消费者在 IT 产品上的支出。以美国为例，BLS 发布的 2011—2012 年 CPI-U 的权重中[①]，住户花费在自有住房上的消费的比重为 23.9%，而用在 IT 产品的支出仅占总支出的 1.169%。尽管 IT 产品中出现需

① 资料来源：BLS 官方网站，http://www.bls.gov/cpi/.

要质量调整的问题比自有住房中的要多，但是从上述支出权重的比较来看，自有住房的权重远远超过 IT 产品，使得自有住房中较小的质量偏差将带来较大的 CPI 偏误，因此对自有住房的质量调整变得十分重要。

自有住房服务的异质性特征。自有住房提供的服务与一般的商品和服务最大的不同之处在于，自有住房所提供的服务是极具异质性的。一方面，它不仅与自有住房的物理特征相关，而且与住宅所在的地理位置相关。另一方面，住宅的使用年限所带来的折旧以及住户对住宅的修缮对自有住房提供的服务均有影响。这些因素使得衡量自有住房的用户成本（估算租金）的纯价格变动比一般商品更复杂，提升对自有住房质量调整的必要性。

在 CPI 中，引起价格指数中样本不匹配，需要质量调整的问题有两大类：一种是产品在原来质量上有部分改变，另一种是新产品的出现。Triplett(2001)将这两种问题分别称之为“内部样本问题”和“外部样本问题”，并对应不同的问题给出了不同的质量调整方法。其中内部样本问题多集中在对已选样本进行质量调整的方法选择以及改进上；而外部样本问题对应的主体是尚未列入的产品，当旧的产品失去代表性，却又不及时引入新产品样本，会带来外部样本质量变化带来的误差，针对新产品或者改进性能的产品进行质量调整的问题是质量调整的另一个方面，这种问题多出现在更新换代较快的电子产品中，而对于自有住房而言，内部样本调整更为重要①。

在关于自有住房质量调整的研究中，还有一个特别需要关注的问题：在租金等价法下自有住房的质量调整。当一个国家有充足的住宅租赁市场，租金价格由供需关系决定，且不受政府大量的价格管制，不受税收系统的影响时，可在 CPI 中采用租金等价法，即采用住宅的市场租金虚拟自有住房的使用成本。一般在租金等价法中，自有住房的等价租金价格指数和租住房的租金价格指数采用的数据，均来源于样本住宅的市场租金价格。如果自有住房与租住房的类型有显著区别时，选择提供租金价格的样本住宅时必须严格考察样本特征，保持与其代表的自有住房同质可比。如德国的租金等价法中，自有住房和租住房在结构类型上有着显著的差异：租住房大都以公寓房为主，而自有住房以独栋住宅和联排别墅为主。考虑到不同住宅类型的价格变动趋势的差异性，有必要对其租住房的租金进行质量调整，达到如实反映自有住房服务的纯价格变动的目的。

---

① Triplett J. Handbook on hedonic indexs and quality adjustments in price indexs, 2004:17.

6.2 传统的质量调整方法

在CPI的编制中对质量调整方法的研究是十分必要的。ILO et al.(2004)认为,研究CPI中质量调整的主要理由有三个:一是各种新的质量调整方法不断出现;二是统计部门在处理质量变化时所选用的方法缺乏统一性,对不同产品领域和不同国家之间的CPI的比较,长期与短期的CPI比较可能存在误导性;三是很多实证研究对使用不同质量调整方法的效果进行了研究,结果发现对方法的选择确实很重要(Dulberger,1989;Armknecht and Weyback,1989;Moulton and Moses,1997;Lowe,1996)。因此在探讨自有住房价格指数的质量调整问题前,必须对质量调整方法进行研究。

有关质量调整的方法可分为两大类:一类是隐性(或间接)质量调整方法,具体包括重叠连接法、可比替换法、保持价格不变的连接法、删除法和结转法。另一类是显性(或直接)质量调整法,包括专家评判法、数量调整法、生产成本差别法和特征质量调整法等。这些方法均适用于CPI的质量调整。Turvey(1989)、Armknecht(1997)、Moulton(1999)以及Triplett(2004)的著作对此进行介绍。

6.2.1 模型的一般形式

在介绍质量调整的具体方法之前,首先介绍质量调整的一般形式,Triplett(2004)利用一般形式的模型将各种隐性质量调整方法进行了综合的分析与比较。

为了分解出价格指数中产品的质量变化,在一般的CPI公式中分解出质量变化项。将CPI表示为样本价格比率的加权平均形式:

$$I^{t+1,t} = \sum_i W_{t,i} R_{t+1,t,i} \tag{6.1}$$

其中,$I^{t+1,t}$是从t期到$t+1$期的价格指数,$W_{t,i}$是样本项目i在总支出中所占的权重,$R_{t+1,t,i}$是样本项目i的价格比率,可表示为:

$$R_{t+1,t,i} = p_{t+1,i} / p_{t,i} \tag{6.2}$$

若有样本发生质量变动,将发生质量变动的样本进行替换,则(6.1)变形为:

$$I^{t+1,t} = \sum_{\substack{\text{无变动商} \\ \text{品项目}}} W_{t,i} \frac{p_{t+1,i}}{p_{t,i}} + \sum_{\substack{\text{替换商} \\ \text{品项目}}} W_{t,i} R_{t+1,t,i} \tag{6.3}$$

假定统计机构编制一种商品的价格指数(如自有住房服务的价格指数)。统计人员选取自有住房的样本，计为模型 M，样本容量为 m，即含有 m 套自有住房，记录其各期的价格。假定在前 t 期 m 套自有住房的价格均存在，在 $t+1$ 期第 m 套自有住房价格缺失，而另外 $m-1$ 套自有住房的价格存在，也就是说这 $m-1$ 个样本是同质可比的，而在 $t+1$ 期没有与第 m 套自有住房匹配的价格。因此选择在 t 期和 $t+1$ 期均有价格的模型 N，其中前 $m-1$ 个样本与模型 M 保持一致，最后一项规格品选自有住房 n，模型 M 和模型 N 的样本集为：

$$P(M)=[p_1, p_2, \cdots, p_{m-1}, p_m] \tag{6.4}$$

$$P(N)=[p_1, p_2, \cdots, p_{m-1}, p_n] \tag{6.5}$$

设 $P(M)_t$ 为 m 种自有住房在时期 t 的样本价格，$P(N)_{t+1}$ 为模型 N 在 $t+1$ 期的样本价格：

$$P(M)_t=[p_{1t}, p_{2t}, \cdots, p_{m-1,t}, p_{mt}] \tag{6.6}$$

$$P(N)_{t+1}=[p_{1,t+1}, p_{2,t+1}, \cdots, p_{m-1,t+1}, p_{n,t+1}] \tag{6.7}$$

式中包括 m 种自有住房的价格，但不存在自有住房 m 在 $t+1$ 期的价格，取而代之的是自有住房 n 在 $t+1$ 期的价格，这里自有住房 n 在 t 期的价格可能存在可能不存在。如果自有住房 n 在 t 期的价格存在，则模型 N 在 t 期的价格序列记为 $P(N)_t$，否则 $P(N)_t$ 便不存在。不同的情况下采用不同的方法，所谓的"质量调整"的讨论就是探讨如何正确编制从 $t-1$ 期到 $t+1$ 期的价格指数，以保证各期产品同质可比的"匹配方法"。

对于丢失价格的项目 i 的价格指数计为 $I_i^{t+1,t}$，如果替代项目 n 与丢失项目 m 同质可比，则 $I_i^{t+1,t}=p_{n,t+1}/p_{mt}$。但是如果二者之间质量存在差异时，则在计算价格指数前需要对其进行质量调整，质量调整项直接记为 A，调整后得到的价格指数估计值记为：

$$I^{t+1,t}=\mathrm{Est}(1+\Delta_{t+1,t})=\frac{p_{n,t+1}/p_{mt}}{A} \tag{6.8}$$

其中，$\Delta_{t+1,t}$ 代表该项目（第 m 套自有住房）的价格变动。

关于质量变化的产品项目 i 的真实的价格指数设为

$$(1+\Delta_{t+1,t}^{*})=\frac{p_{n,t+1}/p_{mt}}{A^{*}} \tag{6.9}$$

其中，$\Delta_{t+1,t}^{*}$ 和 A^{*} 分别为该商品的真实价格变化量和精准的质量调整项。其中 $A^{*}>0$，当 $A^{*}=1$ 时说明替代品与原规格品的质量保持一致，当 $A^{*}>1$ 时说明替代品的质量有所改善，当 $0<A^{*}<1$ 时说明替代品的质量发生恶化。

由于人为的质量调整可能出现误差，而质量调整法的偏误可以采用实际的价格指数与人为调整后的价格指数之差（或商）来表示：

$$\mathrm{Bias}=(1+\Delta_{t+1,t})-(1+\Delta_{t+1,t}^{*})=\frac{p_{n,t+1}/p_{mt}}{A}-\frac{p_{n,t+1}/p_{mt}}{A^{*}}$$

$$=\frac{(p_{n,t+1}/p_{mt})(A^*-A)}{AA^*} \tag{6.10}$$

（或 $Bias_{ratio}=(1+\Delta_{t+1,t})/(1+\Delta^*_{t+1,t})=\frac{A^*}{A}$）

当 $A^*>A$ 时，则 $Bias>0$（或 $Bias_{ratio}>1$），说明质量调整不足，价格指数上偏，即高估了通货膨胀。相反，当 $A^*<A$ 时，则 $Bias<0$（或 $Bias_{ratio}<1$），说明过度的质量调整使得价格指数下偏，低估了通货膨胀。

质量调整项 A 可以根据不同的质量调整方法选择不同的计算方法。而各种方法将在以下章节中进行介绍。

6.2.2　隐性质量调整方法

1.重叠连接法

重叠连接法（Overlapping Link）要求旧项目与替代项目的价格出现在同一时期。衡量在共同重叠时期 t 期旧项目价格与替代项目价格的比率，并记为 R_t。将其作为质量差异的一项指标，即 $A=R_t=p_{nt}/p_{mt}$：

$$I^{t+1,t}=\frac{p_{n,t+1}/p_{mt}}{A}=\frac{p_{n,t+1}/p_{mt}}{p_{nt}/p_{mt}}=\frac{p_{n,t+1}}{p_{nt}} \tag{6.11}$$

其中，A 代表新项目替代旧项目时质量发生的变化程度，如果 $A=1.1$ 代表 t 期 n 的质量比 m 高 10%，如果该替代项在样本总体中占 10%的权重，则未调整的价格指数比经过重叠法调整的价格指数高出 1%。

重叠法的经济理论依据是单一价格定律：当存在价格差异时，要么是与实际质量差异有关，要么是与促使消费者愿意为之额外支付一定费用的因素有关，如销售的时间、地点、便利性等条件。而经济理论中假定市场是由理性的生产者和消费者组成，因此上述的第二类价格差异将不会持续。所以重叠法将 t 期项目 n 和 m 的价格差异完全归于两者之间的质量差异，换句话说，两者之间的性价比相同，即单位价格下所购买到的产品质量是等同的。

然而，《2008 年国民账户体系》第十五章指出：由于信息不完全、价格歧视以及平行市场的存在的原因使得上述假设不成立。质量调整方法的有效性取决于其基本假设是否能满足。因此，现实中利用重叠法进行质量调整是存在偏差的：

$$Bias=A^*-A=A^*-\frac{p_{nt}}{p_{mt}} \tag{6.12}$$

通常条件下，商品 n 之所以替代了 m，是因为购买单位价值的商品 n 比商品 m 的质量更好，即 $A^*>1$。换句话说，新产品的性价比——质量与价格的比值更高。因此，重叠法下的 A 实际上小于真实的质量调整项 A^*，A 在质量调整公式中作分母，故重叠法下的质量调整略少于实际应有的质量调整，即在替代商品性价比提高的前提下，利用重叠法调整的价格指数出现了上偏，高估了商品的价格上涨幅度。

但重叠法也会出现向下的偏差。商品 n 替代 m 并不是因为 n 的质量优于 m，而是因为商品 m 的质量过优，生产 m 的成本高于生产价格，便出现"劣币驱逐良币"的现象。因此 $A^{*}<1$ 而 $A>1$ 时，则 $A^{*}<A$，不仅会出现过度的质量调整，且质量调整的方向也是相反的。此时，重叠法不仅没有进行正确的质量调整，而且低估了价格的通货膨胀。

总的来说，如果合理选择重叠时期，那么可以使用重叠法。可以为替代项目插入一个经质量调整后的价格，并继续使用替代项目的序列；也可以通过填补经质量调整后替代项目的价格，来继续旧项目的序列，这两种方法得到的结果是一样的。重叠法假定价格上的差异一定是来自于质量差异或者来自于消费者愿意为之额外支付费用的因素，方法的有效性只能取决于其基本假设是否能满足。

因此，在自有住房价格指数的计算中，如果出现了原有住房样本的缺失时，可以具体地依照重叠法选择合适的新的住宅样本将其替代，但是在选择新的住宅样本时除了考虑住房样本价格存在时期的重叠性，同时还要保证在重叠期 t 期替代住宅与原住宅样本之间的价格差异最好全部来源于质量差异。

重叠法存在一些潜在的问题和测量偏差，同时由于替代产品 n 在 t 期价格的数据缺失，很少有统计机构采用该法对价格指数进行调整。因此，重叠法在质量调整中的重要作用体现在为其他质量调整方法提供了基础的理论框架。

2. 可比替换法

可比替换法或直接可比法(Direct Comparison method)，选择与旧项目质量相同的替代项目，采用替代项目的价格来延续原序列的价格变动，其价格变动中没有受到任何质量变化的影响。即旧项目 x_{it} 在 t 期的价格为 p_{it}，但是旧项目缺少 $t+1$ 期的价格，选用与旧项目质量一致的新项目 x_j，并采用其 $t+1$ 期的价格 $\hat{p}_{jt+1}$ 替代旧项目 i 在 $t+1$ 期的价格。

假定产品 m 和替代产品 n 之间没有质量变动，即 $A_t=1$，采用与旧产品的质量相同的产品作为等价物，其价格为：

$$\mathrm{Est}p_{nt}=p_{mt} \tag{6.13}$$

产品 m 和替代产品 n 之间的市场价格比率为：

$$\mathrm{Est}R_t=\mathrm{Est}p_{nt}/p_{mt}=p_{mt}/p_{mt}=1 \tag{6.14}$$

估计的价格变动(Δ)为新旧产品价格之比：

$$\mathrm{Est}(1+\Delta_{t+1,t})=p_{n,t+1}/p_{mt} \tag{6.15}$$

当产品质量上升时 $A^*>1$，则 $A^*>A=1$，采用可比替换法会导致价格指数向上偏差；与之相反，当产品质量出现恶化时 $A^*<A$，此种调整方法会低估价格指数。

该方法常在质量发生微小变化时使用。可比替代法不但取决于价格采集人员的工作能力，同时还取决于描述项目时所用规格的充分性。持续忽视替代项目发生的这种小变化将导致指数向上偏差。因此，在采用可比替换法处理自有住房样本中的质量变化问题时，宜采用与旧住房样本的地理位置、邻里关系、建筑结构、使用年限等特征保持一致的质量无明显变动的样本住房。

3. 保持价格不变的连接法

保持价格不变的连接法(The link-to-show-no-price-change method)与可比替换法的做法恰恰相反。其假定旧产品与其替代产品的价格差异完全来自于二者之间的质量变化。定义质量调整项 A_2 和 m、n 之间的价格比率估计量 $\mathrm{Est}_2 R_t$ 均为：

$$A_2=\mathrm{Est}_2 R_t=p_{n,t+1}/p_{mt} \tag{6.16}$$

如此假设意味着：保持价格不变的连接法将 $t+1$ 期替代项目 n 与 t 期旧项目 m 之间的任何价格变化归因于质量变化[①]，而无价格变化($\Delta_{t+1,t}=0$)。其价格指数估计值为：

$$\mathrm{Est}(1+\Delta_{t+1,t})=1 \tag{6.17}$$

直接可比法两期新旧项目之间无质量上的差异，而它们之间的价格改变均属于通货膨胀，与此相反的是保持价格不变的连接法将二者之间的价格变化全部归属于质量上的不同，该商品的价格并无改变，价格指数为 1。

采用保持价格不变的连接法编制价格指数也可能引起偏差，但引起偏差的不再像可比替换法一样是由产品质量的提升或者下降来决定，而是取决于替代品价格的高低。当替代品的价格上升时会使价格指数产生向下的偏差($\Delta^*_{t+1,t}>0$)，替代品价格下降时会产生向上的偏差($\Delta^*_{t+1,t}<0$)。

曾经许多国家的价格指数使用该法进行质量调整，如加拿大的 CPI(Lowe, 1999)、美国的 PPI 等；20 世纪 90 年代晚期，澳大利亚和瑞典的 CPI 也使用这种方法进行质量调整(Dalén, 2002；Ribe, 2002)。该方法为指数中的价格带来一定程度的不稳定性。由于这种质量调整方法存在着偏误，欧洲联盟委员会(E)C 第 1749/96 号条例第 5 条要求成员国避免采用"连接法"。因此，在存在大量住房样本的前提下，不可使用保持不变的连接法对自有住房进行调整。

---

① 与此对应，重叠法是将 t 期替代项目 n 与 t 期旧项目 m 之间的任何价格变化归因于质量变化。

4. 删除法

删除法是在连接时期 t 内将旧项目 m 和替代项目 n 的价格均从价格指数中删除，采用其他项目的价格变化来估计退市项目(旧项目 m 和替代项目 n)的价格变化。对应其他质量调整方法中只删除其中之一的做法，删除法的重点在于新旧产品的价格均被去除。

Triplett(2004)将该方法命名为删除法或虚拟价格变化质量调整法(The deletion, or imputed price change-implicit quality method, IP-IQ)。之所以这种方法有两个名字是因为同属一种方法却有两种不同角度的解释方式。之所以叫作“删除法”，是因为该方法在直观上是将质量发生改变的规格品删除；而称之为“虚拟价格变化质量调整法”的原因是：第一，实际上并未真正地从指数编制的样本中剔除质量改变的规格品，而是采用样本中其他质量不变的规格品价格变动替代了该项目(因此称为虚拟价格变动，记为 IP)；第二，这里没有直接设定质量调整项 A，而是采用尚未发生质量变化的项目价格计算价格指数，因此称为隐性质量调整(IQ)。

根据选取的未发生质量变化的其他项目的范围不同，删除法具体分为总体均值虚拟法、目标均值虚拟法和组间均值虚拟法。

(1)总体均值虚拟法

总体均值虚拟法(Overall mean imputation)是在连接时期 t 内将旧项目 m 和替代项目 n 的价格均从价格指数中删除，而是仅用剩下的 $m-1$ 个在 $t+1$ 期同质可比的项目虚拟该项目的价格指数的方法。

总体均值虚拟法(删除法)中的虚拟价格水平$(1+\Delta_{t+1,t})$(以几何平均指数为例)为

$$\mathrm{Est}(1+\Delta_{t+1,t})=\prod_{j}(p_{j,t+1}/p_{j,t})^{w_j},j\neq m,n \tag{6.18}$$

可以间接求得隐性质量调整 A_3：

$$A_3=(p_{n,t+1}/p_{m,t})/Est(1+\Delta_{t+1,t})=(p_{n,t+1}/p_{m,t})/[\prod_{j}(p_{j,t+1}/p_{j,t})^{w_j}],j\neq m,n \tag{6.19}$$

删除法中的质量调整项不同于显性质量调整项是由简单的价格的比率组成的，删除法中的质量调整项 A_3 中除了价格外还需要权重 w_j。由于删除了质量变化的项目，因此不论采用何种初级指数公式，其他计入的规格品均需要重新赋权，即 w_j 需要进行改变。例如采用不加权的初级价格指数时，采用删除法后 w_j 从原来的$\frac{1}{m}$变为$\frac{1}{m-1}$。

删除法(IP-IQ)的偏差。如果产品质量改善了，删除法将错过有关这些质量

变化的产品的价格变化(无论是上升还是下降),因为删除法是要去除质量发生变化的产品的价格变动,这些价格的变动可能是质量变动所引起的,不是纯价格变化。如果纯价格上升,删除法将过度地进行了质量调整,从而低估了通货膨胀;如果纯价格下降了,相对地该方法错过了一些价格的下降,因为它对质量进行了过度的隐性调整,高估了通货膨胀。因此,该方法的偏差方向是被删除样本纯价格变化方向的函数,和质量变化的方向关系不大。

设有一个退市项目 m,令删除法的偏误为 Q,则有下列等式成立(以算术平均为例):

$$\frac{1}{m}\left(\frac{p^*_{m,t+1}}{p_{m,t}}+\sum_{i=1}^{m-1}\frac{p_{i,t+1}}{p_{i,t}}\right)=\frac{1}{m}\left(\frac{1}{m-1}\sum_{i=1}^{m-1}\frac{p_{i,t+1}}{p_{i,t}}+\sum_{i=1}^{m-1}\frac{p_{i,t+1}}{p_{i,t}}\right)+Q$$
$$=\frac{1}{m-1}\sum_{i=1}^{m-1}\frac{p_{i,t+1}}{p_{i,t}}+Q \tag{6.20}$$

其中,$\frac{p^*_{m,t+1}}{p_{m,t}}$为删除法下估计的退市项目的价格变动水平,即

$$\frac{p^*_{m,t+1}}{p_{m,t}}=\mathrm{Est}(1+\Delta_{t+1,t})=\frac{1}{m-1}\sum_{i=1}^{m-1}\frac{p_{i,t+1}}{p_{i,t}}$$

因此,删除法的偏误为:

$$Q=\frac{1}{m}\left(\frac{p^*_{m,t+1}}{p_{m,t}}+\sum_{i=1}^{m-1}\frac{p_{i,t+1}}{p_{i,t}}\right)-\frac{1}{m-1}\sum_{i=1}^{m-1}\frac{p_{i,t+1}}{p_{i,t}}$$
$$=\frac{1}{m}\left(\frac{p^*_{m,t+1}}{p_{m,t}}-\frac{1}{m-1}\sum_{i=1}^{m-1}\frac{p_{i,t+1}}{p_{i,t}}\right)=\frac{1}{m}(r_2-r_1) \tag{6.21}$$

其中,记 r_1 为继续可匹配的项目价格变化的平均数,r_2 为退市项目经过合理质量调整后的价格变化的算术平均值。如果推广至有 x 项退市项目时,则

$$\frac{1}{m}\left(\sum_{i=m-x+1}^{m}\frac{p^*_{i,t+1}}{p_{i,t}}+\sum_{i=1}^{m-x}\frac{p_{i,t+1}}{p_{i,t}}\right)=\frac{1}{m}\left(\frac{x}{m-x}\sum_{i=1}^{m-x}\frac{p_{i,t+1}}{p_{i,t}}+\sum_{i=1}^{m-x}\frac{p_{i,t+1}}{p_{i,t}}\right)+Q$$
$$=\frac{1}{m-x}\sum_{i=1}^{m-x}\frac{p_{i,t+1}}{p_{i,t}}+Q \tag{6.22}$$

由式(6.22)变形为:

$$Q=\frac{1}{m}\left(\sum_{i=m-x+1}^{m}\frac{p^*_{i,t+1}}{p_{i,t}}+\sum_{i=1}^{m-x}\frac{p_{i,t+1}}{p_{i,t}}\right)-\frac{1}{m-x}\sum_{i=1}^{m-x}\frac{p_{i,t+1}}{p_{i,t}}=\frac{x}{m}(r_2-r_1) \tag{6.23}$$

从式(6.23)可以得到删除法的偏差大小取决于两方面:退市项目所占的比例$\frac{x}{m}$、现有项目价格变化均值与质量调整后替代项目价格变化均值之差(r_2-r_1)。偏差的方向不取决于质量是改进($A^*>1$)还是恶化($A^*<1$),而是由(r_2-r_1)的符号决定,如果退市项目的纯价格变化大于继续可匹配项目的价格变化,则采用删

除法得到的结果会低估价格指数,否则会高估价格指数。

(2)目标均值虚拟法

目标均值虚拟方法(Targeted mean imputation)也是采用其他项目的价格变化来估计退市项目的价格变化,通过有"目标"地虚拟来改进虚拟方法,将退市项目权重纳入可能经历相似价格变化的小组中。其中可使用类似项目单元总量或初级总量的类似价格走势来替代退市项目的价格变化;或者,当低层级上类似项目样本不足,且较高层级中的价格变动能更好地代表退市项目的价格变动时,则依据较高总量层级的价格变化。

(3)组间均值虚拟法

组间均值虚拟法(the BLS "class mean" method),最早由 Armknecht and Weyback(1989)将这种方法引入指数编制中,目前已用于美国 CPI 的编制中。组间均值法是删除法的一种拓展,对(6.18)式中右边进行连乘的价格比率进行了一定限制,在总体均值法中 $j \neq m, n$,即采用除了旧项目和替换项目之外的项目价格计算替代项目的虚拟价格变化,而在组间均值法中加强了对 j 的选择限制,减少采用与旧项目变化趋势不尽相同的价格来虚拟价格变动,尽量使用类似项目的价格走势来替代退市项目的价格变化。

Schultz(1996)、Armknecht et al.(1997)以及 Armknecht and Maitland-Smith(1999)讨论了美国 CPI 中对价格进行隐性质量调整的组间均值法,在引进新型号时,特别对于耐用消费品,引入产品的初期出现了异常的价格变化。因此出现了组间均值虚拟法,作为总体均值虚拟法的一种改进。其不同之处在于推算旧项目时期 $t+1$ 价格变化比率的来源不同。在组间均值虚拟方法下,关于价格变化的虚拟比率是依据质量不变或已经过质量调整的替代项目来推算的,而不是采用分类指数中所有非退市项目推算。这种方法适用于有质量不变的替代品,或有已进行可靠质量调整后的替代项目,且用于推算的替代项目有足够大的样本量。

对于上述讨论的四种隐性质量调整法,均由三个代数符号来表示。其分别为:隐性或显性的质量调整项 A、旧项目 m 和替代项目 n 之间的价格比率 R_t、质量调整过后的项目价格指数$(1+\Delta_{t+1,t})$。四种方法不同,编制出的价格指数也是有差异的,笔者将这四种方法进行总结对比,如表 6-1 所示。

5. 结转法

结转法(Carry-forward)当某个时期(时期 t)某项目丢失时,计算价格变化使用旧时期 $t-1$ 的价格——直接结转使用该价格来填补未观察到的价格,而不考虑价格变化,这种方法同样给指数带来了不当的稳定性。欧洲联盟委员会第

1749/96 号条例关于《协调消费者价格指数》的第(6)条禁止采用结转法。只有非常确定不会发生价格变化的情况下,才能使用该方法。

以上所讨论的方法均属于短期虚拟法,不能使用于长期虚拟。

表 6-1 隐性质量调整方法的比较

方法	质量调整项	市场价格比率	调整后价格指数
重叠连接法	$A_0 = R_t = p_{nt}/p_{mt}$	$R_t = p_{nt}/p_{mt}$	$p_{n,t+1}/p_{nt}$
可比替换法	$A_1 = 1$	$\mathrm{Est}R_t = 1$	$p_{n,t+1}/p_{mt}$
保持价格不变	$A_2 = p_{n,t+1}/p_{mt}$	$\mathrm{Est}R_t = p_{n,t+1}/p_{mt}$	1
删除法(IP − IQ)	$A_3 = \dfrac{(p_{n,t+1}/p_{m,t})}{\prod_j (p_{j,t+1}/p_{j,t})^{w_j}}, j \neq m,n$	无	$\prod_j (p_{j,t+1}/p_{j,t})^{w_j}, j \neq m,n$

6.2.3 显性质量调整

显性质量调整又称为直接质量调整(Explicit method of quality adjustment or Direct quality adjustment),在大量可用的数据信息下,直接估算质量变化的货币价值。有时采用厂商所提供的增加项目的成本来计量质量变化的价值,如汽车行业推出新型号时大都采用成本价格来调整质量变动。还可以采用特征回归的方法估计质量特征的变动与产品价格之间的数量关系,并以特征变量的系数推断样本中质量特征变动所带来的价值变动,进行质量调整。关于自有住房的显性质量调整,美国 CPI 自 1988 年开始使用特征回归的方式,对编制自有住房服务价格指数的数据来源——房屋租金进行质量调整,计算折旧和其他住房因素对租金价格的影响,并在此基础上采用调整后的纯租金编制自有住房价格指数①。

现行质量调整方法中具体包括专家判断法、数量调整法、生产成本差别法、Hedonic 质量调整法,这些调整方法都是统计机构常常使用的质量调整法。

1. 专家判断法

专家判断法(Expert judgement)适用于高度复杂同时又没有其他方法可用

① Moulton B R, Moses K. Addressing the quality change issue in the consumer price index. Brookings papers on economic activity, 1997:327.

的项目。具体采用 Delphi 方法(Czinkota and Ronkainen, 1997),选择一名以上来自不同背景的专家,告知专家所要求的估计具有怎样的性质,建议估计的间隔期。该组专家从不碰面,以避免其估计过程中的"跟风"效应。要求专家估计平均的调查回应值以及可能做出回应的范围。抽取这些估计的中间值,并且将极端值返回有关专家,并要求其说明差异背后可能存在的原因。某个专家可能对这个问题具有很好的看法,而其他专家则没有考虑到这一点。如果该名专家提出了令人信服的理由,就将该回应反馈到专家小组,并请专家小组决定是否修正其观点。然后,抽取新的中间值,并且有可能进一步反复。Delphi 方法耗时长而且成本高,但它却说明对于此类问题要谨慎。如果需要对消费者价格指数中权重大的产品领域进行调整,并且没有其他可用的技术时,可采用这种方法。

自有住房在 CPI 中的权重大,在采用其他质量调整法的同时,需要配合专家判断法,以保证质量调整的合理性和科学性。

2. 数量调整法

数量调整法(Quantity adjustment)又称包装尺寸调整法,是一种最直接的显性调整方法。它在替代项目大小不同于现有项目时使用。统计机构常常留意产品包装尺寸的问题,在一些情况下很容易获得项目的数量单位。如一个包装的单位数量(如维生素的丸数)、容器的大小或重量(面粉的千克数、烹调油的升数)等。

有关这类质量调整多用于食物商品,特别是食物的重量规格。对旧项目或新项目的价格按数量比例进行调整。指数编制系统可自动进行这种按比例的调整,即将类别中所有价格转化为单位、数量的单价。

常常将产品的价格 p_{mt} 转化为单位重量的价格 p_{mt}/s_m。原项目的价格与替代项目价格之比转化为单位重量下二者的价格之比:

$$(1+\Delta_{t+1,t})_4=(p_{n,t+1}/s_n)/(p_{mt}/s_m) \tag{6.24}$$

则其隐性质量调整项为:

$$A_4=s_n/s_m \tag{6.25}$$

自有住房的质量调整可以采用数量调整法。与食品包装的重量规格一样,自有住房的重要特征是住房面积,因此可以同样采用旧项目和替换项目的住房面积对其价格指数进行调整。

但是该方法也遭到一定的质疑。就食物的包装或者自有住房的建筑面积而言,越大包装的食品或者越大面积的住房的单位重量(单位面积)的价格越便宜(或者越贵)。而这种关于自有住房的价格和其建筑面积的非线性关系否定了上述价格与数量(或面积)成比例的质量调整项 A_4,对于这种质疑,采用 hedonic 质量调整法可以更好地解决这个问题。另外,数量(包装尺寸)是与消费者的效用相关的商品特征,不同的尺寸带来的效用可能是不同的。如果消费者从更大的住房中获得的效用上升了,就不能将因房屋面积大小变化引起的住房服务价格变化自动归于纯价格变化,应该使用房屋面积带来的效用差异对住房价格进行质量调整。

3. 生产成本差别法

生产成本差别法又称选项成本法(Differences in production or option costs),是通过新项目所增特征的资源成本来调整旧项目的价格的显性质量调整方法。数据来源是制造商提供的生产成本、零售商的加价以及相应的间接税的数据。该方法适用于制造商数量相对少、产品型号不经常更新并且具有可测性的市场。只有在制造商与统计部门工作人员沟通良好的情况下,它才能起作用。特别适合编制生产者价格指数(PPI),这说明资源成本是对价格进行质量调整的合理标准(Triplett,1983)。CPI 采用生产成本法与 PPI 的差别在于:CPI 会加上零售加价与间接税。

对于 CPI 中的自有住房,它与一般的消费品不同,因为住户购买的住房价格中含有投资属性,所以一般国家的 CPI 中的自有住房部分都不以住房价格直接计入。但是在净获取法中,自有住房的价格是去除土地投资的建筑价格,而房屋的建筑成本价格数据是较容易获取的,所以对房屋样本中新增的卧室或者空调等特征,可以考虑使用生产成本差别法对其进行质量调整。

4. 特征质量调整法

特征质量调整法(Hedonic method)是从产品的特征出发对质量进行调整的方法,是前面方法的延续:第一,来自质量单位变化引起的价格变化,扩展成从更多种类组成的价格和质量特征值数据集来估计。第二,原则上,质量特征集扩大到包括可能影响价格的所有主要特征,而不仅是数量或选项调整。具体地,hedonic 法对产品的特征集和产品价格进行回归,其中产品价格(或者价格的对数)为因变量,而产品的特征为自变量,待估的回归系数为各个特征变化对产品价格的影响,进而对产品的质量变化进行调整。

6.2.4 质量调整方法与商品替换比率

Armknecht(1989)通过对 1983—1984 年的美国劳工统计局的数据进行分析,计算出美国 CPI 中的样本替换比率。它具体包含总的商品替换率以及各大类商品的替换率;并且基于商品替换率,讨论了不同质量调整方法的使用情况,其中包括直接可比、不可比(重叠法、连接法)和直接质量调整。如表 6-2 所示。

表 6-2　美国 CPI 中居住(Housing)类服务的商品替换率

年份	直接可比	不可比			直接质量调整	总值
		总值	重叠法	连接法		
1983	2.21	1.89	0.22	1.67	0.15	4.25
1984	2.67	1.93	0.21	1.72	0.22	4.83

资料来源:Armknecht(1989)所引用的 BLS 官方数据。

通过比较得出结论:不同大类的商品的替换类型是不相同的。总的来说,采用重叠法和连接法的比率越来越低,以前采用这两种方法的替代项目转而使用样本匹配法、直接质量调整或者组间均值法。因此不能固定采用某一种方法对 CPI 进行质量调整。不同的商品类别的替换模式是不同的,应该根据替换类别的比例数据去选择质量调整的方法,当上述的三种质量调整方法(可比、不可比、直接质量调整)中数据比例较大时或占有绝对优势时,可采用此方法进行调整。

另外,对同一类商品必要时也要采用不同的方法进行质量调整。对于美国 CPI 中的居住类消费(见表 6-2),其中住房样本的替换率从 1983 年的 4.25%上升至 4.83%,其中替换后直接可比的占一半,对于不可比的替换住宅中,89%的替换住宅样本采用连接法进行质量调整。因此,要根据商品的替换情况,选择合适的质量调整方法。

6.3　特征价格指数

对于消费者而言,商品或者服务的不同特征会影响商品的价值量,特征价格方法正是建立在这种思想之上。首先建立一个特征价格函数,即产品的交易价格与相关特征之间的函数关系。关于自有住房的特征回归分析,主要选择体现住房本身的物理特征以及住房所在的地理位置等项目,参数估计为特征项目的隐性边际价格,利用这些项目隐性价格消除自有住房样本的异质性。

Eurostat(2012)指出自有住房的质量调整主要取决于三个因素:特征价格函数形式的选择(线性、半对数、双对数)、价格指数公式的选择(几何平均、算术平均)以及特征回归的方法选择(虚拟价格、时间虚拟变量、重新估价、价格特征)。

自有住房特征回归中多采用变量的水平形式或对数形式。同时，有些特殊的变量对于住房价格的影响是非线性的，可考虑采用变量的平方形式。尤其是住房的年限和住房面积，Grether and Mieszkowski(1974)和 Malpezzi, Ozanne and Thibodeau(1987)通过研究发现，新房子比老房子的折旧速度更快；而 Fletcher, Gallimore and Mangan(2000)报告称房价随着住房面积的扩大而增加，但是其增加的速度是递减的。另外，很多房屋的特征属于定性变量，因此有必要在回归模型中加入对应的虚拟变量。如房屋所在的地理区域可以设定为虚拟变量 $REGION\_A$，当房屋建在区域 A 时，该变量为 1，否则为 0。还可以在模型中加入一些交互项，如 $AGE\square REGION\_A$ 代表 A 地区房屋的年限对房价的影响比其他地区多出的部分，住房年限对自有住房价格的影响则由变量 AGE 和变量 $AGE\square REGION\_A$ 的系数和表示，而其他地区住房价格受年限的影响则直接由 AGE 的变量的系数来表示。

特征回归方程中选择变量要根据变量的实际意义，而选择模型的函数形式也是一个复杂的问题。要基于经济理论以及特征价格回归方程中的变量限制。为了建立特征价格指数，特征回归的函数形式也要符合特征价格指数公式的类型。具体而言，当编制算术平均的 Dutot 指数时，指数公式中采用的是价格的水平量，则对应特征回归方程中的因变量应该也是价格的水平量。而计算几何平均的 Jevons 指数时，可视为是价格对数的算术平均，所以对应特征回归方程的因变量应选价格的对数形式，具体详见 Ramalho and Ramalho(2011)。对于自变量 X_{it} 的变量形式没有特殊的限制，可以灵活地选择，使得模型形式与指数形式相匹配。

一旦特征回归方程的函数模型确定后，对待估参数进行估计。传统的特征方程大都是线性模型，常采用常规的最小二乘法进行估计。如果出现异方差，则采用加权最小二乘法(WLS)，可参见 Goodman and Thibodeu(1995,1997)。如果异方差存在，仍可采用最小二乘法估计参数，因为 OLS 估计值仍存在一致性，但是对异方差而言它的方差和估计必须是稳健的。

6.3.1　特征回归与价格指数

直接采用交易价格计算的总体的 Dutot 价格指数和总体的 Jevons 价格指数，分别记为 I_D 和 I_J。计算质量调整后的价格指数时，不能直接使用交易价格，而应该采用经过质量调整后的估计价格 $\hat{p}_{it}$ 或者调整后估计价格的对数 $\ln(\hat{p}_{it})$ 计算价格指数，这种采用样本估计价格计算的价格指数形式记为 $\hat{I}_D$ 和 $\hat{I}_J$：

$$\hat{I}_D^s = \frac{\frac{1}{n_s}\sum_{i=1}^{n_s}\hat{p}_{is}}{\frac{1}{n_0}\sum_{i=1}^{n_0}\hat{p}_{i0}} \tag{6.26}$$

$$\hat{I}_J^s = \frac{\exp\left[\frac{1}{n_s}\sum_{i=1}^{n_s}\ln(\hat{p}_{iS})\right]}{\exp\left[\frac{1}{n_0}\sum_{i=1}^{n_0}\ln(\hat{p}_{i0})\right]} \tag{6.27}$$

上述式(6.26)与式(6.27)可以进一步表示为 $\hat{I}_D^s = \frac{E(p_s)}{E(p_0)}$ 与 $\hat{I}_J^s = \frac{\exp\{E[\ln(p_s)]\}}{\exp\{E[\ln(p_0)]\}}$，说明样本估计量的价格指数是总体价格指数的一致估计。

这一部分的主要问题是如何建立特征回归方程，利用估计参数计算 $\hat{p}_{it}$ 和 $\ln(\hat{p}_{it})$。

编制特征价格指数的第一步是建立特征回归方程：

线性方程为：

$$p_{it} = x_{it}\beta_t + \mu_{it}, \quad t=1,2,\cdots,s,\cdots,T, i=1,2,\cdots,n_t \tag{6.28}$$

半对数模型为：

$$\ln(p_{it}) = x_{it}\beta_t + \mu_{it}, \quad t=1,2,\cdots,s,\cdots,T, i=1,2,\cdots,n_t \tag{6.29}$$

其中，x_{it} 是第 i 套住宅在时期 t 的 $(k+1)$ 个特征，是一个 $(k+1)$ 阶行向量；而 β_t 是待估参数的 $(k+1)$ 阶列向量；μ_{it} 是误差项，代表价格中不能被特征变量解释的一部分。

6.3.2 未质量调整的价格指数的分解

为了使用特征回归框架计算质量调整的价格指数，首先有必要将尚未质量调整的价格指数 I^s 进行分解。将其分解为两部分：一是物量价格指数 I_Q^s，假定住宅特征的隐性价格固定为 $\hat{\beta}_b^*$，不会随着时间而发生变化，I_Q^s 仅测量不同时期住房特征发生变化所引起的价格变动；二是质量调整后的价格指数 I_P^s（纯价格变动），即保持住房的特征 x_{ia} 固定不变（不同时期的房屋是同质同量的），由特征隐性价格的变化带来的价格变动。由于 I_P^s 衡量的是同质可比的商品之间的价格变动水平，所以 I_P^s 是 CPI 中要衡量的自有住房的纯价格变动。

以 Dutot 价格指数为例，分解如下：

$$\hat{I}_D^s=\frac{\frac{1}{n_s}\sum_{i=1}^{n_s}(x_{is}\hat{\beta}_s^*)}{\frac{1}{n_0}\sum_{i=1}^{n_0}(x_{i0}\hat{\beta}_0^*)}=\frac{\frac{1}{n_s}\sum_{i=1}^{n_s}(x_{is}\hat{\beta}_b^*)}{\frac{1}{n_0}\sum_{i=1}^{n_0}(x_{i0}\hat{\beta}_b^*)}\frac{\frac{1}{n_a}\sum_{i=1}^{n_a}(x_{ia}\hat{\beta}_s^*)}{\frac{1}{n_a}\sum_{i=1}^{n_a}(x_{ia}\hat{\beta}_0^*)}=\hat{I}_{DQ}^s\cdot\hat{I}_{DP}^s \quad (6.30)$$

其中，$(a,b)=(0,s)$或者$(s,0)$，$\hat{I}_{DP}^s$和$\hat{I}_{JP}^s$是基于参考期 a 的样本住宅质量特征，分别采用 0 期和 s 期的特征价格计算出的同质住宅（参考期 a 的样本住宅）在两期中不同价格之间的价格指数，因此是质量调整后的价格指数，即特征价格指数。同时，式(6.30)中采用(a,b)不同的取值时，特征价格指数分别为拉氏指数和帕氏指数。当$(a,b)=(0,s)$时，比较的是基期 0 的样本住宅，$\hat{I}_{DP}^s$和$\hat{I}_{JP}^s$是拉氏特征价格指数。相对应$(a,b)=(s,0)$时，基准样本选择在报告期 s 的住宅，因此$\hat{I}_{DP}^s$和$\hat{I}_{JP}^s$是帕氏特征价格指数。

6.3.3　特征方法的选择

质量调整理论中有很多方法用于计算$\hat{I}_{DP}^s$和$\hat{I}_{JP}^s$，但是在实际应用中这些方法并没有严格的区分。事实上，这些方法只是一般的质量调整过程中的一些特殊形式。下面将介绍几种特征质量调整方法，其中包括方法的假定条件、方法之间的联系和区别。

1. 虚拟价格指数法

虚拟价格指数法（Imputation price index method，简称 IPI）是计算特征价格指数中最常见的方法。这种方法就是将未调整的 Dutot 或 Jevons 指数如(6.30)式一样进行分离。该方法假定住房特征的隐性价格$\hat{\beta}_t^*$在各期之间是会发生改变的，因此需要对每一期的样本数据分别进行回归，估计出各期的特征价格系数$\hat{\beta}_t^*$。再利用各期的特征价格系数$\hat{\beta}_t^*$计算基准样本特征 X_a 在基期 0 和报告期 s 的住宅价格。

$$\hat{I}_{DP}^s=\frac{\frac{1}{n_a}\sum_{i=1}^{n_a}(x_{ia}\hat{\beta}_s^*)}{\frac{1}{n_a}\sum_{i=1}^{n_a}(x_{ia}\hat{\beta}_0^*)} \quad (6.31)$$

或

$$\hat{I}_{JP}^s=\frac{\exp\left[\frac{1}{n_a}\sum_{i=1}^{n_a}(x_{ia}\hat{\beta}_s^*)\right]}{\exp\left[\frac{1}{n_a}\sum_{i=1}^{n_a}(x_{ia}\hat{\beta}_0^*)\right]}=\exp\left[\frac{1}{n_a}\sum_{i=1}^{n_a}x_{ia}(\hat{\beta}_s^*-\hat{\beta}_0^*)\right] \quad (6.32)$$

其中，样本观测值可以采用基期 $a=0$ 或报告期 $a=s$。如果采用 OLS 估计特征回归模型，则参考期的价格观测值的平均数 $\frac{1}{n_a}\sum_{i=1}^{n_a}p_{ia}$（或 $\frac{1}{n_a}\sum_{i=1}^{n_a}\ln p_{ia}$）和该期预测价格的平均值 $\frac{1}{n_a}\sum_{i=1}^{n_a}\hat{p}_{ia}=\frac{1}{n_a}\sum_{i=1}^{n_a}x_{ia}\hat{\beta}_i$（或 $\frac{1}{n_a}\sum_{i=1}^{n_a}\ln(\hat{p}_{ia})=\frac{1}{n_a}\sum_{i=1}^{n_a}x_{ia}\hat{\beta}_i$）是等同的；如果 $a=s$，则上式的分子可以直接采用报告期 $a=s$ 观测的价格平均数计算，仅需要对基期的数据进行特征回归作为分母，即 $\hat{I}_{DP}^{s}=\frac{\frac{1}{n_S}\sum_{i=1}^{n_S}p_{is}}{\frac{1}{n_a}\sum_{i=1}^{n_a}(x_{ia}\hat{\beta}_0^{*})}$，反之亦然。特别地，统计机构更偏向编制帕氏特征价格指数，因为仅需要对基期 0 的数据进行特征回归估算，编制的过程更简单也更具有时效性。

虚拟价格指数方法包含使用对新的产品（项目）和旧产品（已消失）的价格分别进行回归，根据对不同类型的价格进行虚拟，该方法可分为三种形式：第一，单一价格虚拟法，仅对丢失的价格进行虚拟；第二，双重虚拟法，对不能匹配的项目，无论是否有观测价格，都对其价格进行虚拟；第三，完全虚拟方法，虚拟所有项目的各期价格。但是在房地产市场中，对这些方法的区分是没有意义的，因为所有住宅都是独特的，是无法完全匹配的。

有趣的是，如果在模型中加入各个住宅的特征与时间虚拟变量的交互项后，可以将上述需要分期进行的多个特征回归变成一个特征回归方程。即各期的特征回归 $\ln(\hat{p}_{it})=x_{it}\beta_t+\mu_{it}$ 等同于一个特征回归 $\ln(\hat{p}_{it})=x_{it}\beta_t+\text{period}_{it}x_{it}\beta_t+\mu_{it}$，其中 period_{it} 为房产的时间虚拟变量，如果该房产在 t 期出售，则 $\text{period}_{it}=1$，否则为 0。

2. 时间虚拟变量法

时间虚拟变量法也是编制质量调整的价格指数的一种方法。该方法假定住宅的所有特征的隐性价格在所有时期都是一致的固定不变的，只有特征方程的常数项可以随着时间的变化而改变。因此这种方法需要为住房的售出时间设定虚拟变量，由于这个模型中除了时间虚拟变量的系数，其他系数都是固定不变的，因此只需要对各期数据的混合数据建立单一的回归模型，无需对各期数据进行单独回归。

设 T 为样本所包含的时期个数，T_i 是一个 $T-1$ 维行向量，如果住宅 i 是在 t 期售出的，则该向量的第 t 个元素 $T_{it}=1(t=1,2,\cdots,T-1)$，时间虚拟变量 T_i 的系数为行向量 α，其中有 $T-1$ 个元素 α_t，代表时期 t 住宅价格较之其他时期价格由住房特征所引起的价格变动，特征回归模型为：

$$p_{it}^{*}=z_{it}\theta+T_{i}\alpha+\mu_{it} \tag{6.33}$$

其中，p_{it}^{*} 是住宅的价格或者价格的对数。z_{it} 包含了去除购买时间的住宅所有特征。因此，时期 t 出售的住宅 i 的价格（或价格对数）可以估计为 $\hat{p}_{it}^{*}=z_{it}\hat{\theta}+\hat{\alpha}_{t}$，其中基期 0 购买的价格为 $\hat{p}_{i0}^{*}=z_{i0}\hat{\theta}$。

利用时间虚拟变量回归得到的质量调整后的 Dutot 指数和 Jevons 指数分别为：

$$\hat{I}_{DP}^{s}=\frac{\frac{1}{n_a}\sum_{i=1}^{n_a}(z_{it}\hat{\theta}+\hat{\alpha}_s)}{\frac{1}{n_a}\sum_{i=1}^{n_a}z_{it}\hat{\theta}}=1+\frac{\hat{\alpha}_s}{\frac{1}{n_a}\sum_{i=1}^{n_a}p_{it}} \tag{6.34}$$

$$\hat{I}_{JP}^{s}=\frac{\exp\left[\frac{1}{n_a}\sum_{i=1}^{n_a}(z_{it}\hat{\theta}+\hat{\alpha}_s)\right]}{\exp\left[\frac{1}{n_a}\sum_{i=1}^{n_a}z_{it}\hat{\theta}\right]}=\exp(\hat{\alpha}_s) \tag{6.35}$$

从以上两个公式来看，采用时间虚拟变量法时比较适合编制 Jevons 质量调整指数。因为 Jevons 指数的计算过程简单，且计算结果不依赖于住宅样本基准期 a 的选择，而仅取决于对全体样本参照式（6.33）进行回归得到的一致参数 $\hat{\alpha}_s$。这是时间虚拟法最大的优点。正是由于这种便利性，在学术研究领域中，时间虚拟法编制的 Jevons 指数被广泛应用。

但是对于统计机构而言，这种方法有着严重的缺陷：随着时间的不断更新，每当加入新时期的样本，就需要重新对模型进行参数估计，进而修正价格指数。这一点是时间虚拟法的缺陷所在，尤其当消费偏好和生产技术随着时间快速变化时，回归中包含大量不同时期的样本而试图估计统一的特征价格，是缺乏合理性的。因为随着偏好和生产技术的变化，商品特征的边际价值在不同时期是不尽相同的，而不能表示为统一的参数估计。

时间虚拟变量法常常采用所有时期的样本进行统一的回归，但是在编制链式价格指数时仅考虑相邻的两个时期。

然而，住户对住房的偏好以及住宅本身的特征变量不会随着时间发生大的变化，因此，住房市场比其他商品市场（如计算机市场，计算机的特征更新换代很快，特征的边际价格随时间变化频繁）更适于采用时间虚拟变量法。在时间虚拟法特征回归中，需要采用 Chow 检验，确定得到一致的参数估计时可以包含的样本期数。

相对应地，虚拟价格指数法的最大优势在于分别采用各期（基期和报告期）的产品样本进行回归，得到的参数估计十分稳健。特征回归系数由各期样本数据回归而成,因此编制得到的价格指数具有很强的时效性。尤其在编制帕氏指数时,在回归中加入新时期样本时无需重新改变价格指数。

Ramalho and Ramalho(2011)提出一个更一般的特征回归方程:

$$P_{it}^{*}=z_{it}\theta+T_{i}\alpha+(z_{it}\cdot T_{i})\eta+\mu_{it} \tag{6.36}$$

这个模型同时包含了上述两种特征回归方法,如果 $\eta=0$,上式即为时间虚拟变量法;如果上式中 $\eta\neq0$,上式同时包含了时间虚拟变量法和虚拟价格指数法。为了确定采用何种方法,可以使用 Chow 检验,设定零假设为 $H_0:\eta=0$,通过检验确定方法的选择。

3. 重新估价特征法

编制质量调整价格指数的第三种方法为重新估价特征法,该方法又被 Triplett(2004)称之为特征质量调整法(hedonic quality adjustment method),由于很多其他的特征方法都采用特征回归进行质量调整,故 Eurostat(2012)认为这种命名方法有歧义,将其更名为重新估价特征法(Re-pricing method,简称 RP)。

上述有关特征质量调整的方法都是利用特征回归的系数直接计算质量调整的特征价格指数,而 RP 法与此不同,它采用间接的方法计算特征价格指数 $\hat{I}_{DP}^{s}$。由于前文提到一般的价格指数(Dutot 或 Jevons)可以分解为质量调整后的价格指数与物量指数的乘积 $\hat{I}_{D}^{s}=\hat{I}_{DQ}^{s}\cdot\hat{I}_{DP}^{s}$,所以质量调整后的价格指数 $\hat{I}_{DP}^{s}$ 可以由未质量调整的价格指数 $\bar{I}_{D}^{s}$ 与物量指数 $\hat{I}_{DQ}^{s}$ 的商间接计算①。RP 法正是利用特征回归系数计算出物量指数和原始价格计算未质量调整的价格指数,采用两个指数之商计算特征价格指数。具体对应 Dutot 和 Jevons 指数的计算公式如下:

$$\hat{I}_{DP}^{s}=\bar{I}_{D}^{s}/\hat{I}_{DQ}^{s}=\left[\frac{\frac{1}{n_s}\sum_{i=1}^{n_s}p_{is}}{\frac{1}{n_0}\sum_{i=1}^{n_0}p_{i0}}\right]\Bigg/\left[\frac{\frac{1}{n_s}\sum_{i=1}^{n_s}(x_{is}\hat{\beta}_b^{*})}{\frac{1}{n_0}\sum_{i=1}^{n_0}(x_{i0}\hat{\beta}_b^{*})}\right] \tag{6.37}$$

$$\hat{I}_{JP}^{s}=\bar{I}_{J}^{s}/\hat{I}_{JQ}^{s}=\left\{\frac{\exp\left(\frac{1}{n_s}\sum_{i=1}^{n_s}\ln(p_{is})\right)}{\exp\left(\frac{1}{n_0}\sum_{i=1}^{n_0}\ln(p_{i0})\right)}\right\}\Bigg/\left\{\frac{\exp\left[\frac{1}{n_s}\sum_{i=1}^{n_s}(x_{is}\hat{\beta}_b^{*})\right]}{\exp\left[\frac{1}{n_0}\sum_{i=1}^{n_0}(x_{i0}\hat{\beta}_b^{*})\right]}\right\} \tag{6.38}$$

其中,b 是进行特征回归的基准样本的所在时期。RP 法仅需要对选定的时期 b 进行回归即可,这是 RP 法与 IPI 法的最大差别。其中用于特征回归的时期 b 的

① 由于参考期的价格平均值与该期的预测价格平均值是相等的,故有 $\bar{I}_{D}^{S}=\hat{I}_{D}^{S}$,可以采用直接计算的价格指数 $\bar{I}_{D}^{S}$ 来替代 $\hat{I}_{D}^{S}$。

选择并无限制,可以选择基期0或者报告期 s,也可选数据集所在的任何时期,甚至为了增加回归系数的有效性,可以对整个样本集进行回归,而不单单是对某一个具体的时期,这是RP法最大的优点。RP法的另一个优点是:仅仅需要进行一个回归,对时期 b 的选择具体要根据统计机构对自有住房的价格指数时效性的要求进行选择。这种方法的一个缺点就是需要计算三个价格指数 $\hat{I}_{D}^{s}$、$\hat{I}_{DQ}^{s}$ 和 $\hat{I}_{DP}^{s}$。

在某些条件下RP法和IPI法的计算结果是一致的。当RP法的基准期 $b=s$ 而IPI法的基准期 $a=0$ 时,或者,当RP法的基准期 $b=0$ 而IPI法的基准期 $a=s$ 时,RP法和IPI法二者是等同的。

4. 特征价格指数法

特征价格指数法(Characteristics price index method)是一种加权的特征价格指数。其Jevons指数的一般形式为:

$$\hat{I}_{JP}^{s}=\frac{\exp(\boldsymbol{w}_a\hat{\boldsymbol{\beta}}_s^{*})}{\exp(\boldsymbol{w}_a\hat{\boldsymbol{\beta}}_0^{*})} \tag{6.39}$$

式(6.39)是加权的几何平均价格指数,$(k+1)$维行向量 $\boldsymbol{w}_a$ 是代表权重的,其中的元素 $w_{a,j}$ 是由时期 a 住房特征 j 的数量计算而得的;列向量 $\hat{\boldsymbol{\beta}}^{*}$ 是住房特征的价格向量,在加权价格指数中充当价格的角色。特征价格指数法与一般的加权价格公式有很大的相似之处,唯一不同的是该方法使用的权重和价格都是消费者在基准期 a 所消费的特征数量与特征价格,而不是商品整体的使用数量和消费价格。特别地,权重向量 $\boldsymbol{w}_a$ 中的元素为消费者在时期 a 消费的各个特征之和,即 $\boldsymbol{w}_a=(n_a,\sum_{i=1}^{n_a}x_{ia,1},\cdots,\sum_{i=1}^{n_a}x_{ia,j},\cdots,\sum_{i=1}^{n_a}x_{ia,k})$,当 $a=0$ 时为拉氏指数,当 $a=s$ 时为帕氏指数。

另外,当 $\boldsymbol{w}_a$ 设为时期 a 所消费的各个特征的均值时,记为 $\overline{\boldsymbol{X}}_a$。$\overline{\boldsymbol{X}}_a$ 表示在 a 时期所购买的住宅的特征的样本均值;

$$\overline{\boldsymbol{X}}_a=\left(1,\frac{1}{n_a}\sum_{i=1}^{n_a}x_{ia,1},\cdots,\frac{1}{n_a}\sum_{i=1}^{n_a}x_{ia,j},\cdots,\frac{1}{n_a}\sum_{i=1}^{n_a}x_{ia,k}\right) \tag{6.40}$$

其中,元素 $\overline{X}_{a,j}=\frac{1}{n_a}\sum_{i=1}^{n_a}x_{ia,j}$ 为特征 j 在时期 a 的样本均值。

$$\begin{aligned}\hat{I}_{JP}^{s}&=\exp\left[\frac{1}{n_a}\sum_{i=1}^{n_a}\boldsymbol{x}_{ia}(\hat{\boldsymbol{\beta}}_s^{*}-\hat{\boldsymbol{\beta}}_0^{*})\right]\\&=\exp\left\{\frac{1}{n_a}\sum_{i=1}^{n_a}\left[(\hat{\beta}_{s,0}^{*}-\hat{\beta}_{0,0}^{*})+x_{ia,1}(\hat{\beta}_{s,1}^{*}-\hat{\beta}_{0,1}^{*})+\cdots+x_{ia,k}(\hat{\beta}_{s,k}^{*}-\hat{\beta}_{0,k}^{*})\right]\right\}\end{aligned}$$

$$
\begin{aligned}
&= \exp[(\hat{\beta}^*_{s,0} - \hat{\beta}^*_{0,0}) + (\hat{\beta}^*_{s,1} - \hat{\beta}^*_{0,1})\overline{X}_{a,1} + \cdots + (\hat{\beta}^*_{s,k} - \hat{\beta}^*_{0,k})\overline{X}_{a,k}] \\
&= \exp[\sum_{j=0}^{k} (\hat{\beta}^*_{s,j} - \hat{\beta}^*_{0,j})\overline{X}_{a,j}] \\
&= \frac{\exp[\sum_{j=0}^{k} \hat{\beta}^*_{s,j}\overline{X}_{a,j}]}{\exp[\sum_{j=0}^{k} \hat{\beta}^*_{o,j}\overline{X}_{a,j}]} \\
&= \frac{\exp(\overline{\boldsymbol{X}}_a \hat{\boldsymbol{\beta}}^*_s)}{\exp(\overline{\boldsymbol{X}}_a \hat{\boldsymbol{\beta}}^*_0)}
\end{aligned} \tag{6.41}
$$

由式(6.41)知，此时采用特征价格指数法等同于虚拟价格指数法。因此虚拟价格指数法是特征价格指数法的一种特殊形式。因此，特征价格指数法同虚拟价格法一样，并不假定任何参数在不同时期固定不变，同样要对基期 0 和报告期 s 以及所有考察时期的样本进行单独的特征回归。

如果针对特征价格法采用 Dutot 指数公式，权重条件同上设为 $\boldsymbol{w}_a = \overline{\boldsymbol{X}}_a$ 时，将与 $(a,b)=(0,s)$ 或者 $(s,0)$ 时的 RP 的 Dutot 公式一致。当 $\boldsymbol{w}_a = \overline{\boldsymbol{X}}_0$ 时，特征价格法的 Dutot 公式与 $(a,b)=(0,s)$ 时的 RP 方法是一致的；相反，当 $\boldsymbol{w}_a = \overline{\boldsymbol{X}}_s$ 时，与 $(a,b)=(s,0)$ 时的 RP 方法一致，证明过程见式(6.42)。

$$
\begin{aligned}
\hat{I}^s_{DP} &= \bar{I}^s_D / \hat{I}^s_{DQ} = \left[\frac{\frac{1}{n_s}\sum_{i=1}^{n_s} p_{is}}{\frac{1}{n_0}\sum_{i=1}^{n_0} p_{i0}}\right] \Big/ \left[\frac{\frac{1}{n_s}\sum_{i=1}^{n_s}(\boldsymbol{x}_{is}\hat{\boldsymbol{\beta}}^*_s)}{\frac{1}{n_0}\sum_{i=1}^{n_0}(\boldsymbol{x}_{i0}\hat{\boldsymbol{\beta}}^*_s)}\right] = \frac{\frac{1}{n_0}\sum_{i=1}^{n_0}(\boldsymbol{x}_{i0}\hat{\boldsymbol{\beta}}^*_s)}{\frac{1}{n_0}\sum_{i=1}^{n_0} p_{i0}} \\
&= \frac{\frac{1}{n_0}\sum_{i=1}^{n_0}(\boldsymbol{x}_{i0}\hat{\boldsymbol{\beta}}^*_s)}{\frac{1}{n_0}\sum_{i=1}^{n_0} p_{i0}} = \frac{\frac{1}{n_0}\sum_{i=1}^{n_0}(\hat{\beta}^*_{s,0} + \hat{\beta}^*_{s,1}x_{i0,1} + \cdots + \hat{\beta}^*_{s,k}x_{i0,k})}{\frac{1}{n_0}\sum_{i=1}^{n_0} p_{i0}} \\
&= \frac{\hat{\beta}^*_{s,0} + \frac{1}{n_0}\sum_{i=1}^{n_0}\hat{\beta}^*_{s,1}x_{i0,1} + \cdots + \frac{1}{n_0}\sum_{i=1}^{n_0}\hat{\beta}^*_{s,k}x_{i0,k}}{\frac{1}{n_0}\sum_{i=1}^{n_0} p_{i0}} \\
&= \frac{\hat{\beta}^*_{s,0} + \hat{\beta}^*_{s,1}\bar{x}_{0,1} + \cdots + \hat{\beta}^*_{s,k}\bar{x}_{0,k}}{\frac{1}{n_0}\sum_{i=1}^{n_0} p_{i0}} = \frac{\bar{\boldsymbol{x}}_0\hat{\boldsymbol{\beta}}^*_s}{\bar{\boldsymbol{x}}_0\hat{\boldsymbol{\beta}}^*_0}
\end{aligned} \tag{6.42}
$$

6.3.4 特征质量调整的优缺点

Diewert(2007)列举了构建住房价格指数的特征回归方法的优缺点。

其中特征回归方法的主要优点有：第一，可以采用特征回归方法对不同类型不同地理位置的房屋建立价格指数；第二，该方法充分利用了可以观察的数据；第三，特征回归法可以有效地将住房中的建筑价格和土地价格分离开，目前还没有其他方法可以达到这个目的；第四，如果有足够多的特征信息，则可以采用特征回归的方法处理房屋折旧和翻新装修的问题。

而对应的特征回归的缺点：第一，这个方法属于数据密集性的方法，需要大量的房产特征信息，因此执行成本很高；第二，这个方法缺少可重复性，不同的统计工作者可以在回归中采用不同的特征变量，或者设定不同的函数形式和不同的因变量变形，导致整个特征回归的操作过于随机化，计算出不同的价格指数；第三，该方法很难向公众解释。

6.4　CPI中自有住房质量调整——以美国为例

美国CPI中的质量调整。BLS在1992年发布的CPI手册中指出，美国采用直接可比法(Direct comparison)、直接质量调整(Direct quality adjustment)和虚拟法(Imputation[①])三种方法对CPI中的样本不匹配现象进行质量调整。第一，直接可比法是由统计分析员判定新旧项目同质，并对其采用直接可比的方法，该方法假定新旧项目之间是没有质量差别的；第二，直接质量调整法直接计算出替代项目与旧项目之间由质量变动所引起的价值差异作为质量调整项，并对替代项目上一期的价格进行调整，以达到同质可比的目的，其中，最常使用的直接质量调整法是生产成本差别法和特征回归法；第三，虚拟法，该方法与上文中提到的删除法又称虚拟价格变化质量调整法的原理是一致的，美国所采用的虚拟法分为两类：同类项目虚拟法(Cell-relative imputation)和组间均值虚拟法(Class-mean imputation)。其中同类项目虚拟法与上文中所提到的总体均值法的原理一致，仅仅是叫法不同；其中组间均值虚拟法常用于汽车、高科技产品、服装等项目的质量调整。

美国对于居住类消费的质量调整。美国CPI中采用租金等价法处理自有住房问题，利用CPI的住房调查，从房屋租赁市场上采集的租金价格，并用该数据同时计算租住房和自有住房的价格指数——租金价格指数和自有住房服务价格

① Henderson and Berenson(1990)在有关住宅样本的质量调整的文章中称这种方法为"noninterview adjustment"。

指数。因此,对于自有住房的质量调整是在住宅的租赁价格上进行的。

BLS 在收集住宅的租赁价格的同时,还收集了大量与房屋租赁相关的服务以及配套设施等特征信息。计算这些特征所对应的价格,当住宅的特征发生变化时,BLS 采用这些特征的隐性价格对房屋的租金(或自有住房的等价租金)进行调整,以保证租住房(或自有住房)样本在不同时期同质可比。

在 1988 年之前,美国 CPI 通过对住宅的多种建筑特征的比较,采用虚拟法对租金进行质量调整,这些建筑特征分别为:卧室的个数、浴室的个数、其他房间的个数和空调的安装情况,其原理为:当样本住宅的这些特征发生变化后,便将这个样本从中删除,采用组间均值或总体均值的虚拟法对其价格变动进行虚拟,同时,BLS 并未对住宅中的折旧进行质量调整。

租金等价法下对于折旧的质量调整。Ozanne(1981)指出 CPI 中没有对住宅的折旧进行质量调整,使得住房服务的租金价格指数存在向下的偏差。Randolph(1988a;1988b)估计出美国的租金价格指数和自有住房的等价租金价格指数的向下偏差,分别为 0.36%和 0.41%。因此,从 1988 年起,BLS 开始采用特征回归的方法调整租金中的折旧因素,构建租金与使用年限、建筑特征的半对数回归模型,并使用年限的系数对住宅中的折旧进行质量调整。

自 1989 年 2 月起,在 BLS 对房屋折旧的特征回归过程中,所得到的住宅建筑结构的特征系数,即住宅建筑结构特征的隐性价格,对住宅的建筑特征变化进行质量调整,其中包含卧室的个数、浴室的个数、其他房间的个数和空调的安装情况。

另外,对居住类中的水电燃料采用直接质量调整。BLS 从美国能源部获取住宅能源消费调查数据,得到与住宅相关的能源消费的成本价格,并采用这些数据对住宅的能源消费成本进行质量调整。

从美国有关自有住房质量调整方法的运用可以看出,对自有住房质量调整有几点需注意:第一,需要对住宅样本的折旧进行质量调整,这是住房服务质量调整与其他商品或服务质量调整中的最大区别;第二,特征回归是所有质量调整法中的最佳选择,特征回归法可以对折旧以及建筑特征同时进行质量调整;第三,自有住房的处理方法决定其质量调整的对象。如在租金等价法下,自有住房质量调整的对象是住宅的市场租金,而在净获取法下的特征质量调整是对住宅的购买价格进行调整,并编制特征价格指数作为自有住房在 CPI 中的分类指数;第四,可以根据具体的统计条件和住宅样本的特征,对自有住房实施多种质量调整法。特征回归法需要大量的人力物力,是一种复杂的质量调整法,因此,可以视情况而定,采用相对简单的质量调整法,如在专业统计人员的分析下,对于质量变动不明显的住房替代样本可以采用直接可比法;而当旧样本的价格变动水平与同类住宅服务的价格变动水平基本一致时采用组间均值的虚拟法。

最后，在自有住房的质量调整中，还需要考虑初级指数和样本抽样的重要性。Triplett(2001)指出价格指数的质量调整是关于总体指数（如CPI）中的初级指数编制中的问题，是与样本抽样以及指数编制方法紧密联系在一起的。因此，不可抛开指数的编制方法、初级公式的运用来单独讨论质量调整问题。例如，指数编制人员选取自有住房的规格品时采用判断（专家选择）抽样法，选择在接下来一段时期里质量不会发生突变的代表规格品，力图减少价格指数中出现质量偏差问题。但考虑质量保持不变的同时，还要考虑采价样本的代表性，不能单一地为了回避质量调整问题而忽略抽样的代表性。因此，在样本不匹配的情况下，需要选择适当的质量调整方法和抽样方法相配合，在保持代表性的前提下降低样本质量差异所带来的偏差。

第7章
中国CPI中自有住房的测度问题研究

我国是以自有住房为主要居住形式的国家，在房价高居不下的压力下，购房支出大大挤占了住户的消费支出。面对统计局发布的CPI，公众提出的最大质疑就是为何房价不计入CPI，虽然这个问题中包含着公众对CPI以及住房经济性质的误解，但是，住户为自身提供的自有住房服务是必须计入CPI的，而如何将自有住房合理计入我国CPI，对于提高我国CPI的精确度和公信度而言是一个迫在眉睫的问题。

7.1 我国自有住房的现状

我国房地产行业从1998年开始发展，之前，我国实行低租金福利制度，90%以上的住户都是租住公房的。十多年以来住房体制改革使得我国完全实施住房商品化后，居民自有住房的比重不断扩大。自福利分房制度于1998年基本废除后，从1998年前的公房房改政策向1998年后住房市场化政策转变，使得我国城镇居民主要通过市场购买产权的方式获取住房（侯成琪、龚六堂，2012）。

住房自有率是国际上考察居民居住条件的常用指标，其含义是指居住在自己拥有产权住房的家庭户数占整个社会住房家庭户数的比例。其计算公式为：

自有住房率＝（居住于自有产权的住房家庭户数/全部住房家庭户数）×100%。国家统计局城市社会经济调查总队2003年调查资料显示：全国83%的城镇居民家庭拥有自己的住房，其中59%的家庭购买了房改房，12%的家庭购买了商品房，租房家庭仅占15%（王军平，2006）。而随着房地产市场快速发展，城镇居民的居住面积、居住条件和住宅配套设施均得到了很大改善。国家统计局发布《"十一五"经济社会发展成就系列报告之九》称：至2010年底，城镇居民家庭自有住房率提高至89.3%，其中11.2%的城镇居民家庭拥有原有私房，40.1%的家庭拥有房改私房，38%的家庭拥有商品房。同时，西南财经大学和中国人民银行(2012)共同发布的《中国家庭金融调查报告》显示,我国自有住房拥有率高达89.69%,其中城市家庭自有住房拥有率为85.39%,东、中、西部地区家庭自有住房拥有率分别为87.35%、94.42%、90.41%。而目前世界平均自有住房拥有率为60%(美国为65%,英国70%,日本60%),我国自有住房拥有率处于世界前列①。

7.2 国民核算中的自有住房服务

为了保证政府统计的一致性,在讨论CPI中的自有住房处理方法前,先对我国国民经济核算中的自有住房服务进行讨论。

在国民经济核算中,居民居住自己拥有的房屋也要计算住房服务价值。支出法GDP中居民消费支出包括直接以货币形式购买的货物和服务外,还包括以其他方式获得的货物和服务的消费支出即虚拟消费支出。自有住房服务便是虚拟消费支出中金额较大的虚拟计算。

国际上,SNA中对自有住房服务估算有两种方法:市场租金估算法和成本法。其中最优的方法是市场租金估算法,在考虑住房的地理位置、邻里关系以及住宅本身的质量等因素下选择租住房屋的样本,并采集相应的市场租金用于估算自有住房的价值。但是这种方法在使用时需要满足基本的前提:"同类货物或服务必须在市场上有足够的数量买卖交易,已得到可靠的市场价格用于估价(1993SNA,6.85节)"。如果不能满足上述条件,则退而求其次,选择成本法。"即为自用而产生的货物或服务的产值等于其生产成本之和,也就是以下各项之和:中间消耗、雇员报酬、固定资本消耗、其他生产税(减生产补贴)"(1993SNA,6.85节)。

我国采用成本法计算城镇居民自有住房服务价值。在21世纪初期,我国房屋租赁市场欠发达,房租数据来源不足,且房屋市场价格与建筑成本价格之间差距不大。为了适应当时的经济环境,我国从2004年的第一次经济普查开始,确定使用SNA推荐方法之一——成本法核算住户的自有住房服务,并将该方法一直沿用至今。用户成本法是通过计算房屋的固定资产折旧,以及日常维护、修理、管理费用得到居民自有住房服务价值,其中房屋的固定资产折旧是房屋建造

① 中国家庭金融调查与研究中心,中国家庭金融调查报告[R].西南财经大学,2012.

成本价格与折旧率的乘积[①]。

具体地，城乡居民自有住房服务消费价值等于城乡居民自有住房的虚拟折旧，利用居民自有住房面积和工程造价资料计算，城镇居民自有住房虚拟折旧和农村居民自有住房虚拟折旧的计算公式如下[②]：

城镇居民自有住房虚拟折旧＝城镇居民自有住房每平方米平均造价
×城镇自有住房建筑面积×折旧率

农村居民自有住房的固定资产折旧＝农村居民年末人均住房价值
×农村人口×折旧率

在第一次全国经济普查时，利用经济普查以外的资料——住户调查资料，将过去没有纳入 GDP 核算范围的自有住房服务纳入 GDP 的核算范围。与此同时，规定了居民自有住房折旧的计算方法：在常规年度 GDP 核算中，居民自有住房折旧是在按历史成本价格估价的居民自有住房价值的基础上计算的；在经济普查年度 GDP 核算中，居民自有住房折旧是在按当期市场价格估价的居民自有住房价值的基础上计算的(许宪春，2006)。由于固定资产应该按照固定资产当期的购置价格进行折旧计算，如果按历史成本进行计算，将导致我国房地产业固定资产折旧的低估(许宪春、李文政，1999)。另外，考虑到城镇居民住房比农村居民住房可能更加坚固耐用、使用年限更长，在经济普查后将城镇居民自有住房的折旧率从 4%降为 2%(李洁，2013[③])。而农村居民自有住房折旧率从 2%改为 3%。同时，计算不变价 GDP 核算项目中的自有住房服务消费时，利用房屋销售价格指数缩减(许宪春，2009)。

随着我国房地产市场的迅猛发展，房价高涨，远远超过了房屋的建筑成本。与此同时，房屋的租赁市场日益成熟，租赁房屋的类型多样化，且租金价格资料变得丰富。因此，有必要将自有住房服务价值的核算方法向租金等价法改进。采用住户抽样调查中的租金、房屋使用面积等统计资料，核算城镇居民自有住房服务价值[④]。

但我国直至第二次全国经济普查后依然沿用以上成本法估算自有住房服务的虚拟价值，尚未进一步完善。究其原因是住户调查资料中缺乏自有住房的虚

① 国家统计局. 国家统计局独家详解：核算体系改革正在进行[N]. 中国信息报，2013-11-19.

② 许宪春. 我国国内生产总值的测算方法[J]. 宏观经济管理，1999，11：44-45.

③ 李洁. GDP 核算中自有住房服务虚拟计算的中日比较[J]. 统计研究，2013，11：11-19.

④ 国家统计局. 国家统计局独家详解：核算体系改革正在进行[N]. 中国信息报，2013-11-19.

拟租金数据。在我国的住户调查中，城镇居民消费支出中的居住支出是指被调查家庭用于住房服务的直接支出，包括房租、房屋维修支出、物业管理费、房屋装潢等项支出以及调查户所支付的水费、电费、燃料费、取暖费和包括物业管理费、住房维修服务费等在内的其他用于住房的各种服务费用，不包括购建房支出和自有住房虚拟房租。

由于住户调查数据的限制，我国尚未实施租金等价法计算自有住房的虚拟消费，但这是我国目前住户调查和国内生产总值核算的一个发展方向：利用住户抽样调查的房屋租金、住房面积等数据以及人口统计数据测算城镇居民自有住房服务价值。另外，对于农村居民，住户的自有住房大多是自建房，因此可以延续成本法的处理方法。

7.3　我国CPI的编制目的和计价方法

对于CPI中自有住房的处理方法的选择，需要与总体CPI的编制目的及框架尽可能相对应，因此，在研究我国自有住房的测度问题之前，有必要对我国CPI的编制目的与编制框架进行讨论。

我国《流通和消费价格统计报表制度2011》中居民消费价格调查方案提到"编制居民消费价格指数旨在反映一定时期内居民所消费商品及服务项目的价格水平变动趋势和变动程度。居民消费价格水平的变动率在一定程度上反映了通货膨胀(或紧缩)的程度"。因此我国CPI编制的主要目的是衡量住户部门的通货膨胀水平。

同时，在该方案的价格调查原则中指出"如果商品的挂牌价格与实际成交价格不一致，应调查采集实际成交价格"，表明我国CPI是建立在获取法框架下的，即支出权重使用基期住户实际购买消费品和服务时所支付的金额。国际劳工组织(ILO)决议认为这种框架更适用于建立衡量通货膨胀的消费者价格指数，它反映了交易的货物和服务的价格变动。因此，这种框架与我国编制CPI衡量通货膨胀的目的相契合。

另外，我国可以考虑编制多个补偿指数来辅助衡量通货膨胀的标题CPI。如英国采用多种框架编制不同的价格指数。澳大利亚采用获取法编制标题CPI，同时还采用支付法框架编制了一系列的分析性生活费用指数(Analytical Living Cost Indexes，简称ALCIs)，作为补偿指数的目的，用于分析特殊人群的生活成本的变化水平。但编制多个指数前应该考虑以下两个问题：第一，统计资源的约束。第二，多指数给用户带来的困惑，一些用户不能更好地理解哪类指数更适合，便根据理想的结果来选择指数，而不是根据指数的具体概念来选择。因此，单一 CPI 适应于多个目的有利于确保标题 CPI 的客观性、公信度和可靠性，但会产生一些潜在的成本。而采用发布不同框架编制的价格指数作为官方分析性序列时，应有明确的定义和清晰的解释，指出指数之间的差异，以帮助用户应用时选择准确的指数序列。

7.4 目前我国 CPI 中自有住房的处理方法

自有住房在我国 CPI 编制中是个特例，国家统计局暂未完全公布其计入方式，但可以通过相关文献和国家统计局网站信息对其进行了解。

7.4.1 居住消费价格指数的分类体系

我国居住类居民消费价格指数中，2000 年以前居住包括住房、水电燃料，从 2001 年至今，居住包括建房及装修材料、租房、自有住房及水电燃料。由此可以看出在现行的 CPI 制度中，我国 CPI 与支出法 GDP 中居民消费的居住核算口径一致。

CPI 中的居住类主要包括：建房及装修材料、住房租金、自有住房和水电燃料四个种类。其中建房及装修材料主要包括木材、木地板、砖、水泥、涂料、板材、玻璃、粘胶、厨卫设备等修建和装修房屋的材料；住房租金包括公房房租、私房房租及其他费用（清洁费、中介费）等；水电燃料包括水电费、液化石油气、管道燃气和煤气等其他燃料；自有住房包括住房估算租金、物业管理费、维护修理费（疏通下水道、铺地板）和其他费用（车位租用费）等。对于自有住房中的物业管理、维修费用和其他费用都可以直接获取，而估算租金无法直接获取，需要制定特殊的方法计算估算租金及权重。

从统计局调研过程中获知，目前我国有关自有住房的虚拟租金估算方法处于一个变革的过渡中。以 2011 年为分界点，2011 年以前国家统计局采用公有房租推算出的房屋贷款利率项消费金额计算自有住房虚拟租金的权数及分类价格指数。

7.4.2 房屋贷款利率项下的自有住房虚拟租金

在 2011 年以前，CPI 中的自有住房均采用"房屋贷款利率项"计算自有住房的估算租金，并以此计算自有住房估算租金的价格变动以及自有住房的权重。

房屋贷款利率项金额用公有住房房租消费金额计算[①]：

$$\text{房屋贷款利率项消费金额(虚拟房租)}=\frac{\text{公有住房房租消费金额}}{\text{公有住房所占比例}}\times\text{私有住房所占比例} \quad (7.1)$$

其中对于何为公有住房所占比例，统计局并未加以说明。为了更好地理解这种估算方法，笔者为其做出合理推断：

$$\text{公有住房所占比例}=\frac{\text{公有住房面积}}{\text{总住房面积}}=\frac{\text{公有住房面积}}{(\text{公有住房面积}+\text{私有住房面积})} \quad (7.2)$$

将式(7.2)代入式(7.1)，变形为：

房屋贷款利率项消费金额(虚拟房租)

$$=\text{公有住房房租消费金额}\times\frac{\text{私有住房所占比例}}{\text{公有住房所占比例}}$$

$$=\text{公有住房房租消费金额}\times\frac{\text{私有住房面积}}{\text{公有住房面积}} \quad (7.3)$$

即在原有的制度测算"房屋贷款利率项消费金额"时，将私有住房单位面积的虚拟房租与公有住房单位面积的实际租金等同。因此这种方法虽然名为"房屋贷款利率项"，但实际是采用公有租金价格估算自有住房服务的虚拟租金。

这种计算方法下的"房屋贷款利率"金额低估了我国自有住房的服务价值。因为公有住房房租是由国家组织定价，近几年来价格变化不大，而且租金价格偏低。而随着我国住房改革的不断深化，商品房、房改房的购买比例越来越高，房地产价格一路攀升，采用公有房租虚拟自有住房服务的做法有失偏颇：

第一，"房屋贷款利率"制度低估了自有住房及居住类在CPI中的权重。2010年，从全国平均来看，"自有住房"占居住类支出的比重为24.44%，占CPI的比重为3.66%。其中"房屋贷款利率"权重占自有住房权重的57.6%，占CPI的比重为2.11%。自有住房的权重远远低于其他国家CPI的自有住房权重，这与我国的自有住房率的不断扩大形成了巨大的反差。根据城镇居民住户调查数据显示，2010年上半年全国自有住房的比重为89.3%。因此，在CPI中居住类的比重应占较高的比例。

第二，"房屋贷款利息"计算自有住房虚拟租金的消费价格指数偏低。"房屋贷款利息"制度隐含着一个假设，即自有住房服务价格变动水平等于公有住房租金的价格变动水平。而公有住房租金是受政府调控的，租金普遍偏低，不能如实反映自有住房服务价格变动的实际情况。

为了能更好地反映自有住房的权重和价格变动水平，从2007年起我国便根

① 资料来源于统计局"流通消费价格工作文件"。

据国情和具体的统计资料的实际情况,提出一系列可参考的测算方法。其中比较特别的是:对于处理自有住房的权重和价格变动的测算分别给出了不同的参考方案。

7.4.3 2011 年自有住房虚拟消费的物价制度改革

1. 我国物价制度出现改革

国家统计局新闻发言人盛运来①指出虚拟房租是 2011 年物价改革中的重要内容。对 CPI 方案进行调整,将自有住房的贷款利率改为虚拟房租:

"以前我国租金市场并不发达,居住类的相关租金情况有公房和私房之分,也有用银行贷款利率来代替住房租金等情况。但是现在已经进行了根本的改革,按照市场租金的办法来替代以前按照购房贷款利率的办法来反映居住情况的变化。所以从改革情况来看,已经在向市场租金这方面靠拢了。因此无论是从权重还是从项目的类别上看,居住价格变化情况都更能反映当前实际情况的变化。"

有关虚拟房租的调整将影响居民的各类消费支出及权重,居住类支出在 CPI 的权重提高至 20%左右,且随着大类权重的增大,相应细项的房租、建筑材料、水电燃料等的支出类权重也会相应提高。

我国 CPI 中的权数是五年更新一次,目前的 CPI(2011 年—2015 年)的权数是在 2010 年确立的,而在 2011 年有关自有住房的物价制度变革使得有关的权数发生变化,可用 2013 年 CPI 中自有住房权数与 2010 年自有住房权数做对比,反映自有住房处理方法的重要性。从全国平均来看,2010 年,自有住房占居住类的比重为 24.44%,占 CPI 的比重为 3.66%。其中"房屋贷款利率"权重占自有住房权重的 57.6%,占 CPI 的比重为 2.11%。对应的,2013 年,自有住房在居住类的比重为 54.8%,占 CPI 的比重为 11%。其中"住房租金"在自有住房的比重为 79%,占 CPI 的比重为 8.7%。可以从以上的数据比较看出,通过自有住房处理方法的变动,我国 CPI 中自有住房及居住消费所占的权数确实得到很大的提高。

2. 有关自有住房权重测算的建议

针对自有住房的权重的测算,国家统计局根据我国实际情况提出了两种建议方案:住户法和投资法。

---

① 国家统计局. 国家统计局新闻发言人就 4 月份主要统计数据答记者问. http://www.stats.gov.cn/tjgz/tjdt/201105/t20110511_17543.html

(1)住户法

住户法与目前我国支出法下GDP中计入居民消费的自有住房服务价值的测算方法相一致,即自有住房的估算租金采用推算的自有住房存量价值和折旧率计算。住户法的数据来源为住户调查[①],具体分为城镇居民自有住房虚拟消费金额和农村居民自有住房虚拟消费金额。

①城镇居民的自有住房虚拟消费金额

城镇居民自有住房虚拟消费金额

=城镇居民自有住房价值×折旧率

=[(城镇居民人均住房建筑面积×城镇居民年平均人口

×城镇居民现房单位面积价值)×私有住房所占比例]×折旧率 (7.4)

其中城镇居民现房单位面积价值=现有住房按市场价估计值/现住房总建筑面积[②],现有住房按市场价估计值和现住房总建筑面积分别为城镇住户调查表W202中的B28和B22项。另外,目前我国房价上涨很快,房屋成交量大,如果同样采用五年一调整的权重,会降低自有住房的支出权重,出现滞后现象。因此,统计局建议城镇居民现房单位面积价值利用三年的数据加权平均,如可设2010年占50%,2009年占30%,2008年占20%;"私有住房比例"取自城镇住户调查中房屋产权[③]为"原有私房+房改私房+商品房"的户数总和在总调查户数中所占的比例。"城镇居民年平均人口"应取城镇常住人口数。对于折旧率,如果按照50年折旧,折旧系数对应为2%;如果按照70年折旧,系数为1.43%。各省可以根据所辖市县调查的实际情况选定1.43%~2%范围内的折旧系数,推算自有住房的虚拟消费额。

采用自有住房价值(存量)与折旧率的乘积计算自有住房的虚拟消费金额(虚拟租金),意味着将房屋价值分摊到每一年,属于国际上通用的"使用法"概念。

②农村居民自有住房虚拟消费金额

农村居民自有住房虚拟消费金额

① 城镇住户调查方案的数据收集方式:城镇居民家庭成员基本情况、城镇居民家庭基本情况、城镇居民家庭现金收支、城镇居民家庭消费支出、城镇居民家庭非现金收入等内容采用日记账方法来收集,每季上报一次;个人基本情况、收入和社会保障支出等内容按家庭成员分别记账,消费支出以家庭为单位记账。

② 原工作文件中为"城镇居民现房单位面积价值=现有住房按市场价估计值(B28)/[家庭人口数(B21)*现住房总建筑面积(B22)]",由于此处需要计算现房的单位面积价值,而不是人均单位面积价值,故此处不应除以家庭人口数。

③ 房屋产权包括:租赁公房、租赁私房、原有私房、房改私房、商品房、其他。

=农村居民自有住房价值×折旧率(3%)

=[(农村人均住房面积×农村居民年平均人口)

×农村居民住房单位面积价值]×折旧率　　(7.5)

其中,“农村人均住房面积”和“农村居民住房单位面积价值”取自农村居民家庭概况表(T301 表)的居住情况中的“住房面积”(平方米/人)和“住房价值”(元/平方米);农村居民年平均人口为农村常住人口数。农村居民住房单位面积价值利用三年的数据加权平均,可设 2010 年占 50%,2009 年占 30%,2008 年占 20%。农村住宅的折旧率固定为 3%。

住户法中没有中间消耗成本,也不包含土地成本,估算时得到权重会出现偏低的结果。

(2)投资法

2007 年国家提出了用投资数据即“投资法”测算权数的方法,投资法是从投资取得商品房住宅的销售金额、销售面积,计算出平均销售价格(销售总金额/销售总面积),以 70 年为期分摊,乘以居民总住房面积(人均住房面积×人口数),得出当年虚拟房屋消费金额。投资法将“房屋贷款利率”的权数金额调整为:

$$\text{城镇居民自有住房人均虚拟消费金额}=\frac{\left(\text{城镇住宅平均销售价格}\times\text{城镇人均住宅建筑面积}\right)\times\text{私有住房所占比例}}{70}$$

其中的住宅平均销售价格=销售总金额/销售总面积;“城镇住宅平均销售价格”采用中国统计年鉴中的“住宅平均销售价格”;“城市人均住宅建筑面积”取住建部的数据;“城镇人口数”应取城镇常住人口数;“私有住房所占比例”取自城镇住户调查“原有私房+房改私房+商品房”数据,以 70 年为期分摊,等同于“住户法”中的折旧,相当于乘以 1.43%的折旧率。

投资法虽然采用了住房的销售价格,但不属于获取法,而是使用法中的“用户成本法”,因为只有用户成本法才涉及“折旧”。且该法仅用于城镇居民,调高城镇居民自有住房在总支出中的比重。

“投资法”与“住户法”之间的比较。二者的相似之处在于两种方法都属于使用法范畴,类似于用户成本法。对于农村居民自有住房虚拟消费金额的测算,投资法与住户法等同。二者的不同之处:第一,数据来源不同。“住户法”的数据来源与 CPI 中其他分类资料来源一致,均采用住户调查数据,“投资法”的数据来源为住建部提供的住宅平均销售价格和城市人均住宅建筑面积数据。第二,在城镇居民自有住房虚拟消费金额中,“投资法”高于“住户法”。住户法中城镇住户的“现有住房按市场价估计值”和农村住户的“农村居民住房价值”是指现有住房,是现有存量的概念,居民正在消费的虚拟金额与居民消费价格指数的含义相同。同时住户调查中，居民一般不会高估现住房的价值，数据比较符合实际情况。而投资法是购买（或投资）商品房的概念，而且大部分是新房交易，数据可能偏高。

3.有关自有住房价格指数测算的建议

在旧的物价制度中，采用公有房租计算的"房屋贷款利率"的变动对自有住房服务的价格变动影响占到近六成①，则自有住房服务的价格变动完全依赖公有房租的变化，这种做法不符合实际情况。综合现有国情和现行CPI调查制度，统计机构认为不能只用"房屋贷款利率"的变化来反映自有住房价格的变化，因此拟采用其他方法，参照ILO（2004）出版的《消费者价格指数手册》中的分类方法，2011年制度取消了原"自有住房"下"贷款利率"项，而用"住房估算租金"这个规格品代替。对于"住房估算租金"具体抽样方式为：大城市选取8套代表性房屋样本、中等城市选取5套样本房屋、县及小城市选取2套样本房屋，房屋的选取应在市中心和郊区位置。估算租金的价格采集单位为元/平方米（套）。

对于自有住房服务的价格变动，国家统计局建议两种处理方法：支付法和租金等价法。

（1）支付法

支付法，即通过计算抵押利息费用指数来进行自有住房价格变动的计算。从原理上说，计算抵押利息费用指数是对房屋贷款利率方法的改进，不仅仅考虑了利率的变化，而且考虑了债务的变化，即引入了债务指数的概念。它虽然没有直接计算房价，但是债务指数间接地包含了房价因素，一定程度上反映了房价的影响因素。同时，债务的权重也可以从银行或银行管理机构取得，具有一定的可靠性。目前英国、爱尔兰等国家采用的是支付法。

（2）租金等价法

租金等价法指的是居住在自己房子的居民如果想用本套住房需要多少钱，是虚拟租金的概念。租金等价法是通过估算自有住房房主所有住房服务的市场价值，来计量这些服务的价格变化。这种方法需要住房所有人对其住房准确估算租金价格，而且需要搜集出租房屋及其特点的数据，建立住房租赁市场的特征回归模型，并运用这种模型来推算房主自住房服务的价格。

美国、加拿大、德国、日本等国家对自有住房虚拟消费的处理方法采用等价租金法。就美国的租金等价法的实际应用而言，测算自有住房的权重时，采取问卷调查的方法采集自有房主的虚拟租金；并对租赁市场的契约租金进行抽样和

① "房屋贷款利率"占自有住房权重的57.6%。

调整得到代表自有住房的纯租金，利用纯租金计算自有住房的价格变动。当然也可以利用住户调查，每月对虚拟租金数据进行专项调查，计算自有住房虚拟租金的价格变动水平，但是因为需要大量的人力、物力，目前难以完全实施。而且，还存在房主对自有住房的租金估算不准确的问题。

由于支付法中的数据来源受限制，考虑价格采集的难易程度和数据的可用性，我国统计机构2011年建议：用市场房租来反映自有住房虚拟房租的变动，采用简便的方法，根据价格采集人员固定的住房样本，直接到租赁市场采价，利用房屋中介公司的数据，由房地产租赁中介定期向采价人员提供与此对应的市场租金，将其作为自有住房的虚拟租金。但是，用市场租金来替代自有住房的租金也可能会有偏颇，因此必须保证采价网点数量较多，增加规格品，并制定相应的采价原则，取得市场租金。

国家统计局2014年1月发布的居住消费价格变动水平数据显示，居住价格同比上涨2.8%。其中，住房租金价格上涨4.6%，建房及装修材料价格上涨1.7%，水、电、燃料价格上涨1.2%。在消费项目分类体系中，居住分为四个种类，而数据仅公布了其中三个种类的价格指数，缺少自有住房服务的估算租金价格变动水平。事实上，住房租金价格的变动水平同时反映房屋租赁和自有住房服务的价格变动，即自有住房服务与租住房屋一样采用市场租金价格测算价格变动水平。

从表7-1中统计局发布的详细数据可以看出，我国CPI中自有住房的变动水平与住房租金中的私有住房的变动水平一致。因此自有住房价格变动水平，验证了我国目前采用租金等价法衡量自有住房虚拟消费的价格变动。

表7-1　2013年8月CPI中私房房租与自有住房估算租金的价格指数

项目名称	上月=100	上年同月=100	上年同期=100	2010年=100	上年12月=100
私有房租	100.9	108.0	109.6	117.3	105.9
住房估算租金	100.9	108.0	109.6	125.9	105.9

资料来源：国家统计局。

但是以2010年为定基的定基指数是不同的，"私有房租"的定基指数为117.3%，而"住房估算租金"的定基指数为125.9%。说明在2010年与2013年之间，对自有住房服务的分类指数的计算方法进行了变革。而且2010年的自有住房的虚拟房租的估算低于同期的私有房租。如果计算分类指数的自有住房的服务价格与计算权数的自有住房服务的虚拟租金是一致的，说明在价格制度变动前，2010年的权数偏低。

由于调研得到的均是统计局建议采用的处理方法，而目前我国 CPI 中自有住房的权重是如何计算的，计算方法是否合理，对自有住房服务的权重是否低估，自有住房服务价格的变动水平是否符合实际，还需要进一步的考证。因此，以下将尝试不同方法计算自有住房的权重及分类指数，如净获取法、租金等价法、用户成本法以及统计局建议的投资法，并利用不同方法下的权重调整和分类指数对总体 CPI 进行重新推算。

7.5　CPI 中自有住房权重的测算

CPI 所采用的权重，是每一种商品或服务项目在居民所消费商品和服务总支出中所占的比重，是反映各调查项目的价格变动对总指数变动影响程度的指标。权重根据居民家庭住户调查资料及相关统计资料整理得出，必要时辅以典型调查数据或专家评估补充和完善。

我国 CPI 中权重测算的数据来源是城乡居民收支调查数据资料（城乡住户调查资料），每隔五年调整一次商品篮子，同时每年根据城乡居民 12 万户消费调查资料及相关资料进行微调（徐奇渊，2010）。表 7-2 为 2006—2010 年[①]和 2011—2015 年的我国 CPI 的官方权重设置，其中权重基期分别设为每一轮起点的前一年，即 2005 年和 2010 年。我国目前 CPI 的固定基期及篮子确定在 2010 年。

表 7-2　官方 CPI 的两轮权重

年份	食品	烟酒	衣着	家庭设备	医疗	交通通信	娱乐	居住
2010	29.8%	2.3%	7.9%	5.7%	9.4%	12.5%	12.2%	20.2%
2005	32.23%	4.5%	9.0%	6.2%	9.4%	9.3%	14.4%	14.97%

数据来源：国家统计局及个人对文献的整理。

居住大类在 CPI 中的权重。由表 7-2 中的两轮的权重数据可知，由于 2011 年物价制度的改革，自有住房中的“房屋贷款利率项”被“住房估算租金”取而代

① 有关 2006—2010 年的权重数据来源于王军平（2006）中引用的统计局官方 CPI 权重，但是在该文献中烟酒的权重高达 14.4%，而娱乐的权重为 4.5%，本书通过对 2006—2010 年的 CPI 数据验证，认为王军平的文献中烟酒和娱乐的权重可能由于笔误发生了错误的对应，在此笔者将其更正：烟酒类权重为 4.5%，娱乐类权重为 14.4%。

之，2011—2015 年的 CPI 中居住类在 CPI 中的权重比上一轮（2006—2010 年）的高出了五个百分点，而除医疗以外的其他七大类的权重均有所下降。

自有住房等各分类项目在居住中的权重。通过调研本书获取 2013 年福建省 CPI 中居住各分类的权重设置（见表 7-3），具体地，居住类消费在总支出中的比重为 20.2%，其中建筑及装修材料在居住类中的比重为 13.5%，住房租金在居住类中的比重为 4.6%，自有住房在居住类中的比重为 54.8%，水、电、燃料在居住类的比重为 27.1%。因此，自有住房服务在总的居民消费支出中的权重为 11%。

表 7-3　2013 年福建省居住类支出比重

2010 年	建房及装修材料	住房租金	自有住房	水电燃料
在居住消费中所占的权数	13.5%	4.6%	54.8%	27.1%

资料来源：福建省统计局。

为了考察地方与全国 CPI 权重的关系以及各年权重之间的关系，本书根据福建省 2013 年各居住分类的权重及全国各年居住及分类价格指数推算 2005—2012 年全国居住类消费价格指数（见表 7-4）。

表 7-4　利用福建省 CPI 的居住类权重估算全国居住价格指数

居住类价格指数	2012	2011	2010	2009	2008	2007	2006	2005
官方 CPI 发布	102.1	105.3	104.5	96.4	105.5	104.5	104.6	105.4
福建权重推算结果	102.1	105.3	104.1	91.5	104.4	105.5	104.3	105.8

从表 7-4 的推算结果可以看出以下几点：第一，各个省市计算本地 CPI 时采用商品与服务的权数是由国家统一计算的；第二，居住大类的价格指数是下属的各个分类价格指数的加权平均；第三，按照规定权数每五年变更一次，目前 CPI 的基期定为 2010 年，即根据 2010 年的消费支出计算商品权数。

另外，由图 7-1 可知，利用 2011 年住房服务权重推算出的 2005—2010 年的居住类价格指数不同于官方发布的数据。在 2010 年低于官方发布的 104.5，究其原因是 2010 年沿用了“房屋贷款利率项消费金额”的方式计算自有住房权重，自有住房权数小于水电燃料类的权数，而水电燃料价格指数 105.5 又高于自有住房类价格指数 103.6，因此 2010 年官方居住类消费价格指数低于推算值。

为了在 CPI 中更准确地计入自有住房，对其权重进行调整可以分为以下四个步骤：

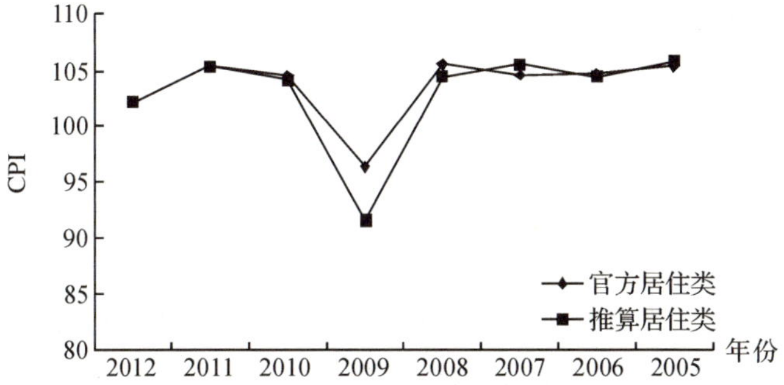

图 7-1　利用福建省 CPI 的居住类权重估算全国居住类 CPI

• 根据官方权重以及城镇居民消费支出，计算各年居住类的消费支出：建筑及装修材料消费支出、房屋租住消费支出、自有住房消费支出、水电燃料消费支出；

• 利用不同的测度方法计算自有住房的虚拟租金；

• 计算估算自有住房租金与官方的自有住房的虚拟租金之间的差额，并计算在新自有住房估算租金下的居民消费支出，即

新居民消费支出＝官方居民消费支出＋(估算自有住房租金－官方自有住房租金)；

• 根据新自有住房估算租金、其他分类消费支出与新居民消费支出的比率计算新的自有住房权重，以及八大类权重。

7.5.1　城镇居民消费支出及各分类消费支出

确定 CPI 的分类权数前，首先确定各个分类的年消费支出金额。由于数据来源的限制，国内有关自有住房权重测算的数篇文献均采用了国家统计局发布的“城镇居民家庭人均现金消费支出”及分类消费支出的数据推算自有住房的权重，本书对此提出一些质疑，并采用调研所得的 CPI 官方权数资料推算城镇居民有关各分类商品的消费支出。

对于城镇居民的各分类消费支出，本书没有利用国民经济核算下的城镇人均消费支出有两个原因：

第一，ILO 的《CPI 手册》在第 14 章的 14.45 节中指出 CPI 中的消费范围包括住户部门个体消费的(非推算)货币支出加上有房主自有住房的隐含租金。本书着重研究自有住房服务的消费支出，在国民核算中，自有住房服务是由房主消费的，没有对应的现金支出，需对该服务的支出通过应付租金或使用成本进行估

算。因此，中国统计年鉴中给出的“城镇居民家庭人均现金消费支出”并未包含自有住房服务的支出，不符合《CPI 手册》中对住户消费范围的界定；

第二，城镇居民消费支出和 CPI 核算的口径不同，二者的居民消费同是分为八大类，但是居民消费支出中的“其他消费支出项”以及 CPI 中的“烟酒”在对方分类中无对应项。何新华(2010)将“其他消费支出”平均为两半，一半“其他消费支出”计入 CPI 中的烟酒支出，另一半计入医疗保健和个人用品支出中，笔者对这种做法持怀疑态度。

因此，本书采用 2011 年官方发布的 CPI 权重和支出法 GDP 中的城镇居民消费推算城镇居民的八大类消费支出，并将其与统计局网站提供的“城镇居民消费现金支出”进行比较。从表 7-5 可以看出，2010 年 CPI 中的人均消费总支出为16241.8元，比城镇居民人均现金消费支出13471.5元高出了 20.6%，除了衣着类消费支出以外的所有分类消费支出都比“城镇居民人均现金消费支出”下分类支出的数额大，尤其对于居住消费，CPI 中有关居住的消费支出是“城镇居民家庭人均居住消费支出”的 2.5 倍，因此不可以采用“城镇居民家庭人均现金消费支出”以及分类消费支出推算 CPI 中各分类消费支出的权数。

表 7-5　2010 年两种城镇居民人均消费支出的口径对比　（单位：元）

2010	总消费支出	食品	烟酒	衣着	家庭设备	医疗	交通通信	娱乐	居住	其他消费支出
与 CPI 对应的人均消费支出	16241.8	4840.0	373.6	1283.1	925.8	1526.7	2030.2	1981.5	3280.8	—
城镇居民消费现金支出	13471.5	4804.7	—	1444.3	908.0	871.8	1983.7	1627.6	1332.1	499.2

资料来源：国家统计局网站数据以及笔者的推算。

由于“城镇居民消费现金支出”中大多数类别的消费支出都低于采用 CPI 权数估算出的分类消费支出，因此采用“城镇居民消费现金支出”对自有住房权重调整时存在误差。

为了保证对自有住房权重的准确估算，本书根据国家统计局给出的 CPI 中的各分类权重反推各年城镇居民在各八大类商品（或服务）中的人均消费金额。全国每五年更新一次权重，当年的 CPI 计算中使用上一年的消费金额计算的权重，所以从 2011 年至今，均使用 2010 年官方 CPI 的权重对各年的分类消费支出进行推算，结果见表 7-6。

表 7-6　利用官方 CPI 权重测算八大类项目的城镇居民人均消费支出（单位：元）

年份	总消费支出	食品	烟酒	衣着	家庭设备	医疗	交通通信	娱乐	居住
2012	20807.7	6200.7	478.6	1643.8	1186.0	1955.9	2601.0	2538.5	4203.2
2011	18817.2	5607.5	432.8	1486.6	1072.6	1768.8	2352.1	2295.7	3801.1
2010	16241.8	4840.0	373.6	1283.1	925.8	1526.7	2030.2	1981.5	3280.8

注：数据由笔者推算。

新的测度方法下有关自有住房服务的消费支出会发生变动，进而城镇居民总的消费支出以及其他分类的权重随着改变。要重新估算自有住房房租及居住类消费的权重，必须在新的自有住房房租的支出下计算城镇居民总消费以及居住类消费支出。根据 2010 年 CPI 中居住类消费支出的权重（见表 7-3）以及表 7-6中各年居住类消费支出金额可以推算出对应年份的居住大类下的各分类消费支出。

表 7-7　估算城镇人均各项居住类消费支出　（单位：元）

年份	建房及装修材料	住房租金	自有住房	水电燃料
2012	567.4	193.3	2303.3	1139.1
2011	513.1	174.8	2083.0	1030.1
2010	442.9	150.9	1797.9	889.1

注：数据由笔者推算。

表 7-7 为 2010—2012 年各个居住分类的城镇人均消费支出，其中包含建房及装修材料的消费支出、租赁房屋的住房租金支出、自有住房服务的虚拟租金支出以及水电燃料消费支出。其中大多数居住消费支出花费在自有住房上，其次是居住期间所消费的水电燃料支出。

7.5.2　投资法下自有住房的权重

前文提到国家统计局根据我国具体情况针对自有住房的权重的测算，提出了两种方案：住户法和投资法。介于笔者暂时无法获取住户法中有关住户调查的数据资料，本书仅采用投资法估算自有住房服务的消费支出，测算 CPI 中自有住房的权重。

投资法是从投资取得商品房住宅的销售金额、销售面积，计算出平均销售价格（销售总金额/销售总面积），在使用年限内按期分摊，乘以居民总住房面积（人均住房面积×人口数），得出当年虚拟房屋消费金额。在使用年限内按期分摊，等同于“住户法”中的折旧，将“房屋贷款利率”的消费金额调整为：

$$\text{城镇居民自有住房人均虚拟消费金额}=\left[\left(\text{城镇住宅平均销售价格}\times\text{城镇人均住宅建筑面积}\right)\times\text{私有住房所占比例}\right]\times\text{折旧率}\qquad(7.6)$$

其中"城镇人均住宅建筑面积"取自住建部的数据,"城镇人口数"取自城镇常住人口数;"城镇住宅平均销售价格"取自中国统计年鉴中的"住宅平均销售价格";由于近几年来我国房地产价格上涨幅度较大,如果采用当年的住宅销售价格计算自有住房虚拟租金的消费支出,会带来自有住房支出权重的剧烈波动,为此,本书采用三年的住宅销售价格的加权平均,如计算 2010 年城镇住宅平均销售价格时,采用2010年、2009年和 2008 年的住宅平均销售价格的加权平均,其中 2010 年占 50%,2009 年占 30%,2008 年占 20%。

"私有住房所占比例"为城镇住户调查中"原有私房+房改私房+商品房"在调查户数中的比重,根据国家统计局发布的《"十一五"经济社会发展成就系列报告之九》中指出到 2010 年底,11.2%的城镇居民家庭拥有原有私房,40.1%的家庭拥有房改私房,38.0%的家庭拥有商品房,因此城镇居民家庭自有住房率即私有住房所占比例为 89.3%。

对于折旧率,统计局建议各省根据情况在 1.43%~2%范围内选定折旧系数,如果按照 50 年折旧,折旧系数对应为 2%;如果按照 70 年折旧,系数为 1.43%。本书分别采用 1.43%和 2%两种折旧率计算 2010 年自有住房的虚拟消费支出金额及在总支出中的权重。

由表 7-8 知,折旧率对自有住房的权重影响十分显著。如果选择 70 年折旧,则投资法下自有住房的虚拟房租比官方发布的自有住房消费支出还要低,权重也下降了 0.2%。当以 50 年折旧时,投资法下自有住房的虚拟租金上升且权数也有所增加。两种折旧率下人均自有住房虚拟租金差距较大,2%的折旧率下比 1.43%时的自有住房虚拟租金高出 40%,而自有住房权重也增加了 1/3。为了更有效地比较自有住房的测度方法,本书选择 2%的折旧率计算投资法下各年的自有住房的虚拟消费支出及在 CPI 中的权重①。

表 7-8 不同折旧率下 2010 年自有住房在 CPI 中的权重

折旧率/%	自有住房虚拟租金/%	自有住房权重/%
1.43	1781.7	10.98
2	2491.9	14.71

根据投资法计算2010年至 2012 年人均自有住房的虚拟消费支出及在 CPI

① 下文其他测度方法中折旧率的选择亦同。

中的权重(见表7-9)。自有住房虚拟租金的消费支出从2010年的2491.9元增至2012年的3030.8元,自有住房支出在总支出中的权重在14%左右。

表7-9　投资法下自有住房虚拟租金及在CPI中的权重

年份	人均自有住房虚拟租金/元	城镇人均消费/元	估算人均总支出/元	自有住房在CPI中的权重/%
2012	3030.8	20807.70	21535.13	14.07
2011	2806.7	18817.16	19540.92	14.36
2010	2491.9	16241.76	16935.83	14.71

同时,根据表7-9中的自有住房的虚拟租金支出与表7-7城镇人均各项居住类消费支出数据可计算出投资法下自有住房及另外三类居住类支出在居住支出中所占的比重(见表7-10)。其中自有住房在居住支出中的比重约为61%,比官方发布的比重提高八个百分点;由于自有住房在居住支出中权重的增大,挤出了另外三类居住支出的份额,其中水电燃料支出约占居住支出的23%,比官方发布的比重降低了五个百分点,而建房装修材料和租房租金在居住支出的权重中也大致下降了一到两个百分点。

表7-10　投资法下自有住房及其他居住类支出在居住总支出中所占的比重

年份	建房及装修材料	住房租金	自有住房	水电燃料
2012	11.51%	3.92%	61.47%	23.10%
2011	11.34%	3.86%	62.03%	22.77%
2010	11.14%	3.80%	62.69%	22.37%
官方	13.50%	4.60%	54.80%	27.10%

为了利用自有住房的估算权重重新计算总体CPI,采用表7-6中除去居住以外的七大类消费支出和投资法计入自有住房时的居住类消费金额,计算出八大类商品(或服务)在CPI中所占的权重,结果如表7-11所示。从表中可看出投资法计入自有住房时的各类商品的权重与现在官方发布的CPI权重十分接近,其中仅有居住类权重提升了大约三个百分点,而其他七个类别的商品权重都有少许下降,但是变动幅度较小,说明投资法计入自有住房的价值略高于官方使用的测度方法。

表 7-11　投资法计入自有住房时八大类商品(服务)在 CPI 中的权重

年份	食品	烟酒	衣着	家庭设备	医疗	交通通信	娱乐	居住
2012	28.8%	2.2%	7.6%	5.5%	9.1%	12.1%	11.8%	22.9%
2011	28.7%	2.2%	7.6%	5.5%	9.1%	12.0%	11.7%	23.2%
2010	28.5%	2.2%	7.6%	5.5%	9.0%	12.0%	11.7%	23.5%
官方	29.8%	2.3%	7.9%	5.7%	9.4%	12.5%	12.2%	20.2%

7.5.3　租金等价法下自有住房的权重

租金等价法是利用同期同质的住房在房屋租赁市场的租赁价格对自有住房所产生的服务进行估价的处理方法。自有住房服务的权重由自有住房的虚拟租金在住户总支出中的比重而定。就美国的租金等价法的实际应用而言，测算自有住房的权重时，采取问卷调查的方法采集自有房主的虚拟租金；目前我国住户调查中缺乏此类住户个人对自有住房租金的估算数据，故采用与当期类似住房的出租租金价格估算自住房主的等价租金，继而计算住户有关自有住房的虚拟消费支出。

$$\begin{matrix}\text{年度人均自有}\\\text{住房虚拟租金}\end{matrix}=\frac{\text{全国月度平均房租}}{\text{城镇居民家庭平均每户家庭人口}}\times 12\times\begin{matrix}\text{私有住房}\\\text{所占比例}\end{matrix}\tag{7.7}$$

据赶集网发布的《2013 年租房市场报告》显示，2013 年全国平均房租为1051元/月。同时国家统计局于 2013 年 11 月发布，我国住房租金已经连续 47 个月上涨，住房租金价格指数同比上涨 4.7%。由此可知我国在 2012 年住房租金的平均价格大约为1004元/月。同时，笔者根据国家统计局发布的年度住房租金价格指数推算出 2010 年和 2011 年的全国平均月度租金价格分别为 977 元和 928 元。由于该价格是成套住宅的月度租赁价格，要计算人均自有住房服务的估算租金，需要根据统计局发布的城镇居民家庭平均每户人口数数据，对租金价格进行平均。如 2012 年我国城镇居民家庭平均每户人口数为 2.9 人，则每月人均自有住房的虚拟租金为 346 元；并对其乘以 12 个月转化为年度人均自有住房的虚拟消费支出；私有住房所占比例为 89.3%。

由笔者推算出我国 2010—2012 年自有住房服务在等价租金法下的人均虚拟消费支出及所占 CPI 的权重，详见表 7-12。自有住房虚拟租金的消费支出从 2010 年的3430元增至 2012 年的3709.3元，自有住房支出在总支出中的权重却由 2010 年的 19.19%下降为 2012 年的 16.70%。

表7-12　租金等价法下自有住房虚拟租金及在CPI中的权重

年份	自有住房虚拟租金/元	城镇人均消费/元	估算人均总支出/元	自有住房权重/%
2012	3709.3	20807.70	22213.66	16.70
2011	3611.8	18817.16	20345.94	17.75
2010	3430.0	16241.76	17873.86	19.19

表7-13　租金等价法下自有住房及其他居住类支出在居住支出中的权重

年份	建房及装修材料	住房租金	自有住房	水电燃料
2012	10.11%	3.45%	66.13%	20.31%
2011	9.63%	3.28%	67.76%	19.33%
2010	9.01%	3.07%	69.82%	18.10%
官方	13.50%	4.60%	54.80%	27.10%

根据表7-13中等价租金法下自有住房及另外三类居住类支出在居住支出中所占的比重可知，2010年自有住房在居住支出中的比重接近70%，比官方使用的比重提高了十五个百分点；由于自有住房在居住支出中权重的增大，挤出了另外三类居住支出的份额，尤其是水电燃料支出，大约比官方发布的比重降低了十个百分点，而建房装修材料和租房租金在居住支出的权重分别下降了四个和一个百分点。

根据除去居住以外的七大类消费支出和租金等价法计入自有住房时的居住类消费金额，计算出八大类商品（或服务）在CPI中所占的权重，结果见表7-14。从表中可看出租金等价法计入自有住房时的各类商品的权重与现在官方发布的CPI权重在居住类别上有显著差异，居住类权重提升了大约六个百分点，而其他七个类别的商品权重都有小幅度的下降，说明租金等价法计入自有住房的价值略高于官方使用的测度方法。

表7-14　租金等价法计入自有住房时八大类商品（服务）在CPI中的权重

年份	食品	烟酒	衣着	家庭设备	医疗	交通通信	娱乐	居住
2012	27.9%	2.2%	7.4%	5.3%	8.8%	11.7%	11.4%	25.3%
2011	27.5%	2.1%	7.3%	5.3%	8.7%	11.6%	11.3%	26.2%
2010	27.1%	2.1%	7.2%	5.2%	8.5%	11.3%	11.1%	27.5%
官方	29.8%	2.3%	7.9%	5.7%	9.4%	12.5%	12.2%	20.2%

7.5.4 用户成本法下自有住房的权重

用户成本法与租金等价法同属于使用法，将住户消费的自有住房转化为自有住房在各个使用期内提供的服务流量进行计量。用户成本法主要针对用户使用自有住房的成本变化进行计量，其中包括经常性实际成本和机会成本。自有住房的用户成本可以视为住户使用自有住房时的估算租金，并使用住户为获得住房服务所支付的用户成本计算支出权重。

国内有关自有住房权重测算的文献（孙文凯、罗圣杰，2011；房雯雯，2012等）在计算自有住房的用户成本时采用了 Katz(2009)的公式：

$$u^t = r^t V_v^t + O_v^t - (V_{v+1}^{t+1} - V_v^t) \tag{7.8}$$

或者 Verbrugge(2008)的公式：

$$u^t = (r^t + r_H^t - E\pi) V^t \tag{7.9}$$

其中，u^t 是自有住房的用户成本，在式(7.8)中，V_v^t 为在 t 时期役龄为 v 的住宅的购买价格，r^t 为名义利率（折现率），O_v^t 为该住宅在 t 期的维持成本，$V_{v+1}^{t+1} - V_v^t$ 是在 t 期初购买住宅而在 t 期末出售的资本损益；在式(7.9)中，r_H^t 和 $E\pi$ 分别为维持成本率和住宅的增值率。

将住宅的资本损益直接计入自有住房的用户成本（估算租金）中，结合我国房地产市场中房价大幅度上涨的实际情况发现，常常计算出的自有住房服务的估算租金为负值，在 CPI 及居住类消费价格指数的编制中是没有实际价值的。因此，这些文献在估算自有住房在 CPI 中的权重时，直接在式(7.8)或式(7.9)中去除住宅的增值部分 $V_{v+1}^{t+1} - V_v^t$ 或 $E\pi \cdot V^t$，以致估算出的自有住房的权重出奇高，如孙文凯、罗圣杰(2011)中利用长期抵押贷款利率计算自有住房的用户成本在总支出中的权数高达 47%，这无论在理论上还是在实际中都是不合理的。

住宅的资本损益不可直接计入自有住房的用户成本中：首先，我国 CPI 的编制目的是衡量住户支出的价格变动水平，不涉及住户的收入，而自住房的资本损益属于户主的财产收入，不在 CPI 的考察范围内；其次，计入资本损益的用户成本法得到的结果十分不稳定，甚至在房价大幅度上涨的阶段出现负值的用户成本，在编制自有住房服务的消费价格指数时是没有实际意义的。而且名义利率、未调整的利息率和资本损益的计算增加了用户成本的短期波动。

与此同时，也不可完全忽视住宅资本损益对用户成本的影响，本书借鉴冰岛的做法：采用实际利率计算用户成本。虽然并未直接在其中计入住宅的资本损益，但是在计算房产占用资金的机会成本和贷款利息成本时，采用实际利率，反映了住房投资的真实收益。从短期来看，资本损益可能高于或者低于实际利率的收益，但是长期而言，资本损益与实际利息大致相同。

本书采用 Diewert(2003a)对于自有住房的简化用户成本法计算我国自有住房的用户成本：

$$R^t=(r^*+\delta+\tau^t)p_H^t \tag{7.10}$$

其中 R^t 是自有住房在时期 t 单位面积的用户成本，p_H^t 代表时期 t 的人均自有住房价格，即等于城镇人均住房面积、住宅平均销售价格和自有住房率三者之积。r^* 是估计的实际利率，δ 是对住房估计的折旧率，τ^t 是在时期 t 对住宅征收的各种费率，其中包括财产税费、房屋保险等。

对于计算自有住房用户成本的实际利率 r^*，通过通货膨胀率对名义利率进行调整得出实际利率：

$$r^*=(1+r_t)/(1+\rho_t)-1 \tag{7.11}$$

其中，r_t 是名义利率，ρ_t 为通货膨胀率。

当出现采用抵押贷款的方式购买自有住房时，自有住房的用户成本为：

$$R^t=[r^*(1-f_t)+r_M^*f_t+\delta+\tau^t]p_H^t \tag{7.12}$$

其中，f_t 为购买住房时抵押贷款的支付比例，r_M^* 为抵押贷款的实际利率，即 $r_M^*=(1+r_M^t)/(1+\rho_t)-1$，$r_M^t$ 为 t 期的抵押贷款利息。

对于数据的选择需要注意以下几点：

第一，实际利率的计算。存款利率和贷款利率的选择有很多种，为便于分析，本书选取中国人民银行的一年期存款年利率与加权平均的住房贷款年利率，其中一年期存款利率选取每年各月的年利率的平均，而住房贷款利率为每年各季度的年利率的平均。通货膨胀率 ρ_t 采用该年的 CPI 数据，并分别采用公式(7.11)对应计算无抵押贷款与抵押贷款购房下我国的实际利率。

第二，购房贷款总值比例。目前我国有关住房抵押贷款的规定为：首套房的贷款比例不得超过房价本身的70%。因此本书设定住房贷款总值比例为70%，即购房资金的30%出于住户的自有资金，70%的房款来源于住房贷款。另外，为了比较贷款比例对用户成本的自有住房估算租金的影响，本书还将讨论住户全款购买住宅(无贷款)的情形下自有住房的用户成本。

第三，关于对住宅征收的各种费率 τ^t。对自有住房征收的各种费率主要有三种：物业税、房屋保险、维修和维护费用。

对于物业税，征收对象为土地、房屋这种不动产，它会随着房屋价值的升值而有所提高。虽然大多数市场经济成熟的国家都实行了物业税，但我国尚未开征，故不计入自有住房的用户成本中[①]。

① 卢礼兰. CPI统计数据与居民感受偏差研究[D]. 西南财经大学，2012.

对于房屋保险，我国主要征收个人住房抵押综合保险，它是银行为了防范住房贷款风险，在住户申请购房抵押贷款时，强制贷款人购买的保险。各大保险公司对住房抵押保险征收的费率基本一致，本书采用太平洋财产保险公司的房贷保险费率 0.045%。由于该保险仅对住房贷款部分征收保费，即住房保险金额=住宅价格×贷款价值比例×房贷保险费率，因此计算自有住房用户成本的保险费率为 $\tau_I^t=70\%\times0.045\%=0.0315\%$。

对于维修和维护费用，我国 CPI 中的物业管理费用以及维护修理费用是包含在自有住房分类下的，在计算自有住房用户成本时应将其计入。但是这些费用目前没有与房屋价值挂钩，也就没有关于维护修理的固定费率 τ^t。但可计入物业管理费用，物业管理费用采用单位面积收费标准，与住宅价格无关，根据住房的面积大小成比例收取。本书采用卢礼兰(2012)的具体做法，对物业收费标准进行算术平均得到月度平均物业管理费为 0.65 元/平方米。因此计算我国自有住房的用户成本的公式如下：

$$R^t=[r^*(1-f_t)+r_M^*f_t+\delta+\tau_I^t]p_H^t+M_t \tag{7.13}$$

其中 M_t 为年度人均住房需缴纳的物业管理费用，等于城镇人均住房面积与年度单位面积物业管理费的乘积。

第四，折旧率 δ，同其他测度方法保持一致，将住宅按照 50 年期分摊折旧，折旧率为 $\delta=2\%$。

本书首先计算无住房抵押贷款情况下的自有住房用户成本，仅采用存款利率计算实际利率，即公式(7.13)中的 $f_t=0$，自有住房的用户成本中包含房产占用资金的机会成本和维持自有住房的经常性成本，结果见表 7-15。

表 7-15　无贷款下自有住房用户成本在 CPI 中的权重计算

年份	实际利率/%	自有住房用户成本(人均年度)/元	重新估算下的人均总消费支出/元	自有住房在CPI中的权重/%
2012	0.515	4252.11	22756.5	18.69
2011	−1.907	442.05	17176.2	2.57
2010	−0.840	1783.46	16227.3	10.99

由于实际利率仅采用存款利率计算，近几年来我国存款利率保持在 3%左右，而 CPI 在 2010 年和 2011 年都高于一年期的存款利率，分别为 1.032 和 1.053，即通货膨胀率大于名义利率，实际利率为负值。换句话说，在这两年里自有住房的购房资金的机会成本为负值。因此自有住房虚拟租金的消费支出在 2010 年为1783.46元，而在 2011 年时仅为 442.05 元，这与当时的房价大涨，购

房的资本收益上升有着直接关系，自有住房的虚拟消费在总支出中的权重由2010年的10.99%下降为2011年的2.57%。而2012年存款利率保持在3.23%，而通胀率下降，实际利率为0.515%，使得自有住房支出快速上升为4252.11元，自有住房在CPI中的权重也从2011年的2.57%上升为18.69%，提高了7倍多。

表7-16　无贷款下自有住房在居住总支出中所占的比重

年份	建房及装修材料	住房租金	自有住房	水电燃料
2012	9.22%	3.14%	69.12%	18.52%
2011	23.76%	8.09%	20.46%	47.69%
2010	13.56%	4.62%	54.60%	27.22%
官方	13.50%	4.60%	54.80%	27.10%

同时，自有住房在居住类消费中的权重变动起伏也十分大，由表7-16知，从2010年的54.6%下降至2011年的20.46%，而在2012年又因为实际利率上升引起自有住房用户成本的增加，使得自有住房在居住类支出中的权重高达69.12%。这种大幅度的变动说明无贷款下实际利率计算的用户成本法不适合我国的CPI编制。而且在表7-17中，此方法推算出的CPI的八大类权重也出现波动，尤其是居住权重以及被其挤出的食品类权重。

表7-17　无贷款下八大类商品(服务)在CPI中的权重

年份	食品	烟酒	衣着	家庭设备	医疗	交通通信	娱乐	居住
2012	27.3%	2.1%	7.2%	5.2%	8.6%	11.4%	11.2%	27.0%
2011	32.6%	2.5%	8.7%	6.2%	10.3%	13.7%	13.4%	12.6%
2010	29.8%	2.3%	7.9%	5.7%	9.4%	12.5%	12.2%	20.2%
官方	29.8%	2.3%	7.9%	5.7%	9.4%	12.5%	12.2%	20.2%

但是值得关注的是：在2010年，无论是自有住房等居住分类在居住类消费支出中的权重还是八大类商品在CPI中的权重，本书的估测值与统计局公布的数值出奇一致，说明我国目前此轮(2011—2015年)CPI中自有住房的权重有可能利用的是无贷款下实际利率的事后用户成本法。

不过，从上述计算中可以看出这种方法的弊端：第一，我国CPI中的权重及篮子是每隔五年更新一次，每年适当进行微调。但从表7-16和表7-17中可以看出，自有住房的权重变动十分剧烈，如果五年之内都按照2010年公布的权重计算 CPI，会使之丧失精准性；第二，我国目前大部分住户通过抵押贷款购买住房，而且住房贷款比例高达 70%，住房贷款利率高于存款利率，如果不将住房贷款成本计入自有住房的用户成本中，将使得自有住房服务的消费支出及权重被低估，为此，本书接下来计算在住房贷款下购房时自有住房的用户成本及权重。

近几年来国家房地产行业过热，为了防止房地产市场出现泡沫，央行采取适当的货币紧缩政策而不断上调贷款利率，使得 CPI 中自有住房服务价格持续上升。同时这几年商品房的价格快速上涨，这样就出现自有住房的用户成本不停上升的趋势，并且这样的趋势可能会在我国相当长一段时期内存在。

因此，贷款购房下的自有住房用户成本从 2010 年的4100元上升至 2012 年的7887.5元，而自有住房在 CPI 的权重由 22.11%调高到 29.89%（见表 7-18）。随着自有住房的用户成本的大幅度增加，自有住房在居住类支出的权重到 2012 年提高至 80%，与官方发布的数据相比，将另外三类居住支出权重挤出，其中水电燃料被挤出的权重最大，如表 7-19 所示。

表 7-18　贷款购房下自有住房用户成本在 CPI 中的权重计算

年份	实际利率/%	人均年度自有住房用户成本/元	重新估算下的人均总消费支出/元	自有住房在 CPI 中的权重/%
2012	2.835	7887.536	26391.84	29.89
2011	0.555	4068.199	20802.30	19.56
2010	0.961	4100.114	18543.91	22.11

表 7-19　贷款购房下自有住房及其他居住类支出在居住总支出中所占的比重

年份	建房及装修材料	住房租金	自有住房	水电燃料
2012	5.80%	1.98%	80.59%	11.64%
2011	8.87%	3.02%	70.31%	17.80%
2010	7.93%	2.70%	73.44%	15.93%
官方	13.50%	4.60%	54.80%	27.10%

在考虑贷款购房的前提下，采用用户成本测算自有住房的消费支出及权重时，CPI 中八大类商品服务的权重测算结果见表 7-20。其中居住类权重在 2010 年比官方权重将近高出了十个百分点，到 2012 年更是高达 37.1%，即此种方法下居住类权重得到了很大的提高，但其波动变动的幅度仍然很大。因此，在此基础上，本书对用户成本法的应用再次调整：采用冰岛的长期实际利率的做法计算自有住房的用户成本。

表 7-20　贷款购房下八大类商品(服务)在 CPI 中的权重

年份	食品	烟酒	衣着	家庭设备	医疗	交通通信	娱乐	居住
2012	23.5%	1.8%	6.2%	4.5%	7.4%	9.9%	9.6%	37.1%
2011	27.0%	2.1%	7.1%	5.2%	8.5%	11.3%	11.0%	27.8%
2010	26.1%	2.0%	6.9%	5.0%	8.2%	11.0%	10.7%	30.1%
官方	29.8%	2.3%	7.9%	5.7%	9.4%	12.5%	12.2%	20.2%

冰岛因为该国抵押贷款的大幅下降，2004 年 8 月开始使用 60 个月的实际利率的平均值计算自有住房用户成本，而当该国实际利率波动变缓后于 2005 年 5 月决定采用 12 个月的平均利率代替以前的 60 个月的平均利率。介于我国实际利率波动较为剧烈，本书采用 36 个月实际利率的算术平均计算房产占用资金的机会成本和贷款利息成本，结果见表 7-21。

表 7-21　长期实际利率下用户成本法的自有住房用户成本在 CPI 中的权重计算

年份	实际利率/%	人均年度自有住房用户成本/元	重新估算下的人均总消费支出/元	自有住房在 CPI 中的权重/%
2012	1.450	5717.0794	24221.4	23.60
2011	2.070	6300.5832	23034.7	27.35
2010	1.854	5250.2846	19694.1	26.66

从上表可以看出，自有住房用户成本在 2010—2012 年间虽有起落，但总体而言相对平稳，自有住房在 CPI 中的权重在 25%左右。同时，自有住房在居住类支出中所占的比重在 2010 年较之官方发布的 54.80%提高至 77.98%，到 2012 年略微下降为 75.06%，即在长期实际利率用户成本法中自有住房的消费支出在居住支出中占 3/4 的比例(见表 7-22)。

表 7-22　长期实际利率下自有住房及其他居住类支出在居住总支出中所占的比重

年份	建房及装修材料	住房租金	自有住房	水电燃料
2012	7.45%	2.54%	75.06%	14.95%
2011	6.40%	2.18%	78.57%	12.85%
2010	6.58%	2.24%	77.98%	13.20%
官方	13.50%	4.60%	54.80%	27.10%

表 7-23 是在长期实际利率的用户成本法下八大类商品服务在 CPI 中的权

重测算，居住类权重在 2010 年为 34.2%，与统计局发布的 20.2%相比，提高了近 70%。随着居住类消费权重的提高，其他七大类的权重都相应地下降，但是下降的幅度较平缓，并未对食品类消费权重造成很大的挤出。

表 7-23 长期实际利率下八大类商品(服务)在 CPI 中的权重

年份	食品	烟酒	衣着	家庭设备	医疗	交通通信	娱乐	居住
2012	25.6%	2.0%	6.8%	4.9%	8.1%	10.7%	10.5%	31.4%
2011	24.3%	1.9%	6.4%	4.7%	7.7%	10.2%	10.0%	34.8%
2010	24.5%	1.9%	6.5%	4.7%	7.8%	10.3%	10.1%	34.2%
官方	29.8%	2.3%	7.9%	5.7%	9.4%	12.5%	12.2%	20.2%

从以上三种方案(无贷款、贷款下、长期实际利率)的运用结果来看，采用用户成本法在 CPI 中计入自有住房时，长期实际利率的运用最切合我国的实际情况。

7.5.5 获取法下自有住房的权重

计算自有住房在 CPI 中的权重时，净获取法与用户成本法以及投资法的应用最大的不同之处在于：净获取法注重的是流量概念，而用户成本法和投资法注重的是存量的概念。净获取法下的权重是基期住户部门购买住房的支出在其总支出中所占的比重，能更好地反映通货膨胀的情况。因此计算自有住房权重时仅使用住宅的流量数据。

由于使用的是整个住户部门有关住宅方面交易流量的数据，无法再使用住户消费支出数据，因此自有住房的权重需要更多的数据来源参与计算，其中国民核算数据便是计算自有住房权重的主要数据来源(Eurostat,2012)。

自有住房的权重使用国民账户中固定资本形成的核算数据计算。具体使用住户在住宅方面的固定资产形成数据。同时，在获取法下估算自有住房的权重，其范围应该包括该时期新购置的住房减去住户部门出售给其他部门的住房的净值。而且住户之间的二手房交易被视为住户内部交易，不计入自有住房的范畴。因此，本书采用国民账户中固定资本形成中"城镇住宅投资"的年度数据与自有住房率 89.3%的乘积，记为当年城镇居民的自有住房支出。

获取法下测算自有住房的权重时，分母总支出不再是居民总消费。获取法中直接计入了当年居民住宅的投资金额，因为居民住宅投资属于固定资产形成，不计入居民消费中。因此自有住房在 CPI 中的权重计算的不是住宅固定投资在居民总消费中的支出，应将分母加以变动。

在官方 CPI 下的居住大类下包含了四类与住房有关的支出：建房及装修材

料、住房租金、自有住房和水电燃料。如果采用净获取法中使用“城镇住宅投资”衡量自有住房，则其中涵盖了“建房及装修材料”的支出，故在获取法下居住支出仅分为三大类：自有住房、房屋租金和水电燃料，将原有的“建筑及装修材料”项目排除。

对作为分母的总支出进行调整：对国民账户中的“城镇居民消费”加以变动，减去原有的自有住房服务和建房及装修材料的城镇居民支出，再加上国民账户中固定资本形成中的“城镇居民住宅投资”，即利用国民核算数据计算获取法下自有住房权重的公式为：

$$w_{\mathrm{OOHN}}=\frac{\text{城镇住宅投资}}{\text{城镇居民消费总值}-\text{自有住房支出}-\text{建筑及装修材料支出}+\text{城镇住宅投资}} \tag{7.14}$$

其中，w_{OOHN}为净获取法下自有住房在CPI中的新权重。获取法下全国城镇居民自有住房的虚拟消费支出、加入当年住户部门新购住宅价值的总支出及自有住房在总支出中的权重的计算结果见表7-24。

表7-24　净获取法下自有住房在CPI中的权重

年份	自有住房总支出/亿元	城镇居民消费/亿元	推算总支出/亿元	自有住房权重/%
2012	51654.93	148113.39	179333.71	28.80
2011	46233.62	129987.04	158286.61	29.21
2010	35508.45	108784.05	129283.83	27.47

根据国民账户中固定资本形成中“城镇住宅投资”的年度数据与自有住房所占比例乘积所得的全国城镇居民的自有住房支出，从2010年的35508.45亿元增至2012年的51654.93亿元，2010年到2011年的增幅为30.2%，2011到2012年的增幅为11.7%；城镇居民自有住房支出在总支出中的权重在27%到29%之间。

同时，为了得到自有住房在居住类中的权重以及八大类在CPI中的权重，需要先计算获取法下各年城镇居民居住消费支出金额。在获取法下居住支出仅包含自有住房、房屋租金和水电燃料三类项目，将原有的“建筑及装修材料”排除。因此对表7-7城镇人均各项居住类消费支出数据中的“房屋租金”、“水电燃料”的支出相加，乘以每年城镇人口数，再与表7-24中的自有住房总支出相加得到城镇居民居住消费支出总额，并计算“自有住房”、“房屋租金”和“水电燃料”在居住类消费支出中的权重，如表7-25所示。

其中2010年自有住房在居住支出中的比重高达83.60%，比官方发布的比重提高了三十个百分点，而且在随后的两年里稳定在84%以上；由于自有住房在居住支出中权重的增大，挤出了另外两类居住支出的份额，其中水电燃料支出约占居住支出的14%，比官方发布的比重降低十三百分点，租房租金在居住支出的权重中也下降两个百分点。

表 7-25　净获取法下自有住房及其他居住类支出在居住总支出中所占的比重

年份	住房租金	水电燃料	自有住房	建房及装修材料
2012	2.25%	13.26%	84.49%	—
2011	2.21%	13.05%	84.74%	—
2010	2.38%	14.02%	83.60%	—
官方	4.60%	27.10%	54.80%	13.50%

由于获取法下是采用国民账户数据计算城镇居民整体的自有住房的虚拟支出，所以重新估算CPI中的权重时，应利用表7-6中除去居住以外的七大类的人均消费支出乘上城镇人口数，得到城镇居民有关七大类商品（服务）消费的支出金额，并计算出八大类商品（服务）在CPI中所占的权重，结果见表7-26。

表 7-26　净获取法计入自有住房时八大类商品(服务)在CPI中的权重

年份	食品	烟酒	衣着	家庭设备	医疗	交通通信	娱乐	居住
2012	24.6%	1.9%	6.5%	4.7%	7.8%	10.3%	10.1%	34.1%
2011	24.4%	1.9%	6.5%	4.7%	7.7%	10.3%	10.0%	34.5%
2010	25.1%	1.9%	6.6%	4.8%	7.9%	10.5%	10.3%	32.9%
官方	29.8%	2.3%	7.9%	5.7%	9.4%	12.5%	12.2%	20.2%

从表7-26中可看出净获取法计入自有住房时，居住类权重在2010年为32.9%，与统计局发布的20.2%相比，提高近二十三个百分点。并在随后的两年里，居住类权重提高至34%以上。同时，随着居住类消费权重的提高，其他七大类的权重都相应地下降，其中对食品类消费权重造成较大的挤出效应，食品类权重下降了近五个百分点。

7.5.6　不同测度方法下自有住房权重的比较

比较上述四种测度方法所估算出自有住房在CPI中的权重。四种测度方法分别为投资法、租金等价法、用户成本法和净获取法。其中投资法、用户成本法中的折旧都按照50年分摊，折旧率为2%；同时，用户成本法下采用了多种方案估算自有住房的权重，考虑到权重变动的平稳性和方案的完善性，此处选用长期实际利率下的用户成本法参与对比，比较结果见图7-2。

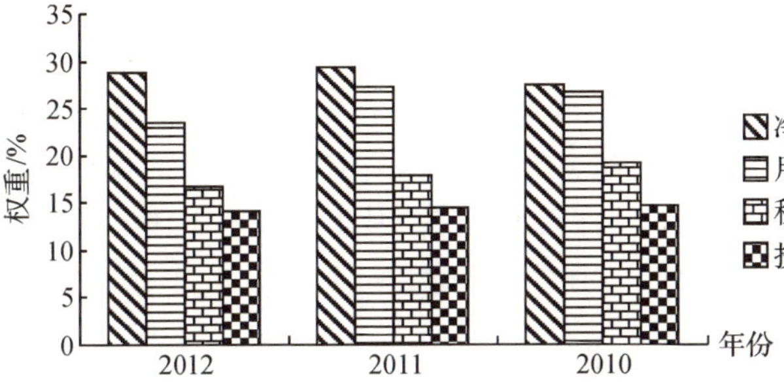

图 7-2 不同测度方法下自有住房权重的比较

由图 7-2 知，在四种方法中，获取法下自有住房在 CPI 中的权重最高，其次是用户成本法和租金等价法，投资法估算出的自有住房的权重最低，仅有净获取法下自有住房权重的一半。由此可见，测度方法的选择对自有住房的权重设置有着极其重要的影响。因此，在处理 CPI 中的自有住房时，应充分结合我国的实际经济情况与统计条件，选择合理的测度方案，提高 CPI 数据的精准性。

7.6 自有住房服务价格的变动

自有住房对 CPI 的影响不仅来自于权重的变动，还需要考虑自有住房服务的价格的变动水平。

孙文凯、罗圣杰(2011)采用多种方法调整消费者的自有住房服务支出，提高自有住房在 CPI 总体中的权重，但是估算出来的 CPI 值并未显著提高并且较之官方发布的 CPI 有下降的趋势。孙文凯解释这种结果出现的原因在于，自有住房权重的提高，在一定程度上挤压了其他类的消费，尤其是食品类消费的权重大大降低，近些年来食品价格涨幅较高，比官方发布的居住类消费价格指数更高，因此，采用新权重修正的 CPI 结果与统计局发布的 CPI 差异不显著。但是事实情况是否如此呢？在我国房地产价格逐年快速上涨的影响下，目前统计局发布的自有住房的分类居民消费价格指数是否能如实地反映自有住房服务的价格变动？修正过的 CPI 变化不大，是来源于自有住房权重对食品类权重的挤出还是来源于自有住房价格指数偏低？对于以上的疑问，有必要讨论 CPI 中自有住房测度的另一个关键问题——自有住房服务的价格变动水平。

同时，本书为了比较各种自有住房各种测度方法对总体 CPI 的影响，将利用上节所估算出的权重对 2010 年 1 月至 2012 年 12 月的月度 CPI 数据重新估算，因此需要测算各种测度方法下自有住房的月度价格指数。

不同的测度方法下自有住房的价格指数的计算方法不同，由前些章节讨论可知，在净获取法和简化的用户成本法下，自有住房的价格指数均可由房屋销售价格指数（HPI）近似替代；在租金等价法下，自有住房服务的价格变动与同质的租赁住宅的市场价格的变动水平近似相等，因此可以采用住宅的租赁价格指数代表自有住房估算租金的居民消费价格指数。

7.6.1 房屋销售价格指数

获取法和用户成本法下，选择房屋销售价格指数衡量自有住房的虚拟租金价格指数。就我国所编制的房屋销售价格指数而言，国家统计局发布的 70 个大中城市的房屋销售价格指数最权威、最有影响力。我国从 1998 年开始由国家统计局发布大中城市房地产价格指数，其中包括土地出让价格指数、房屋销售价格指数和房屋租赁价格指数 3 类。期初是 35 个大中城市，后改为 70 个大中城市。房屋销售价格指数中包含新建住宅价格指数和二手住宅价格指数，由于在获取法下仅有新建住宅可以计入自有住房，因此选择新建住宅价格指数。同时本书欲编制全国 CPI 的月度指数，需要 2010 年 1 月到 2012 年 12 月的全国新建住宅价格指数的月度数据。但是从 2011 年开始统计局对房屋销售价格指数的编制进行变动，不再计算全国统一的房屋销售价格指数，而仅公布 70 个大中城市的房屋销售价格指数。因此从 2011 年 1 月至 2012 年 12 月的全国新建住宅价格指数是由笔者利用中经数据库（CEIC）提供的“商品住宅销售价格”月度数据计算的月度住宅销售价格指数（上年同月＝100），如表 7-27 所示。

表 7-27　住宅销售价格指数（上年同月＝100）

	1月	2月	3月	4月	5月	6月	7月	8月	9月	10月	11月	12月
2012	89.6	89.6	97.6	101.6	103.4	105.3	106.8	107.4	108.0	107.9	107.8	108.4
2011	111.5	111.5	110.1	104.9	106.9	109.0	110.2	110.0	108.1	106.7	105.8	106.1
2010	111.3	113.0	114.2	115.4	115.1	114.1	112.9	111.7	111.3	110.6	109.3	107.6

注：2010 年数据为统计局发布的全国住宅销售价格指数，2011 年和 2012 年数据为笔者推算而得。

从 2010 年开始，住宅销售价格指数高居不下，直到 2011 年第四个季度开始进入了平稳上升的趋势。但是在 2012 年第一个季度中住宅销售价格突然下滑，而且该季度住宅销售价格指数的下降与统计局发布的 70 个大中城市住宅销售价格指数的总体下降态势趋同。从 70 个大中城市新建商品住宅销售价格的同比数据看，从2012年1月起，新建商品住宅销售价格同比下降的城市开始增加，直至3月份有38个城市的住宅销售价格开始下降，是自2011年9月个别城市出现价格同比下降以来，下降城市个数最多的月份，而且即使在新建商品住宅销售价格同比上涨的29个城市中，21个城市的同比涨幅也比以往有所回落①。之所以出现这种总体下降的态势，是因为我国为了避免房地产市场出现泡沫化，加大了房地产调控的力度，对房价的调控初现成效，使得房价呈现出稳中趋降的态势。但是受刚性需求释放，楼盘的降价打折促销优惠力度减弱，买卖双方的议价空间缩小，房价上涨的压力依旧存在，使得住宅销售价格再次出现了波动上涨的趋势②。因此，从2012年第二个季度开始，新建住宅价格再次上升，截至2012年底住宅销售价格指数回升至108.4。

7.6.2　房屋租赁价格指数

租金等价法下自有住房服务的居民消费价格指数衡量的是住户使用自有住房的虚拟租金的价格变动水平。我国统计局在70个大中城市房地产价格指数体系中编制季度房屋租赁价格指数，反映一定时期内房屋租赁价格总水平变动趋势和变动程度的相对数，但是该指数的编制截止至2010年年底（见表7-28）。

表7-28　70个大中城市的住宅租赁价格指数(上年同期＝100)

	第一季度	第二季度	第三季度	第四季度
2010	101.9	110	112.1	113.8
2009	99.8	98.5	99.0	99.3

资料来源：《中国经济景气月报》。

近年来，随着我国经济的快速发展和居民收入水平的不断提高，随着城镇住房市场化改革的不断深化和城镇化进程的加快，我国居民住房需求增长较快，房地产市场快速发展，房价上涨较快。相应地，随着房价的迅速上涨，房租价格也不断上涨③。从表7-28知，从2010年第二季度开始，住宅的租赁价格开始大幅

① 国家统计局.专家解读：3月份房价总体上继续呈下降态势. http://www.stats.gov.cn/tjsj/zxfb/201204/t20120418_12814.html，2012－04－01.

② 房地产市场调控仍处于关键阶段。今后，仍需要继续坚持房地产宏观调控政策不放松、不动摇，只有这样，房地产市场健康发展才可能得以实现。

③ 国家统计局独家详解：核算体系改革正在进行——国家统计局副局长许宪春就研发支出纳入国内生产总值及采用2008年国民账户体系等问题答记者问。

度增加，并在随后的两个季度内租赁价格与上年同期相比均保持10%以上的上涨幅度。截止至2013年11月，统计局发布数据显示我国住房租金已经连续47个月上涨。

由于数据上的限制无法采用70个大中城市的房屋租赁价格替代等价租金法下自有住房服务的价格指数。故本书使用CPI中房屋租住的租金价格指数衡量租金等价法下的自有住房服务的价格变动水平(见表7-29)。

表7-29 住宅租赁价格指数(上年同月=100)

	1月	2月	3月	4月	5月	6月	7月	8月	9月	10月	11月	12月
2012	102.4	102.3	102	101.9	102.2	102.9	103	102.9	103.1	103.1	102.8	103.3
2011	107.4	107.8	108.2	107.7	107.3	106	103.8	103.7	103.4	103.6	103.7	102.8
2010	103	102.9	103	103.4	103.6	104.3	106.1	106.6	106.9	106.8	106.7	106.9

资料来源：国家统计局网站。

CPI中的租住房屋中包含公房租金和私房租金，而公租房属于补贴性住房，房租价格受到国家的控制，租金较低且变动幅度不大，所以CPI中的房屋租金价格指数略低于2010年《中国经济景气月报》中公布的房屋租赁价格指数。采用表7-29中的住宅租赁价格指数衡量租金等价法下的自有住房虚拟租金的价格变动水平时，所得的居住类消费价格指数和总体CPI会略低。

7.7 多源头数据整合下重新测算CPI

前文讨论四种方法：净获取法、用户成本法、租金等价法和投资法，利用这四种方法下自有住房的权重和分类价格指数，对2010—2012年的CPI进行估算，并将其与官方发布的CPI相比较，进一步分析不同自有住房的测度方法对总体CPI的影响。

7.7.1 净获取法

采用净获取法估算的CPI与官方CPI之间差别较大。由于净获取法下自有住房的权重在上述四种测度方法中是最高的，因此自有住房价格变动对CPI的影响在四种测度方法中也最为明显，如图7-3。

净获取法采用住宅销售价格指数衡量自有住房服务的价格变动水平，在

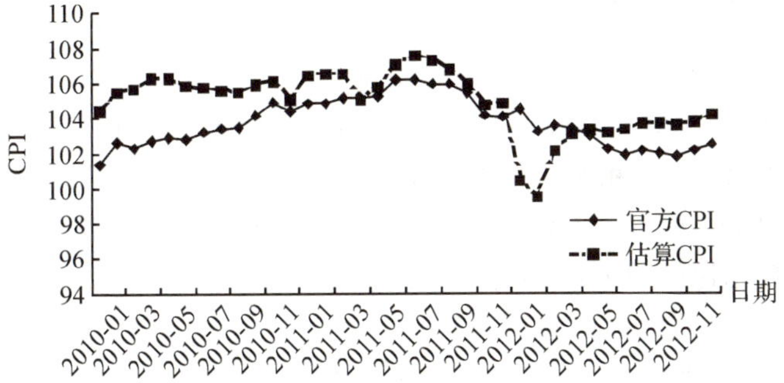

图 7-3　净获取法计入自有住房的估算 CPI 与官方 CPI 的对比

2010 年至 2011 年，住宅销售价格指数涨幅较高，估算的 CPI 与官方 CPI 一样都呈上升趋势，但由于住宅销售价格指数高于官方发布的自有住房服务的消费价格指数，因此在该阶段估算 CPI 大于官方 CPI。而在 2012 年的第一个季度，源于住宅销售价格指数的大幅度下跌，使得估算 CPI 远远低于官方 CPI，但是随着住宅价格指数的快速回升，估算 CPI 再次大于官方 CPI，呈现平稳上升的态势。

7.7.2　用户成本法

用户成本法计入自有住房时，估算 CPI 的总体趋势与净获取法的估算 CPI 基本一致，因为两者的自有住房的分类价格指数——住宅销售价格指数一致。但源于用户成本法（长期实际利率）下自有住房服务的权重略低于净获取法的自有住房权重，所以自有住房的分类消费价格指数对总体 CPI 的影响略小于净获取法，用户成本法计入自有住房时的估算 CPI 见图 7-4.

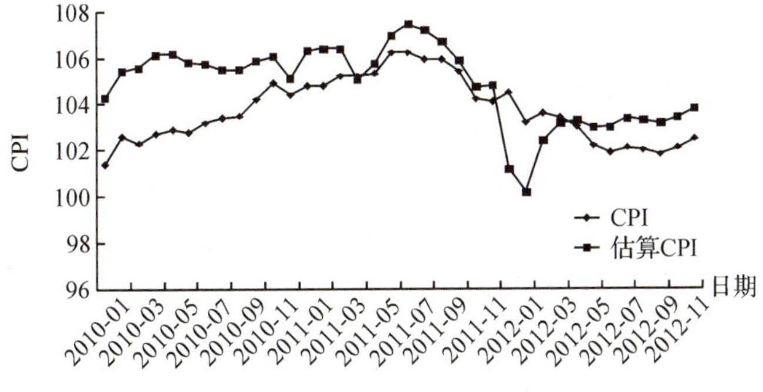

图 7-4　用户成本法（长期实际利率）计入自有住房的估算 CPI 与官方 CPI 对比

7.7.3 租金等价法

采用租金等价法计入自有住房时得到的修正 CPI 与官方 CPI 的变化趋势一致，两者之间的相对差异较小，尤其在 2012 年的对比中两者基本相等，且最多相差 0.2%，如图 7-5。租金等价法中采用住房租金的分类价格指数衡量自有住房虚拟租金的价格变动，其波动水平与净获取法和用户成本法中所应用的住宅销售价格指数相比较为平稳，不会出现大起大落。

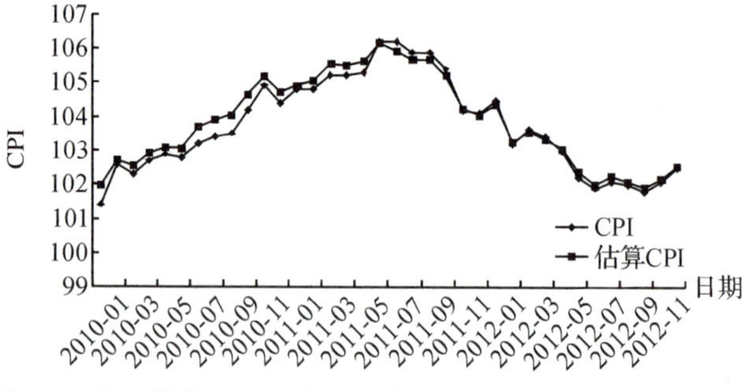

图 7-5　租金等价法计入自有住房的估算 CPI 与官方 CPI 对比

7.7.4 投资法

投资法是我国统计局建议衡量自有住房的权重的方法，采用对住房价值按期分摊，属于“使用法”范畴。但目前没有与之对应衡量自有住房虚拟价格变动的自有住房分类消费价格指数。因为投资法属于使用法，而使用法中用户成本法和租金等价法分别采用了住宅销售价格指数和住宅租赁价格指数衡量自有住房的虚拟价格变动，所以本书将投资法分别对应上述两种价格指数得到投资法Ⅰ和投资法Ⅱ：

投资法Ⅰ：投资法权重，住宅销售价格指数；

投资法Ⅰ计入自有住房时，估算 CPI 的总体趋势与净获取法、用户成本法的估算 CPI 基本一致，因为这几种方法下的自有住房的分类价格指数都是住宅销售价格指数。但源于投资法下自有住房服务的权重最低，所以自有住房的分类消费价格指数对总体 CPI 的影响小于净获取法和用户成本法，投资法Ⅰ计入自有住房时的估算 CPI 见图 7-6。

投资法Ⅱ：投资法权重，住宅租赁价格指数；

投资法Ⅱ计入自有住房时，估算 CPI 的总体趋势与租金等价法的估算 CPI 基本一致，因为二者的自有住房的分类价格指数均为住宅租赁价格指数。但源

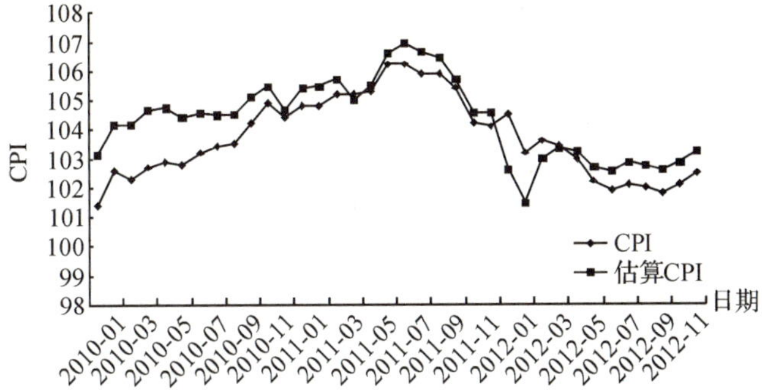

图 7-6　投资法Ⅰ计入自有住房的估算 CPI 与官方 CPI 对比

于投资法下自有住房服务的权重最低，所以自有住房的分类消费价格指数对总体 CPI 的影响小于租金等价法，投资法Ⅱ计入自有住房时的估算 CPI 更贴近官方 CPI，见图 7-7。

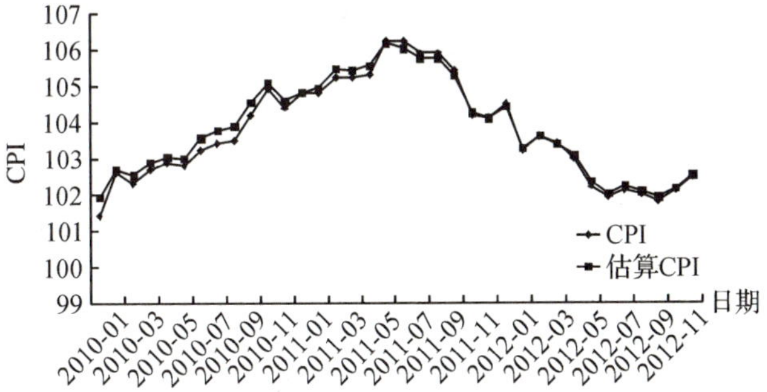

图 7-7　投资法Ⅱ计入自有住房的估算 CPI 与官方 CPI 对比

图 7-8 将上述五种估算 CPI 以及官方 CPI 综合起来，可以得出以下结论：

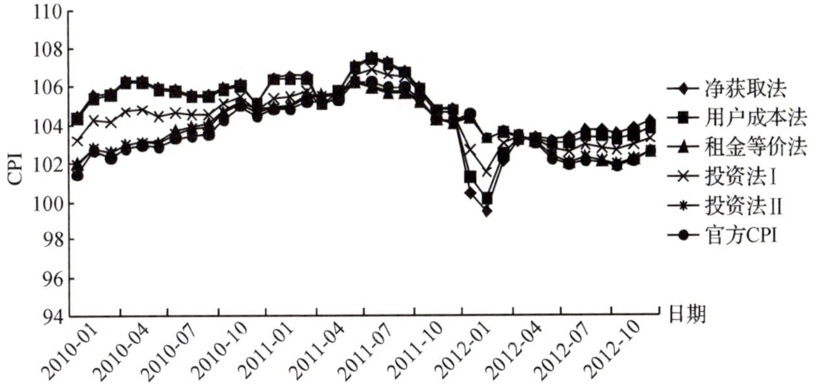

图 7-8　各种估算 CPI 及官方 CPI 的综合对比

第一，因为统一采用住宅销售价格指数作为自有住房的消费价格指数，净获取法、用户成本法和投资法Ⅰ的估算CPI变动趋势与变动水平和官方CPI有很显著的差异，尤其在住宅价格上涨或下跌过快时，将会对当期CPI的变动带来巨大影响，更能反映当期的通货膨胀的实际情况。同时，净获取法与用户成本法的估算CPI几乎重叠，而投资法Ⅰ的变动趋势与前两者相似，但由于投资法Ⅰ下自有住房的权重偏小，会相对削弱房价变动对CPI的影响。

第二，租金等价法、投资法Ⅱ的估算CPI与官方CPI几乎完全重合。源于二者采用了住房租金消费价格指数替代自有住房虚拟价格的消费价格指数。另外，租金等价法下自有住房的权重高于投资法Ⅱ，租金等价法的估算CPI变动幅度略大于投资法Ⅱ。

第三，对居住价格的权重提高并不一定会使得CPI升高，而是提高了居住价格变动对总体CPI的影响力度，至于修正后的CPI是提高还是降低，关键取决于修正后自有住房服务的消费价格指数的变化情况。如获取法、用户成本法和投资法Ⅰ下2012年第一季度的估算CPI均由于住宅销售价格指数的下跌而大幅度回落，从之前温和的通胀转为通货紧缩。

7.8 我国CPI中自有住房服务测度的改革设想

从上述分析中，笔者猜测我国自有住房目前的测度方法如下：自有住房的权重测度和自有住房价格变动的测度采用不同的方法框架。对于自有住房的消费支出及权重的测度方法，我国采用了无贷款下的用户成本法或投资法；对于自有住房虚拟租金的价格变动，我国采用租金等价法，与房屋租赁中的私房租金分类价格指数一致。

针对目前我国CPI中自有住房核算存在的问题，我们认为应该对现行的自有住房核算进行改革。根据国际上的做法、目前所能收集到的材料和上述的理论与实证分析，经初步研究，关于我国CPI中自有住房测度的改革，有以下几个方面可供参考：

（1）统一我国自有住房的测度方法，从权重到价格变动水平，均采用租金等价法

其理由是：第一，租金等价法是国民核算中有关自有住房的虚拟消费核算中的最佳方法，虽然我国目前尚未实现在GDP核算中运用租金等价法，但这是目前我国国民经济核算制度改革的努力方向，为了保持数据的一致性和衔接性，在

CPI中计入自有住房的首选为租金等价法；第二，租金等价法的结果比较适中，通过上文的估算在租金等价法下自有住房的价格指数变化波动较为平稳，总体CPI不受到房地产市场的投机性价格变动的剧烈影响；第三，我国租赁市场上有充足的住房租赁市场，通过比较同质的住房租金得到各种类型自有住房的虚拟租金，而且房屋租赁市场不受政府的价格控制，租金价格完全由市场供求决定，虚拟租金变化水平可以代表住户使用自有住房服务的价格水平。

(2)从采价到运算公式，循序渐进地逐步规范租金等价法

首先，我国测量自有住房服务的价格变动水平时利用租金等价法必须满足假设：自有住房价格变动水平等同于租金价格变动水平，这个假设是否合理有待于进一步地实证分析。

其次，我国在租金等价法下直接采用经济租金的价格变动计算出的自有住房服务分类指数是不准确的，而是应根据经济租金的调整，得到代表自有住房服务的纯租金。而我国租金等价法是直接采用了市场租金价格，并未对其进行调整。因此，有必要采用特征回归方法去除其中所带的家用设施费用并进行质量调整，如果不对市场租金进行调整，采用租金等价法计入自有住房时仅相当于增加了房屋租赁市场的权重，这种做法有失偏颇。

因为对于自有住房服务的估算租金需要对实际的市场租金配合其租赁房屋的样本特征进行调整，故在此无法进行具体的调整，但是可通过比较家用设施中的耐用消费品价格指数和私有房租价格指数，得出结论：代表自有住房服务的纯租金的价格变动同私房租金的价格变动水平是有差异的。

私房租金的价格指数中包含了家用设施中耐用消费品的价格变动，而纯租金中不含有家用设施，如果私房租金价格指数与耐用消费品价格指数相等，则可以将耐用消费品的价格变动影响忽略不计，采用私房租金的消费价格指数直接衡量自有住房纯租金的价格变动水平。但是实际情况并非如此，以2013年8月统计局发布的月度CPI数据可知，耐用品的同比价格指数与定基价格指数均低于100，且呈下降趋势，而私有房租的同比价格指数为108，因此如果适当在私房房租中去除家用设备等费用，则自有住房的纯租金的价格变动会略高于私房房租的价格变动水平。

再次，对于租赁房屋样本的选择是否均有代表性，在计算自有住房的等价租金价格指数公式中样本的权重如何测定是一个需要关注的问题。

等价租金价格指数不能使用简单几何平均公式，应注重代表规格品的样本加权，如采用按规模成比例加权。我国的调查项目分类中，“自有住房”下的“住房估算租金”属于基本分类。但是我国统计机构发布的计算基本分类的计算公式是不适用于自有住房的虚拟租金价格指数的。

我国流通和消费价格统计报表制度规定计算基本分类的月环比指数公式为：

$$K_i = \sqrt[n]{G_{t1} \times G_{t2} \times \cdots \times G_{tn}} \times 100\% \tag{7.15}$$

其中，$G_{t1}, G_{t2}, \cdots, G_{tn}$ 分别为第 1 个至第 n 个规格品在第 t 期与上期价格对比的相对数。上式采用了几何平均的方法计算基本分类价格指数，对每个规格品赋予了同样的权数。但是对于住房而言，地理位置是决定住房价格（租金）水平的重要因素，不同采价点的租金变动水平也是有差异的，因此计算自有住房的"估算租金"的价格指数时，应对不同地理区域的虚拟租金价格按照住房总支出水平比例进行加权平均计算估算住房租金的价格指数：

$$I_{\mathrm{OOH}} = w_1 I_1 + w_2 I_2 + w_3 I_3 + w_4 I_4 + \cdots + w_i I_i \tag{7.16}$$

其中，w_i 代表第 i 类自有住房使用过程中的消费在总自有住房服务支出中的权数。

总之，从美国等价租金法的应用来看，无论是系统的抽样规则，还是市场租金的质量调整以及样本自有住房权重设定，都是一个精细、复杂的过程。因此，应遵循从易到难的规则，应逐步考虑向规范的等价租金法靠近。可先在住房租赁市场发达、租赁数据信息完整的地区做试点，而后逐步向全国范围推广。

（3）在我国的居民消费价格调查项目目录"居住"大类中可能存在重复计价的问题

建房及装修材料与自有住房重复，自有住房已采用住房存量折旧分摊的虚拟租金方式纳入 CPI，其中住房存量使用建筑价格或者购房价格计入，相当于在自有住房中已包含了建筑材料的价格，就不应再记录建房成本——建房及装修材料。且建房和装修属于固定资本形成，不属于消费，所以将建房及装修材料直接纳入 CPI 中将出现重复计算和概念混淆的问题。

（4）房产经纪费的列入问题

在我国自有住房分类中并未列出房地产经纪费，而在我国是否可以将其划归于金融服务中计入 CPI？由于我国住户的房地产交易日益频繁，为了提高我国 CPI 指数的公信力与国际对比性，在我国 CPI 整体的获取法框架下，可将住户消费的房地产经纪服务费用作为金融服务计入 CPI 中。但也要充分意识到房地产经纪服务作为金融服务计入 CPI 时会使得产权转让服务拥有更高的权重。另外，服务价格的计算方法将会发生变化，作为资产转移费用的房地产经纪费用与资产价格的变动挂钩，因此在计算转让成本前应先对房产价格样本的代表性进行处理。

（5）编制并发布中国有关自有住房的 CPI 分析序列

为了方便国际对比和适应更多用户的不同需求，我国可以参照加拿大统计局的做法，编制并发布有关自有住房的CPI分析序列，作为标题CPI的有力补充。分析性CPI序列主要针对自有住房部分采用不同的编制方法，如用户成本法、租金等价法、支付法、获取法等。同时可以对同一种方法的不同情况编制多种CPI指数序列，如采用住宅购买价格的净获取法和本金加利息贴现的净获取法。而这些CPI分析序列之间仅有"自有住房"的编制方法是有差异的，其他部分均与标题CPI的编制方法完全一致。

(6)加快我国CPI权重更新的频率

从本书有关我国实证研究中获知，在多种测度方法下，自有住房在CPI中的权重变化起伏较大，在与房价直接联系的净获取法和短期实际利率下的用户成本法中尤其明显。所以在选择这些权重波动较大的测度方法时，应保证每年对CPI中的权重及时更新，防止权重的时滞性造成CPI的人为误差。

总之，我国应规范CPI中自有住房服务的测度方法，制定更加合理的CPI编制方案，通过适当方式使用户了解和掌握CPI核算的方法和核算口径，有利于公众正确运用CPI数据。

第8章
主要结论和研究展望

8.1 本书的主要结论

本书从理论和实证的角度对CPI中计入自有住房的问题进行深入的研究，通过对消费者价格指数理论的系统考察，确立自有住房的测度方法与CPI总体目的与编制框架的对应，分别探讨了自有住房的多种测度方法及各国在此方面的统计实践，以及自有住房计入CPI中的质量调整问题，最后基于中国CPI中自有住房的相关实践问题进行分析和研究。本书所做的主要工作和创新之处主要以下几点。

8.1.1 关于CPI中虚拟消费的计价问题研究

首先，通过对CPI中的编制目的以及对应的编制框架进行梳理，得出结论：衡量通货膨胀的CPI对应获取法，衡量收入水平的CPI对应支付法，衡量生活成本的CPI对应使用法。

其次，对比国民经济核算体系与CPI体系下的自有住房(服务)：CPI中自有住房与自有住房服务的经济属性与SNA中的一致，但不同主题的CPI下，自有住房(服务)的计价范围以及权重的参考支出总量不同。

再次，在自有住房的投资属性和自有住房服务的消费属性下，对CPI中自有住房的处理方法进行初步整理和比较，探讨各种方法的优缺点和对应CPI的编制目的及框架。

最后，讨论金融服务计入CPI的方法：否定ILO(2004)对于金融服务计价方法与编制目的相对应的说法，提出了金融服务计入CPI方法的选择取决于该类金融服务的性质的观点，对于显性金融服务编制分类价格指数的重点在于加权基期和比较期的交易价值的计算，对于间接测算的金融服务，重点在于服务价值的虚拟。探讨自有住房与金融服务相关联的部分——购房贷款利息和房地产经纪服务在 CPI 中的计入问题，并建议分阶段将金融服务纳入我国 CPI 中。

8.1.2　关于净获取法下的自有住房研究

首先，以欧盟编制的 OOH 指数体系为例，对净获取法下自有住房的涵盖范围及分类系统、自有住房在 CPI 中的权重、各类初级价格指数的编制以及高级加总进行归纳和分析。

其次，探讨住宅价格指数（HPI）与自有住房价格指数（OOH）之间的联系和差异，提出“HPI 编制先行、反哺 OOH”的观点。并结合我国实际情况，建议采用 70 个大中城市的新建住宅销售价格指数编制获取法下自有住房的消费价格指数。

最后，针对净获取法中住宅的建筑价格与土地价格的分离问题，介绍直接法与间接法，并以间接法的特征回归为主，梳理 Diewert（2007、2010、2011）的多个有关建筑与土地价格分离的特征回归模型，提出采用模型中分离出的建筑价格编制自有住房净获取法下的价格指数的观点，并对模型做出相应的改进。同时针对中国自有住房的实际情况，对此模型在中国的适用性提出质疑。

8.1.3　关于用户成本法下的自有住房服务测度的研究

首先，系统地归纳了耐用品用户成本法的一般形式、不同折旧率计算方法下耐用品的用户成本的计算问题。

其次，在简化用户成本法的基础上，探讨自有住房服务的价格指数与权重的计算：对于自有住房服务价格指数，推导出简化用户成本法下自有住房服务价格指数与住宅销售价格指数（HPI）同比例变动的结论（在实际利率波动不大，各期的折旧率相同的前提下）；对于自有住房服务在 CPI 中的权重，建议采用人均概念进行测算，即等于人均自有住房使用成本支出和人均消费支出的比值。并对 Diewert（2003a）的用户成本法下自有住房权重是获取法下的两倍的结论在我国的适用性进行了分析，得出我国自有住房在用户成本法下的权重不是获取法的两倍，甚至得出在通胀期用户成本为负值的结论，验证了我国用户成本法中不可直接加入房产资本损益的观点。

最后，结合国际上有关用户成本法的统计实践，归纳并比较冰岛和加拿大两国的用户成本法之间的差异，结果显示：冰岛用户成本法的特别之处在于简化用户成本法和实际利率的应用，加拿大的可取之处在于有关自有住房的 CPI 分析性序列的编制。

8.1.4 关于CPI中采用租金等价法测度自有住房服务的研究

首先，通过对国内生产总值核算中和CPI中的租金等价法的比较研究，提出租金等价法在不同核算领域内运用的差别。

其次，统一归纳在租金等价法下自有住房在CPI中权重的标准测度方法。

再次，在自有住房估算租金的价格指数方面，以美国CPI中的自有住房服务价格指数的编制为例，梳理近三十年来美国自有住房处理方法的发展历程，揭示CPI中运用租金等价法时的重点与难点；其中涉及数据来源、样本更新轮换、样本采价、样本住宅的等价租金（纯租金）及权重的计算，等价租金价格指数的计算公式等方面。同时由于美国租金价格指数与自有住房服务价格指数的编制过程、数据来源一致，所以对租金价格指数编制与自有住房服务的价格指数编制进行分析比较。

最后，探讨租金等价法中存在的问题，并结合中国实际情况，提出了我国在使用租金等价法时需要验证与满足的前提条件。

8.1.5 关于CPI中自有住房(服务)的质量调整

首先，根据自有住房的异质性以及自有住房在CPI中权重较大的特征，探讨了CPI中自有住房质量调整的重要性。

其次，对传统的质量调整方法进行了归纳和分析，研究自有住房可用的隐性质量调整方法以及调整后的可能出现的偏差问题。

再次，对自有住房的特征回归法的应用以及自有住房特征价格指数的编制进行研究。

最后，结合美国劳工统计局对自有住房质量调整的实践经验，分析租金等价法下自有住房估算租金的质量调整所涉及的因素及对应的调整方法，得出结论：自有住房质量调整与其他商品或服务的最大区别在于对住宅样本折旧的质量调整；特征回归法可以对折旧及建筑特征同时调整，是自有住房服务质量调整方法的最佳选择；质量调整的对象依自有住房的处理方法而定，在租金等价法下，自有住房质量调整的对象是住宅的市场租金，而在净获取法下是对住宅的购买价格进行调整。

8.1.6 关于中国CPI中自有住房服务测度问题的研究

第一，研究我国住房体制改革下的自有住房的现状。

第二，为了保证政府统计的一致性，分析我国目前国民经济核算中自有住房服务价值的核算方法，得出结论：从2004年第一次经济普查开始，我国支出法

GDP中一直沿用成本法估算自有住房服务的虚拟价值。

第三，根据我国居民消费价格调查方案，分析我国CPI的编制目的为通货膨胀，对应的总体编制框架为获取法。

第四，根据统计局获取的统计资料的整理与分析，对我国执行过的有关CPI中的自有住房的编制方法进行评述，得到自有住房的权重偏低。其主要原因是采用公有房租计算的“贷款利息项”金额过低，并进一步分析了2011年物价制度改革后的虚拟租金以及统计局建议的自有住房服务的测度方法。

第五，对统计局建议有关自有住房价格变动测度和权重测度的多种方法进行理论和实践应用的探讨，利用实际数据运用多种测度方法对自有住房服务的权重和价格的变动水平进行测算，并在此基础上对总体CPI进行修正。有关自有住房服务权重估算结果显示在四种方法中，获取法下自有住房在CPI中的权重最高，其次是用户成本法和租金等价法，投资法估算出的自有住房的权重最低。关于自有住房服务的价格变动水平的测度：在获取法和用户成本法下可采用房屋销售价格指数，在租金等价法下采用房屋租赁价格指数；从不同自有住房的测度方法对总体CPI的影响中得出结论：对居住价格的权重提高并不一定会使得CPI升高，而是提高了居住价格变动对总体CPI的影响力度，至于修正后的CPI是提高还是降低，关键取决于修正后自有住房服务的消费价格指数的变化情况。

第六，提出我国CPI中自有住房服务测度的改革设想，将我国自有住房中权重和分类价格指数的测度方法统一，推荐采用租金等价法，并提出编制发布中国有关多种自有住房测度方法的CPI序列的政策建议。

8.2 尚待研究的问题及方向

在CPI的理论与实践研究中，自有住房既是一个十分棘手的难题，同时也是一个需要认真处理的重点问题。有关自有住房测度的研究是一个复杂的系统的工程，是无法在一篇博士论文中将其完全解决的。上述本书的研究结论，仅是笔者对于博士学习过程中研究成果的梳理和总结，还有很多有关自有住房的计入问题有待笔者在今后的研究中进一步地完善。

8.2.1 我国住宅中土地价格与建筑价格的分离

由于自有住房的投资属性，将住宅价格直接计入CPI中的做法是欠妥的，在国际上流行的处理方法中净获取法与住宅价格联系最为紧密，但是并非将房价直接计为自有住房的消费价格，而是采用特征回归的方法将代表投资的土地价格从中分离出来，将住宅的建筑价格作为住户对自有住房的消费支出。但是由于在住宅结构上，我国与国外存在巨大差异，因此有必要对我国住宅中的土地价格与建筑价格的分离做进一步的研究。

8.2.2 我国自有住房的折旧率

在用户成本法中将住宅视为耐用品，按期折旧记为自有住房的虚拟消费，由第 4 章的分析可知耐用品的折旧方法多种多样，且不同的折旧方法对应着不同的折旧率和用户成本。同时通过本书对自有住房采用用户成本法计入我国 CPI 的实证得出（第 7 章），折旧率数值的微小差异将会带来自有住房的支出权重乃至 CPI 总体上的巨大变化。因此，有必要对我国自有住房的折旧率进行深入的实证研究，进而确保用户成本法计入自有住房的科学性和准确性。

8.2.3 我国自有住房虚拟租金的测算及质量调整

在租金等价法下，自有住房虚拟租金与租住公寓租金之间有着显著的差异：自有住房的虚拟租金中不包含住户（自有住房的房东）为其自身提供的家用设施成本。因为自有住房中的家用设施已经计入 CPI 中其他相应的消费项目，所以应在我国的经济租金中去除家用设备成本，得到代表自有住房的虚拟租金的纯租金。同时对役龄、建筑结构、周边公共设施以及租住寓所房东所提供的家用设施等住房特征进行质量调整，保证报告期和基期的样本住房同质可比。这是租金等价法运用的关键，需要我们审慎对待，对此进一步加强研究。

参考文献

[1] Armknecht P A and Weyback D. Adjustments for Quality Change in the U. S. Consumer Price Index[J]. Journal of Official Statistics,1989,5(2): 107-123.

[2] Armknecht P A, Moulton B R and Stewart K J. Improvements to the Food at Home, Shelter, and Prescription Drug Indexes in the U. S. Consumer Price Index[J/OL]. BLS Working Paper,1995:263.

[3] Armknecht P A, Lane W F and Stewart K J. New Products and the U. S. Consumer Price Index[C]. NBER Studies in Income and Wealth (Chicago, IL: University of Chicago Press, 2003),1997:375-391.

[4] Armknecht P A and Maitland-Smith F. Price Imputation and Other Techniques for Dealing with Missing Observations, Seasonality and Quality Changes in Prices Indices[J/OL]. International Monetary Fund Working Paper, Washington, D. C.: International Monetary Fund, 1999:78.

[5] Australian Bureau of Statistics. Outcome of the 16th Series Australian Consumer Price Index Review[J/OL]. http://www. abs. gov. au/ausstats/abs@. nsf/mf/6469. 0,2010.

[6] Ayuso J and Restoy F. House Prices and Rents: An Equilibrium Asset Pricing Approach[D]. Banco de Espana Documento de Trabajo No. 0304, 2003.

[7] Bailey M, Muth R and Nourse H. A Regression Method for Real Estate Price Index Construction[J]. Journal of the American Statistical Association,1963,58:933-942.

[8] Baldwin A, Nakamura A O and Prud' homme M. Owner Occupied Housing in the CPI: The Statistics Canada Analytical Series[C]. Price and Productivity Measurement: Volume 1-Housing. Trafford Press,2009.

[9] Dalén J. Personal Computers in Different HICPs[D]. presented at Brookings Institution Workshop on Productivity in the Services Sector"Hedonic Price Indexes: Too Fast? Too Slow? Or Just Right?"Washington, D. C. , 2002.

[10] Balk M B, Diewert W E and Nakamura A O. Introduction to Price and Productivity Measurement for Housing[D]. Federal Reserve Bank of Philadelphia,2009:5.

[11] Barnett W A. The User Cost of Money[J]. Economics Letters,1978, 1(2):145-149.

[12] Bauer A, Haltom N and Peterman W. Examining Contributions to Core Consumer Inflation Measures[J/OL]. 2004:11, http://www. frbatlanta. org/filelegacydocs/wp0407. pdf.

[13] Beatty, Timothy K M, Larsen E R, and Sommervoll D E. Using House Prices to Compute the Price of Housing in the CPI[J]. Economics Letters, Elsevier,2010,106(3):238-240.

[14] Blackley D M and Follain J R. In Search of Empirical Evidence That Links Rent and User Costs[D]. NBER Working Paper No. 5177,1995.

[15] Blinder A S. The Consumer Price Index and the Measurement of Recent Inflation[D]. Brookings Papers on Economic Activity No. 2,1980:539-565.

[16] Boskin, Michael J, Dulberger E, et al. Toward a More Accurate Measure of the Cost of Living[D]. Final Report to the Senate Finance Committee,1996, December 4.

[17] Brown E F. Sampling Weights for the Housing Sample of the Consumer Price Index[D]. Bureau of Labor Statistics, Washington, DC,1995.

[18] Brown E F, Johnson W H. Stratification Designs for the Housing Sample of the Consumer Price Index[D]. Proceedings of the Government Statistics Section, American Statistical Association,1994.

[19] Ceccheti S. Housing in Inflation Measurement[J/OL]. 2007, available at www. voxeu. org.

[20] Central Statistics Office Ireland. House Prices and the Consumer Price Index: Explanatory Note[J/OL]. 2003, available at http://www. cso. ie.

[21] Christensen A K, Dupont J and Schreyer P. International Comparability

of the Consumer Price Index: Owner-Occupied Housing[D]. presented at the OECD Seminar,"Inflation Measures: Too High-Too Low-Internationally Comparable,2005.

[22] Commission of the European Communities (E)urostat, IMF, OECD, United Nations and World Bank. System of National Accounts 1993 [M]. Brussels/Luxembourg, New York, Paris, Washington, D. C, 1993.

[23] Commission of the European Communities (E)urostat, IMF, OECD, United Nations and World Bank. System of National Accounts 2008 [M]. Brussels/Luxembourg, New York, Paris, Washington, D. C, 2008.

[24] Coulson N E. Semiparametric Estimates of the Marginal Price of Floorspace[J]. Journal of Real Estate Finance and Economics,1992(5): 73-83.

[25] Crone T M, Nakamura L I and Voith R. Measuring American rents: Regression-based estimates[D]. Federal Reserve Bank of Philadelphia Working Paper no. 2004:4-22.

[26] Crone T M, Nakamura L I and Voith R P. Hedonic Estimates of the Cost of Housing Services: Rental and Owner Occupied Units[C]. chapter 4, in Price and Productivity Measurement: Volume 1-Housing. Trafford Press,2009:51-68.

[27] Czinkota M R and Ronkainen I. International Business and Trade in the Next Decade: Report from a Delphi Study[J]. Journal of International Business Studies,Vol. 28,No. 4,1997:827-844.

[28] Darrough M N. The Treatment of Housing in a Cost-Of-Living Index: Rental Equivalence and User Cost[D]. in W. E. Diewert and C. Montmarquette (e)ds. , Price Level Measurement, Proceedings from a Conference Sponsored by Statistics Canada, Statistics Canada, Ottawa, 1983:599-618.

[29] Diewert W E. Intertemporal Consumer Theory and the Demand for Durables[J]. Econometrica,1974(42):497-516.

[30] Diewert W E. Hedonic Regressions: A Review of Some Unresolved Issues[D]. Department of Economics (Vancouver: University of British Columbia),2002a.

[31] Diewert W E. Harmonized Indexes of Consumer Prices: Their Conceptual Foundations[J]. Swiss Journal of Economics and Statistics, 2002b (138):547-637.

[32] Diewert W E. The Treatment of Owner Occupied Housing and Other Durables in a Consumer Price Index[D]. Discussion Paper 03-08, Department of Economics, University of British Columbia, Vancouver, Canada, 2003a.

[33] Diewert W E. Measuring Capital[D]. NBER Working Paper W9526 (Cambridge, MA: National Bureau of Economic Research), 2003b.

[34] Diewert W E. The Ottawa Group after Ten Meetings: Future Priorities [D]. Economics working papers diewert-07-11-16-12-30-23, Vancouver School of Economics, revised 16 Nov, 2007a.

[35] Diewert W E. Index Numbers[D]. Economics working papers, Vancouver School of Economics, revised 31 Jan, 2007b.

[36] Diewert W E. The Paris OECD-IMF Workshop on Real Estate Price Indexes: Conclusions and Future Directions[D]. Discussion Paper 07-01, Department of Economics, University of British Columbia, Vancouver, British Columbia, Canada, V6T 1Z1, 2007c:105.

[37] Diewert W E. Alternative Approaches to Measuring House Price Inflation[D]. Discussion Paper 10-10, Department of Economics, University of British Columbia, Vancouver, Canada, V6T 1Z1, 2010.

[38] Diewert W E and Nakamura A O. Accounting for Housing in a CPI[C]. chapter 2, pp. 7-32 in Diewert, W. E., B. M. Balk, D. Fixler, K. J. Fox and A. O. Nakamura, Price and Productivity Measurement: Volume 1-Housing. Trafford Press, 2009.

[39] Diewert W E, Nakamura A O and Nakamura L I. The Housing Bubble and A New Approach to Accounting for Housing in a CPI[J]. Journal of Housing Economics, Elsevier, 2009, 18(3):156-171.

[40] Diewert W E, de Haan J and Hendriks R. The Decomposition of a House Price Index into Land and Structures: A Hedonic Regression Approach[D]. Discussion Paper 10-01, Department of Economics, University of British Columbia, Vancouver, Canada, V6T1Z1m, 2010.

[41] Diewert W E, de Haan J and Hendriks R. The Decomposition of a House Price Index into Land and Structures Components: A Hedonic

Regression Approach[D]. Discussion Paper 11-01, Department of Economics, University of British Columbia, Vancouver, Canada, V6T 1Z1,2011.

[42] Donovan D. Modeling the Demand for Liquid Assets: An Application to Canada[D]. IMF State Papers 25, December,1978:676-704.

[43] Dulberger E R. The Application of an Hedonic Model to a Quality-Adjusted Price Index for Computer Processors[C]. in D. Jorgenson and R. Landau (e)ds. : Technology and Capital Formation (Cambridge, MA: MIT Press),1989.

[44] Erdur S and Prud'Homme M. Current Research and Practices for Estimating House Price Indices at Statistics Canada: A Note[D]. presented at the Ottawa Group 2007 meetings held October 10-12 in Ottawa, Canada,2007.

[45] Eurostat. Final Report on Land Price Separation Study[D]. Washington DC,2010.

[46] Eurostat. Technical manual on Owner-Occupied Housing for Harmonised Index of Consumer Prices[D]. version 2. 0,2012.

[47] Ewing I, Ha Y and Brendan Mai. What Should the Consumers Price Index Measure? [D]. Statistics New Zealand paper prepared for the 2004 Consumer Price Index Revision Advisory Committee,2004.

[48] Fenwick D. Real Estate Prices: the Need for a Strategic Approach to the Development of Statistics to Meet User Needs[D]. paper presented at the OECD-IMF Workshop on Real Estate Price Indexes held in Paris, 2006.

[49] Fixler D. Incorporating Financial Services in a Consumer Price Index [C]. NBER Chapters, in: Price Index Concepts and Measurement, National Bureau of Economic Research,2009:239-266.

[50] Fletcher M, Mangan J and Gallimore P. The modelling of housing submarkets[J]. The Journal of Property, Investment and Finance 2000,18 (4):473-487.

[51] Garner T I and Short K S. Micro and Macro Estimates of Owner-Occupied Dwelling Services in the U. S. : Can They Be Reconciled? [D]. presented in Plenary Session 5, 30th General Conference of the International Association for Research in Income and Wealth, Portoroz, Slove-

nia, August 24-30,2008.

[52] Garner T I and Verbrugge R. The Puzzling Divergence of Rents and User Costs, 1980-2004: Summary and Extensions[C]// Diewert W E, Balk B M, Fixler D, et al. Price and Productivity Measurement: Volume 1-Housing. Trafford Press,2009:125-146.

[53] Gillingham R. Estimating the User Cost of Owner-occupied Housing [J]. Monthly Labor Review,1980,103(2):31-35.

[54] Gillingham R. Measuring the Cost of Shelter for Homeowners: Theoretical and Empirical Considerations[J]. The Review of Economics and Statistics, MIT Press,1983,65(5):254-65.

[55] Goldsmith R. A Study of Saving in the United States[D]. Vol. II. NewYork: National Bureau of Economic Research,1955.

[56] Goodman A C and Thibodeau T G. Age-Related Heteroskedasticity in Hedonic House Price Equations[J]. Journal of Housing Research,1995, 8(2):299-317.

[57] Goodman A C and Thibodeau T G. Dwelling-Age-Related Heteroskedasticity in Hedonic House Price Equations: An Extension[J]. Journal of Housing Research,1997,6(1):25-42.

[58] Goodhart C. What Weights should be Given to Asset Prices in the Measurement of Inflation? [J]. Economic Journal,2001(111):335-356.

[59] Gordon R J. The Measurement of Durable Goods Prices[M]. Chicago, IL: University of Chicago Press,1990.

[60] Gordon R J and Goethem van T. A Century of Housing Shelter Prices: How Big Is the CPI Bias? [D]. presented at the CRIW Conference in Memory of Zvi Griliches. Bethesda, MD,2003.

[61] Gordon R J and Goethem van T. Downward Bias in the Most Important CPI Component: The Case of Rental Shelter, 1914-2003[D]. In Hard-to-measure goods and services: Essays in Honor of Zvi Griliches, ed. E. R. Berndt and C. R. Hulten, Chicago: University of Chicago Press, 2005:153-195.

[62] Gouriéroux C and Laferrère A. Managing Hedonic Housing Price Indexes: the French Experience[D]. paper presented at the OECD-IMF Workshop on Real Estate Price Indexes, Paris,2006.

[63] Grebler L, Blank D M and Winnick L. Capital Formation in Residential

Real Estate[M]. Princeton: Princeton University Press,1956.

[64] Grether D M and Mieszkowski P. Determinants of Real Estate Values [D]. Journal of Urban Economics, Elsevier,1974,1(2):127-145.

[65] Grigsby W G. Housing Markets and Public Policy[M]. Philadelphia: University of Pennsylvania Press,1963:103.

[66] Guenason R. How Do We Measure Inflation? Some Measurement Problems [D]. International Working Group on Price Indices (Ottawa Group). Published in the Proceedings of the Seventh Meeting,2003: 289-320.

[67] Guenason R. Owner Occupied Housing: Market Price Approach to User Cost[D]. invited paper at the Joint ECE/ILO Meeting on Consumer Price Indices, Geneva,2003:4-5.

[68] Guenason R. Simple User Cost and Rentals[D]. paper presented at the Eighth meeting of the International Working Group on Price Indices (The Ottawa Group), Helsinki, Finland,2004:23-25.

[69] Guenason R. How Do We Measure Inflation? [D]. Economic Journal of the Icelandic,2004:33-54.

[70] Guenason R. Market Price Approach to Simple User Cost[J]. Statistical Journal of the United Nations,2004:147-155.

[71] Guenason R. Market Prices and User Cost[D]. paper presented at the OECD seminar, Inflation Measures: Too High-Too Low-Internationally Comparable? Paris,2005:21-22.

[72] Guenason R and Jónsdóttir G R. House Price Index, Market Prices and Flow of Services Methods[D]. OECD-IMF Workshop, Real Estate Price Indexes, Paris,2006:6-7.

[73] Guenason R and Jónsdóttir G R. Owner Occupied Housing in the Icelandic CPI[C]//Diewert W E, Balk B M, Fixler D, et al. Price and Productivity Measurement: Volume 1-Housing. Trafford Press,2009: 147-150.

[74] Heston A and Nakamura A O. Reported Prices and Rents of Housing: Reflections of Costs, Amenities or Both? [C]// Diewert W E, Balk B M, Fixler D, et al. Price and Productivity Measurement: Volume 1-Housing. Trafford Press,2009:117-124.

[75] Henderson S W and Berenson S A. Quality Adjustments for Structural Chan-

ges in CPI Housing Sample[J]. Monthly Labor Review,1990:40-42.

[76] Hill Robert J, Melser D and Syed I. Measuring a Boom and Bust: The Sydney Housing Market 2001—2006[D]. Discussion Papers 2009-08, School of Economics, The University of New South Wales,2009.

[77] Hoad W M. Real Estate Prices, A Study of Residential Real Estate Transfers in Lucas County,Ohio[D]. Unpublished Ph. D. dissertation, University of Michigan,1942.

[78] Hoffmann J and Kurz C. Rent Indices for Housing in West Germany 1985 to 1998[D]. Economic Research Centre of the Deutsche Bundesbank Discussion Paper No. 01/02,2002.

[79] Hulten C R and Wykoff F C. The Estimation of Economic Depreciation using Vintage Asset Prices[J]. Journal of Econometrics,1981(15).

[80] ILO. Report III to the Seventeenth International Conference of Labour Statisticians[D]. Geneva,2003.

[81] ILO, IMF, OECD, UNECE, Eurostat and World Bank. Consumer Price Index Manual: Theory and Practice[M]. ed. by Hill P, ILO: Geneva,2004.

[82] Jorgenson D W. Empirical Studies of Depreciation[J]. Economic Inquiry,1996 (34):24-42.

[83] Johnson D S. Is It Time to Change the Method? [D]. published in Business Economics as part of a symposium of papers by J. Carson, D. Johnson and C. Steindel that were originally presented at the September 2005 annual meeting of the National Association for Business Economics in a session on the treatment of owner-occupied housing in the Consumer Price Index,2006.

[84] Katz A J. Estimating Dwelling Services in the Candidate Countries: Theoretical and Practical Considerations in Developing Methodologies Based on a User Cost of Capital Measure[C]// Diewert W E, Balk B M, Fixler D, et al. Price and Productivity Measurement: Volume 1-Housing. Trafford Press,2009:33-50.

[85] Katz A J. Estimating Dwelling Services in the Candidate Countries: Theoretical and Practical Considerations in Developing Methodologies Based on a User Cost of Capital Measure[C]// Diewert W E, Balk B M, Fixler D, et al. Price and Productivity Measurement: Volume 1-

Housing. Trafford Press,2009:33-50.

[86] Kain J and Quigley J. Measuring the Value of Housing Quality[J]. Journal of the American Statistical Association,1970,65:532-548.

[87] Kostenbauer K. Housing Depreciation in the Canadian CPI[D]. Prices Division, Statistics Canada, Catalogue No. 62F0014MIE, Series No. 15,2001.

[88] Koev E and Santos Silva J M C. Hedonic Methods for Decomposing House Price Indices into Land and Structure Components[D]. unpublished paper, Department of Economics, University of Essex, England, 2008, October.

[89] Kurz C and Hoffmann J. A Rental Equivalence Index for Owner Occupied Housing in West Germany[C]//Diewert W E, Balk B M, Fixler D, et al. Price and Productivity Measurement: Volume 1-Housing. Trafford Press,2009:69-86.

[90] Leigh W A. The Estimation of Tenure-Specific Depreciation/Replacement Rates Using Housing Quantity Measures for the U. S. , 1950—1970[J]. The Quarterly Review of Economics and Business,1979,19:49-59.

[91] Leigh W A. Economic Depreciation of the Residential Housing Stock in the United States,1950—1970[J]. Review of Economics and Statistics, 1980,62:200-206.

[92] Li W, Prud'homme M and Yu K. Studies in Hedonic Resale Housing Price Indexes[D]. paper presented at the OECD-IMF Workshop on Real Estate Price Indexes held in Paris, November 6-7,2006.

[93] Linneman P. Some Empirical Results on the Nature of the Hedonic Price Function for the Urban Housing Market[J]. Journal of Urban Economics,1980(8):47-68.

[94] Linneman P and Voith R P. Housing Price Functions and Ownership Capitalization Rates[J]. Journal of Urban Economics, 1991(30): 100-111.

[95] Lowe R. The Use of the Regression Approach to Quality Change for Durables in Canada[D]. presented at the Fifth Meeting of the International Working Group on Price Indices, Reykjavik, Iceland, 1999, August:25-27.

[96] Malpezzi S, Ozanne L and Thibideau T. Microeconomic Estimates of Housing Depreciation[J]. Land Economics,1987,63:372-385.

[97] Mayerhauser N and Reinsdorf M. Housing Services in the National Economic Accounts[D]. http://www. bea. gov/papers/pdf/RIPfactsheet. pdf,2007.

[98] Melser D and Hill R. Developing a Methodology for Constructing Spatial Cost of Living Indexes: A Report Prepared for Statistics New Zealand[D]. University of New South Wales, Sydney, Australia. 2005, August.

[99] Moulton B R. Issues in Measuring Price Changes for Rent of Shelter [D]. Paper prepared for Conference on Service Sector Productivity and the Productivity Paradox, U. S. Bureau of Labor Statistics,1997.

[100] Moulton B R and Smedley K E. A Comparison of Estimators for Elementary Aggregates of the CPI[D]. U. S. Bureau of Labor Statistics, 1995.

[101] Moulton B R and Moses K. Addressing the Quality Change Issue in the Consumer Price Index[D]. Brookings Papers on Economic Activity,1997:327.

[102] Office for National Statistics. Consumer Price Indices Technical Manual[D]. http://www. statistics. gov. uk/hub/index. html,2012.

[103] Ozanne L. Expanding and Improving the CPI Rent Component[C]. in House Prices and Inflation, John Tuccillo and Kevin Villani, Washington, DC: The Urban Institute Press,1981:109-22.

[104] Palmquist RB. Estimating the Demand for the Characteristics of Housing[J]. The Review of Economics and Statistics,1984,66(3):394-404.

[105] Poole R, Ptacek F and Verbrugge R. Treatment of Owner-Occupied Housing in the CPI[D]. presented to the Federal Economic Statistics Advisory Committee(FESAC) on December 9,2005.

[106] Ramalho E A and Ramalho J J S. Hedonic Functions, Hedonic Methods, Estimation Methods and Dutot and Jevons House Price Indexes: Are There Any Links? [D]. mimeo, 2011a.

[107] Ramalho E A and Ramalho J J S. On the Econometrics of Hedonic Housing Price Indexes: A Survey[D]. mimeo,2011b.

[108] Randolph W C. Estimation of Housing Depreciation: Short-Term Quality

Change and Long-Term Vintage Effects[J]. Journal of Urban Economics, 1988(23):162-178.

[109] Randolph W C. Housing Depreciation and Aging Bias in the Consumer Price Index[J]. Journal of Business and Economic Statistics, 1988(6): 359-371.

[110] Reinsdorf M, Triplett J E. A Review of Reviews: Ninety Years of Professional Thinking About the Consumer Price Index[C]. Price Index Concepts and Measurement, University of Chicago Press, 2009:17-83.

[111] Reserve Bank of New Zealand. Recommendation to the 1997 CPI Revision Advisory Committee[EB/OL]. 1997, web pages http://www.rbnz.govt.nz/cpi.htm.

[112] Ribe M. Quality Adjustment (QA) for New Cars in Austria and Sweden[D]. presented at Brookings Institution workshop "Hedonic Price Indexes: Too Fast? Too Slow? Or Just Right?" Washington D C, 2002.

[113] Robb G. Housing Slowdown Behind Rise in Inflation[D]. 2006, available at http://www.marketwatch.comnews.

[114] Rosen S. Hedonic Prices and Implicit Markets: Product Differentiation in Pure Competition[J]. Journal of Political Economy, 1974(82):34-55.

[115] RPI Advisory Committee. Treatment of Owner Occupiers' Housing Costs in the Retail Prices Index[EB/OL]. Central Statistical Office, Cmnd 2717, 1994.

[116] Shimizu C, Nishimura K G and Watanabe T. Housing Prices in Tokyo: A Comparison of Hedonic and Repeat Sales Measures[J]. Journal of Economics and Statistics, 2010(230/6):792-813.

[117] Schultz JB. The Consumer Price Index Reference Paper[D]. Statistics Canada, Ottawa, 1995.

[118] Schulz R and Werwatz A. A State Space Model for Berlin House Prices: Estimation and Economic Interpretation[J]. Journal of Real Estate Finance and Economics, 2004(28):37-57.

[119] Sheppard S. Hedonic Analysis of Housing Markets[C]. in P. C. Cheshire and E. S. Mills (e)ds., Handbook of Regional and Urban Economics Volume 3, Elsevier, 1999.

[120] Statistics Canada. The Consumer Price Index Reference Paper: Update

Based on 1992 Expenditures[D]. Catalogue 62-553 Occasional, 1995: 83-92

[121] Statistics New Zealand. Consumers Price Index Advisory Committee 2013 Discussion Paper [EB/OL]. 2013, available at http://www.stats. govt. nz.

[122] Steiner P. Consumer Durables in an Index of Consumer Prices[D]. Staff Paper no. 6 in The Price Statistics of the Federal Government, New York: National Bureau of Economic Research, General series no. 73, 1961.

[123] Stigler G J. The Price Statistics of the Federal Government[D]. New York: National Bureau of Economic Research, 1961.

[124] The WorldBank. Final Report on Land Price Separation Study[D]. 2010:2.

[125] Triplett J E. Concepts of Quality in Input and Output Price Measures: A Resolution of the User Value-Resource Cost Debate[C]. in: Murray F. Foss (e)d. , The US National Income and Product Accounts: Selected Topics, National Bureau of Economic Research Studies in Income and Wealth, Vol. 47, Chicago and London: University of Chicago Press, 1983:296-311.

[126] Triplett J E. Should the Cost-of-Living Index Provide the Conceptual Framework for a Consumer Price Index? [J]. Economic Journal, 2001, 111:311-334.

[127] Triplett J E. Handbook on Quality Adjustment of Price Indexes for Information and Communication Technology Products[D]. Draft, OECD Directorate for Science, Technology and Industry (Paris: OECD), 2004.

[128] Turvey R. Durable Goods, Dwellings and Credit in Consumer Price Indices[D]. ILO Bulletin of Labor Statistics 1, 1981.

[129] Turvey R. Owner-occupiers and the Price Index[J]. World Economics, 2000, 1-3:153-159.

[130] U. S. Department of Commerce, and U. S. Department of Housing and Urban Development. American Housing Survey for the United States in 1993[D]. Current Housing Reports, 1995:150/93.

[131] U. S. Department of Labor, Bureau of Labor Statistics. Changing the

Homeownership Component of the Consumer Price Index to Rental E-quivalence[D]. The CPI Detailed Report, January,1983.

[132] U. S. Department of Labor, Bureau of Labor Statistics. BLS Handbook of Methods[D]. Washington: U. S. Government Printing Office, 1992:2414.

[133] U. S. Senate, Committee on Finance. Final Report of the Advisory Commission to Study the Consumer Price Index[D]. Washington: U. S. Government Printing Office,1996:104-172.

[134] U. S. Bureau of Labor Statistics. Updating the Rent Sample for the CPI Housing Survey[J]. Monthly Labor Review,2013.

[135] van Dalen J and BodeB. Estimation Biases in Quality-Adjusted Hedonic Price Indices[C]. Hedonics, Trafford Press,2009.

[136] Verbrugge R. The Puzzling Divergence of Rents and User Costs, 1980—2004[J]. Review of Income and Wealth,2008,54(4):671-699.

[137] Wenzlick R, et al. The Probable Life of Single-Family Residences[J]. Appraisal Bulletin,1953,22:17-20.

[138] Weston R R. The Quality of Housing in the United States,1929-70 [D]. Unpublished Ph. D. dissertation,Harvard University,1972.

[139] Woolford K. Financial Services in the Consumer Price Index[D]. Statistics New Zealand paper prepared for the 2004 Consumer Price Index Revision Advisory Committee,2004.

[140] Woodhouse T. Housing and Mortgage Interest in the Consumers Price Index[D]. paper prepared for the 1997 RAC,1997.

[141] 程亚鹏.基于住房子市场的 Hedonic 住房价格指数[J].经济问题,2010(10):66-68,83.

[142] 程亚鹏.住房价格指数的 Hedonic 质量调整:方法与实证比较[J].系统工程,2010(8):24-30.

[143] 陈龙.真实生活成本指数的估计——基于一类非线性齐次支出函数的研究[J].数量经济技术经济研究,2010(8):33-46,87.

[144] 陈龙,杨灿.生产率变动中的规模报酬和技术进步——基于指数法的研究与实证分析[J].山西财经大学学报,2012(7):1-8.

[145] 陈龙.中国居民消费价格指数(CPI)之理论与实践的若干问题研究[D].厦门:厦门大学博士论文,2012.

[146] 杜琼.完善我国 CPI 编制方法的几点建议——借鉴国际上 CPI 对自有

住房支出的几种处理方法[J]. 价格理论与实践,2008(9):25-26.

[147] 房雯雯. 居民消费价格指数(CPI)之自有住房问题探析[D]. 厦门:厦门大学硕士论文,2012.

[148] 付荣,王洁丹. CPI中虚拟消费的计价问题[J]. 统计与信息论坛,2013(12):3-10.

[149] 高艳云. 国外CPI偏差及其测度研究综述[J]. 统计与信息论坛,2008(1):80-84.

[150] 高艳云. 提高我国CPI编制质量的几点思考[J]. 价格理论与实践,2008(4):25-26.

[151] 高艳云. 中美CPI数据质量的比较分析——基于国际货币基金组织的DQAF框架[J]. 统计研究,2008(11):51-56.

[152] 高艳云. CPI编制中的质量调整:国外实践对中国之启示[J]. 中国统计,2009(1):54-55.

[153] 高艳云. CPI数据收集中的几个基本问题[J]. 价格理论与实践,2009(2):51-52.

[154] 高艳云. CPI编制及公布的国际比较[J]. 统计研究,2009(9):15-20.

[155] 高艳云. 质量调整的价格指数编制中hedonic插补法的应用[J]. 数理统计与管理,2010(6):1077-1083.

[156] 国家统计局. "十一五"经济社会发展成就系列报告之九:全国城镇居民收支持续增长生活质量显著改善[EB/OL]. [2011-0301]. http://www.stats.gov.cn/ztjc/ztfx/sywcj/201103/t20110307_71321.html.

[157] 国家统计局. 国家统计局新闻发言人就4月份主要统计数据答记者问[EB/OL]. [2011-05-01]. http://www.stats.gov.cn/tjgz/tjdt/201105/t20110511_17543.html.

[158] 国家统计局. 专家解读:3月份房价总体上继续呈下降态势[EB/OL]. [2012-04-01]. http://www.stats.gov.cntjsjzxfb/201204/t20120418_12814.html.

[159] 国家统计局. 国家统计局独家详解:核算体系改革正在进行[EB/OL]. [2013-11-10]. http://www.stats.gov.cn/tjgz/tjdt/201311/t20131118_463817.html.

[160] 侯成琪,龚六堂,张维迎. 核心通货膨胀:理论模型与经验分析[J]. 经济研究,2011(2):4-18.

[161] 侯成琪,龚六堂. 住房价格应该纳入通货膨胀的统计范围吗[J]. 统计研究,2012(4):8-15.

[162] 何新华.准确理解CPI之争中的几个关键概念[J].宏观经济研究,2011(3):3-7,13.

[163] 贾生华,温海珍.房地产特征价格模型的理论发展及其应用[J].外国经济与管理,2004(5):42-44,49.

[164] 金奕轩.自有住房服务的租金估算:来自日本韩国的经验[J].东方企业文化,2011(18):258.

[165] 焦鹏.现代指数理论与实践若干问题的研究[D].厦门:厦门大学博士论文,2008.

[166] 雷怀英,朱钰,高艳云.基于质量调整的Hedonic价格指数研究[J].统计研究,2007(10):54-56.

[167] 雷怀英,金勇进.不同质量调整法在消费者价格指数(CPI)中的应用[J].数理统计与管理,2008(1):35-41.

[168] 雷怀英.价格指数研究中的质量指数与质量调整因子辨析[J].统计教育,2008(6):9-12,42.

[169] 雷怀英.Hedonic质量调整系数的构建与运用[J].统计与决策,2010(14):11-13.

[170] 雷怀英,贾文军.匹配模型框架下价格指数质量的调整方法[J].统计与决策,2011(24):12-15.

[171] 李燕娥.关于CPI指数编制改进的研究[J].商业时代,2013(3):30-31.

[172] 李洁.GDP核算中自有住房服务虚拟计算的中日比较[J].统计研究,2013(11):11-19.

[173] 流通和消费价格统计报表制度(2010年统计年报和2011年定期报表)[R].中华人民共和国国家统计局,2010.

[174] 卢礼兰.CPI统计数据与居民感受偏差研究[D].成都:西南财经大学,2012.

[175] 罗晓娟.构建我国住宅特征价格指数的设想[J].中国统计,2012(1):20-21.

[176] 罗晓娟.特征价格模型的发展应用研究[J].技术经济与管理研究,2012(6):11-15.

[177] 罗晓娟,孔红缨.住宅特征价格指数编制现状的国内外比较分析[J].价格月刊,2012(9):7-10.

[178] 陆岷峰,葛虎.合理确定我国居民住房消费价格指数内涵的思考[J].成都行政学院学报,2010(6):50-53.

[179] 莫万贵.什么导致了CPI涨幅回落[J].银行家,2005(8):125-127.

[180] 莫万贵. CPI作为我国宏观调控指标的局限性分析[J]. 中国金融,2006(17):28-30.

[181] 莫万贵. 在CPI中体现住房消费成本变动的基本方法及国际比较[J]. 中国金融,2007(12):56-58.

[182] 庞晓林. CPI不是用模型推算出来的[EB/OL]. [2010-11-10]. http://www.stats.gov.cn/ztjc/ztfx/grdd/201011/t20101110_59073.html.

[183] 庞晓林. 我国居民消费价格指数(C)PI是如何调查和生成的[EB/OL]. [2010-11-30]. 中国统计信息网.

[184] 庞晓林. CPI是怎样产生的[J]. 群众,2011(2):70.

[185] 祁神军,张云波,张琼茹. 基于Hedonic模型的厦门市二手房价格指数研究[J]. 武汉理工大学学报(信息与管理工程版),2012(2):228-232.

[186] 石刚,陈永刚,陈杰. 季节调整中消除节假日因素方法的改进及其在我国的应用[J]. 数理统计与管理,2008(6):968-974.

[187] 石刚. 提高CPI数据质量的编制技术研究评述[J]. 统计研究,2012(5):105-112.

[188] 孙文凯,罗圣杰. 基于几种自有住房处理方法的中国城镇CPI重新估计[J]. 世界经济,2011(8):87-111.

[189] 孙玉环. 改进住户调查数据质量的多维视角[J]. 中国统计,2011(4):12-13.

[190] 孙玉环. 改进住宅销售价格指数编制质量的一种思路探讨[J]. 统计研究,2011(10):28-35.

[191] 王东. 我国居民消费价格指数与体系中居住类指数偏差现象的探讨[J]. 世界经济情况,2008(2):54-59.

[192] 王军平. 住房消费在CPI中的权重亟需提高[J]. 价格理论与实践,2006(2):33-35.

[193] 王军平. 住房价格上涨对CPI的传导效应——兼论我国CPI编制体系的缺陷[J]. 经济学家,2006(6):78-82.

[194] 王军平,王华妍. 关于CPI中住房消费处理方法的探究[J]. 中国统计,2008(11):45-47.

[195] 王惠玲,刘泽猛. 美国CPI中商品与服务质量变化的调整[J]. 统计研究,1990(6):72-74.

[196] 王力宾. 特征价格理论与住房价格指数编制方法[J]. 云南学术探索,1995(3):12-16.

[197] 王力宾. 住房特征价格指数编制方法与实证分析[J]. 数量经济技术经济

研究,1999(7):37-40.

[198] 王力宾.特征价格指数的理论与实证研究——以计算机价格指数为例[J].云南财经大学学报,2006(3):23-28.

[199] 温海珍,贾生华.基于特征价格的房地产评估新方法[J].外国经济与管理,2004(6):31-35,40.

[200] 温海珍,贾生华.住宅的特征与特征的价格——基于特征价格模型的分析[J].浙江大学学报(工学版),2004(10):101-105,112.

[201] 中国家庭金融调查与研究中心.中国家庭金融调查报告[R].西南财经大学,2012.

[202] 许宪春,李文政.中国房地产业的核算体系亟待改革[J].宏观经济管理,1999(3):20-24

[203] 许宪春.我国国内生产总值的测算方法[J].宏观经济管理,1999(11):44-45.

[204] 许宪春.我国国内生产总值的测算方法[J].经济研究,2004(3):20-27.

[205] 许宪春.关于经济普查年度 GDP 核算的变化[J].经济研究,2006(2):16-20.

[206] 许宪春.中国国民经济核算体系的建立、改革和发展[J].中国社会科学,2009(6):42-59.

[207] 许宪春.准确理解中国的收入、消费和投资[J].中国社会科学,2013(2):4-24,204.

[208] 许涤龙,谢敏,陈琳.价格指数的质量调整方法及决策过程[J].统计与信息论坛,2009(5):22-26.

[209] 许涤龙,叶少波.统计数据质量评估方法研究述评[J].统计与信息论坛,2011(7):3-14.

[210] 许永洪,曾五一.中美住房价格指数编制的对比研究[J].统计研究,2012(12).

[211] 徐向东.CPI 中自有住房消费成本测算的使用者成本法及其折旧模型[J].技术经济与管理研究,2009(1):3-7.

[212] 徐向东.CPI 中采用使用者成本法测算自有住房消费的几个问题[J].当代经济管理,2009(3):4-8.

[213] 徐向东.CPI 编制中与自有住房相关的几项成本的处理[J].统计研究,2009(11):25-30.

[214] 徐奇渊.解读 CPI:统计数据 VS 居民感受[J].世界知识,2009(17):13.

[215] 徐奇渊.2010 年 CPI 走势展望——基于猪肉、蔬菜价格和基期效应[J].

宏观经济研究,2010(6):19-26.

[216] 徐奇渊.对CPI指数讨论的回顾与评述[J].统计研究,2010(12):35-40.

[217] 徐强.宏观经济价格指数测度论[D].大连:东北财经大学博士论文,2006.

[218] 徐强.CPI的理论框架:固定篮子指数还是生活费用指数[J].财经问题研究,2006(4):19-27.

[219] 徐强.CPI编制中的几个基本问题探析[J].统计研究,2007(8):30-35.

[220] 徐强.价格指数编制中的Hedonic质量调整方法研究[J].财经问题研究,2009(8):22-28.

[221] 徐强.OECD国家CPI编制的国际比较及借鉴[J].统计研究,2013(6):95-103.

[222] 易宪容.浅析CPI指数与房价的关系[J].中国勘察设计,2007(11):41-43.

[223] 杨灿.指数基本理论问题研究[M].厦门大学硕士学位论文,1987.

[224] 杨灿.指数性质的数学测验问题[J].统计研究,1987(6):53-57.

[225] 杨灿.不同对比基期的价格指数协调问题[J].统计与决策,1999(8):7-8.

[226] 杨灿.经济指数理论问题研究[J].中国经济问题,2001(4):49-56.

[227] 杨灿.现代指数形式理论评析[J].厦门大学学报(哲学社会科学版),2002(3):32-40.

[228] 杨灿.国民核算与分析通论[M].中国统计出版社,2005.

[229] 杨灿,孙秋碧.国民核算中的指数序列问题研究[J].统计研究,2006(6):73-79.

[230] 杨灿主编.中国经济与金融周期的统计研究[M].中国统计出版社,2010.

[231] 杨灿,陈龙.基于效用函数和消费数据的动态价格指数测度[J].统计研究,2011(10):98-102.

[232] 杨灿,陈龙.中国的CPI与PPI:因果关系和传导机制[J].厦门大学学报(哲社版),2013(3).

[233] 杨灿,郑正喜.中国CPI的偏差估计[J].统计研究,2013,30(12):31-40.

[234] 周清杰.自有住房的双重性质及其费用在CPI中的处理[J].经济理论与经济管理,2008(3):21-25.

[235] 周清杰.自有住房与CPI的关系之谜:来自欧盟价格指数改革的启示[J].宏观经济研究,2008(7):74-79.

[236] 周清杰.等值租金法与CPI中自有住房费用的处理[J].北京工商大学学

报(社会科学版),2010(6):110-115.

[237] 周清杰.2012 年 CPI 将稳中有降[J].广西经济,2012(2):30-31.

[238] 周清杰.我国自有住房服务虚拟租金估算方法的优化:来自美国经验的启示[J].宏观经济研究,2012(6):31-37.

[239] 张瑾.随机指数方法及其应用问题研究[D].厦门:厦门大学博士论文,2007.

[240] 赵永坚,熊剑.大陆与香港地区 CPI 变动的特征与动因比较[J].统计研究,1996(1):64.

索　引